国家级新区智慧教育发展研究报告

教育部教育管理信息中心
重庆智慧教育创新中心　　编著
重庆两江新区教育局

上海教育出版社
SHANGHAI EDUCATIONAL
PUBLISHING HOUSE

图书在版编目（CIP）数据

2023国家级新区智慧教育发展研究报告 / 教育部教育管理信息中心，重庆智慧教育创新中心，重庆两江新区教育局编著. — 上海：上海教育出版社，2024.4
ISBN 978-7-5720-2616-4

Ⅰ.①2… Ⅱ.①教… ②重… ③重… Ⅲ.①教育工作 – 信息化 – 研究报告 – 中国 – 2023 Ⅳ.①G43

中国国家版本馆CIP数据核字(2024)第074821号

策划编辑　刘美文
责任编辑　刘美文
封面设计　周　亚

2023国家级新区智慧教育发展研究报告
教育部教育管理信息中心　重庆智慧教育创新中心　重庆两江新区教育局　编著

出版发行　上海教育出版社有限公司
官　　网　www.seph.com.cn
地　　址　上海市闵行区号景路159弄C座
邮　　编　201101
印　　刷　上海普顺印刷包装有限公司
开　　本　889×1194　1/16　印张 13.5
字　　数　275 千字
版　　次　2024年7月第1版
印　　次　2024年7月第1次印刷
书　　号　ISBN 978-7-5720-2616-4/G·2307
定　　价　88.00 元

如发现质量问题，读者可向本社调换　电话：021-64373213

编 委 会

胡志桥　广州市南沙区教育发展研究院

任　萌　青岛西海岸新区教育和体育科学研究院

罗　锐　四川天府新区社区发展治理和社会事业局

李百艳　上海市浦东教育发展研究院

李　萌　陕西省西咸新区教育体育局

刘志起　天津市滨海新区教育体育局

金　雄　云南滇中新区社会事务管理局

王靖军　舟山市教育局

编写团队
（区域首字母顺序排列）

重庆两江新区

负责人

李亭一　重庆两江新区教育局、重庆智慧教育创新中心

编写团队

王　冬　重庆两江新区教育局、重庆智慧教育创新中心

广州南沙新区

负责人

胡志桥　广州市南沙区教育发展研究院

编写团队

汤　普　广州市南沙区教育发展研究院

南京江北新区

负责人

周　强　南京江北新区教育发展中心

编写团队

沈乃飞　南京江北新区教育发展中心

李成铭　南京江北新区教育发展中心

青岛西海岸新区

负责人

任 萌 青岛西海岸新区教育和体育科学研究院

编写团队

孙玉龙 青岛西海岸新区教育和体育科学研究院

王立新 青岛西海岸新区双语小学

葛赟赟 青岛西海岸新区五台山西路小学

褚珍珍 青岛西海岸新区双语小学

四川天府新区

负责人

罗 锐 四川天府新区社区发展治理和社会事业局

编写团队

叶荣瑶 四川天府新区社区发展治理和社会事业局

赵金涛 四川天府新区社区发展治理和社会事业局

晏 妮 四川天府新区社区发展治理和社会事业局

付 静 四川天府新区社区发展治理和社会事业局

廖丽华 四川天府新区教师共享中心

陕西西咸新区

负责人

李 萌 陕西省西咸新区教育体育局

编写团队

马 磊 陕西省西咸新区教育体育局

张 龙 陕西省西咸新区教育体育局

上海浦东新区

负责人

李百艳 上海市浦东教育发展研究院

编写团队

李　军　上海市浦东教育发展研究院

谢忠新　上海市浦东教育发展研究院

高佳华　上海市浦东教育发展研究院

褚金岭　上海市浦东教育发展研究院

天津滨海新区

负责人

刘志起　天津市滨海新区教育体育局

编写团队

方　华　天津市滨海新区教育体育局

云南滇中新区

负责人

金　雄　云南滇中新区社会事务管理局

编写团队

李　婷　云南滇中新区社会事务管理局

孙连选　云南滇中新区西冲小学

浙江舟山群岛新区

负责人

王靖军　舟山市教育局

编写团队

俞坚东　舟山市教育服务中心

前　言

2023 年是教育数字化战略转型的关键之年。2023 年 2 月，首届世界数字教育大会在北京举行。同月，中共中央、国务院印发《数字中国建设整体布局规划》，提出大力实施国家教育数字化战略行动。2023 年 6 月，全国教育数字化现场推进会议召开，倡导大力推进国家教育数字化战略行动，加快建设教育强国。2023 年 10 月，《人民日报》整版阐述"推进教育数字化"。同月，教育数字化助力中西部地区教育高质量发展推进会举行，教育数字化统筹部署取得突破进展。建设支撑高质量数字教学的区域智慧教育环境，塑造区域智慧教育新形态，实现对各教育核心场景的赋能，成为推进教育数字化转型的基本途径。

智慧教育既是教育数字化转型的目标，也是人们对其形成和建构过程的价值期待。为打造"区域智慧教育样板工程"，教育部从 2019 年启动"智慧教育示范区"建设。持续迭代演进的新技术在区域教育中究竟能发挥怎样的作用与价值？这是教育界的共同关切。与时代脉搏同步，教育部教育管理信息中心自 2020 年启动《中国智慧教育区域发展研究报告》项目，以探寻技术在教育中有效性的案例与证据，推动区域教育数字化转型、智能升级和融合创新发展。

国家级新区是由国务院批准设立的综合功能区，承担国家重大发展和改革开放战略任务，在社会经济管理改革与创新发展等方面发挥重要的示范作用。截至目前，共设立 19 个国家级新区，遍布全国七大区域。作为我国国家空间战略的重要载体形式，国家级新区是既有政策试验区的经验延续和模式深化，日益丰富的实践探索经验使得当前国家级新区智慧教育呈现出各具特色的功能定位，印证国家级新区这一发展模式的灵活性优势。

深化教育数字化试点示范，需要坚持典型引路，通过遴选优秀区域、学校、课程、教师，凝练不同维度的典型案例，推进全域智慧教育新生态的建立。在"空间尺度多样化、先行先试权倾斜"等政策体系支持下，国家级新区所肩负的智慧教育内涵与定位也同样得到极大延展，成长为影响我国区域教育协调发展的显性空间变量，并已成为剖析我国教育策略变迁、体制机制创新的重要窗口。基于此，2023 年，《中国智慧教育区域发展研究报告》在延续先前体例的基础上，开设"国家级新区专题报告"，基于 10 个国家级新区，对区域案例与采集数据进行梳理和分析，同时结合国家级新区宏观层面的模式设计与实践现状进行系统考量，力求体现国家级新区兼具空间功能单元和教育深化改革试点的多重使命，客观呈现新区智慧教育的模式机制、发展策略与实践样态。具体而言，本报告具有三方面的特色：一是凝练"新区范式"，基于案例描述，框架系统地呈现国家级新区智慧建设思路与做法；二是关注"实践效能"，基于区域智慧教育指数和多维比较分析，为区域智慧教育高质量发展提供评估方案；三是给出"发展参考"，多视角描述智慧教育的建构性特征，具象化地指明国家级新区智慧教育建设的未来方向。

教育是国之大计、党之大计。《中国教育现代化 2035》的发布开启了我国加快推进教育现代化、建设教育强国、办好人民满意的教育的历史新征程。国家级新区智慧教育的建设，不单是一个教育现象，更对地方治理体系的深层转型具有重要的制度建构价值。这一过程中，国家级新区通过优化完善覆盖全区的教学平台，构建区校联动、扎根课堂、凸显特色、聚焦应用的智慧教学样态，实施区域教师数字素养行动计划，以承担起教育发展的空间支点功能，并在推动高质量发展格局上实现新突破。《国家级新区智慧教育发展报告》扎根区域一线实践，利用国家级新区这片研究和实践"沃土"，聚焦于教育、教学中的真实问题和真实情境，以表征国家级新区智慧教育在地理区位、城市行政级别和政策环境层面的异质性表现，从教育理念、教学空间、数据资源、教育形态和教育治理等对国家级新区智慧教育发展情况进行"画像"，以此梳理国家级新区智慧教育的"发展目标"和"实践路径"。

新故相推，日生不滞。在新一轮科技革命和产业变革同我国高质量教育发展需求形成历史性交汇的关键节点上，我们倡导聚焦教育优先发展和区域经济高质量发展，融合并贯通这一战略方向和民生关切，紧紧抓住教育数字化发展这一战略突破口，大力开展多方面协同研究。通过具有顶层设计的前瞻性布局、各利益相关者的协同联动以及新教育生态的创新驱动，实现中国智慧教育发展格局的新气象、新担当与新作为。期待与专家学者团队开展深度合作，创新评价工具、强化数据支撑，不断构建从理念体系、实践刻画到理论应用的新区智慧教育表征体系，为教育数字化转型探索提供实践样本，以此推动形成具有中国特色的新区智慧教育发展之路，不断重塑区域教育数字化新赛道。

北京师范大学 武法提

2024 年 3 月

目 录
CONTENTS

第一部分

PART 1
国家级新区与智慧教育发展

第一节　国家级新区的布局与使命

一、国家级新区的空间布局

国家级新区是"由国务院批准设立，以相关行政区和特殊功能区为基础，承担国家重大发展和改革开放战略任务的综合功能区"[①]。自 1992 年浦东新区成立以来，历经 30 余年的建设发展，国家级新区逐渐成为引领区域空间发展、推动国家改革进程的重要治理单元。行政区和功能区的整合是国家级新区建立的空间基础。根据时间线索，国家级新区的发展大致可划分为三个阶段：

第一阶段，在深化改革与扩大开放浪潮之下，上海浦东新区和天津滨海新区应运而生。浦东新区的诞生带动上海经济快速发展，迈入国际化发展浪潮，推动落实国家的深化改革；滨海新区的诞生加快了我国融入全球经济战略、深化对外开放发展的速度，成为我国北方对外开放的门户。

第二阶段，为实现区域之间的均衡发展，重庆两江新区、浙江舟山群岛新区、甘肃兰州新区和广州南沙新区四个国家级新区相继设立。

第三阶段，为落实创新驱动发展的战略布局，陕西西咸新区、青岛西海岸新区、贵州贵安新区、大连金普新区、四川天府新区、南京江北新区、湖南湘江新区、福建福州新区、云南滇中新区、吉林长春新区、黑龙江哈尔滨新区和江西赣江新区等相继设立。2017 年，中共中央、国务院决定设立河北雄安新区，标志着国家级新区布局进入更高的战略高度。从区域分布上看，国家级新区的分布体现了从区域非均衡发展走向区域协调发展的态势，区域普惠性趋势已然彰显。

国家级新区的定位与使命可以从空间范围、批复文件、规划布局、发展定位等维度进行分析。如表 1–1 所示，除上海浦东新区和天津滨海新区这两个早期国家级新区转制成为正式行政区之外，其余 17 个国家级新区都是以地方行政区域为基础整合而来的。从空间范围上看，大部分新区都处于区县层面，小部分新区处于街镇层面。从战略定位上看，国家级新区都将区域性改革实验先行区与发展示范区作为战略定位的主要方向。鉴于新区的资源禀赋和区域地位不同，国家级新区的战略定位同样各有侧重，体现出差异化以及与所在地区经济发展条件相适应的特征，并与国家东、中、西、东北地区"四大板块"协调发展的方向一致。这充分体现出国家以新区为抓手，应对区域发展非平衡性，促进区域协调和协同发展的意图。

---

① 国家发展和改革委员会.国家级新区发展报告 2020［M］.北京：中国计划出版社，2020.

伴随国家经济发展形势变化和战略格局的调整，国家级新区的功能使命也在不断演变。从开始阶段的旨在支撑改革开放基本国策和东部率先发展战略，到落实国家协调发展战略，再转向应对经济发展新常态，融入"一带一路"建设、京津冀协同发展、长江经济带发展三大国家战略，国家级新区不约而同地强调均衡化与圈层化的空间原则，构建起具有一定尺度结构和功能分工的规划布局，为国家经济发展新空间的形成奠定了基础。

表 1-1 我国国家级新区空间范围、规划布局及发展定位与目标

序号	新区名称	批复时间	批复文件	空间范围	规划布局	发展定位与目标
1	上海浦东新区	1992.10	中委〔1900〕100号 国函〔1992〕146号	上海市浦东新区（行政区）	一主、两轴、四翼、多廊、多核、多圈	"四个中心"核心区、综合改革的试验区
2	天津滨海新区	2006.05	国发〔2006〕20号	天津市滨海新区（行政区）	一轴一带、三个城区、九个功能区	北方对外开放的门户、国际物流中心
3	重庆两江新区	2010.05	国函〔2010〕36号	涉及重庆市江北区、渝北区、北碚区3个行政区的部分区域	一心四带	城乡综合配套改革试验的先行区
4	浙江舟山群岛新区	2011.06	国函〔2011〕77号	与浙江省舟山市行政区域一致，下辖定海、普陀2个区和岱山、嵊泗2个县	一体、一圈、五岛群	海洋经济发展的先导区、海洋综合开发试验区、陆海统筹发展先行区
5	甘肃兰州新区	2012.08	国函〔2012〕104号	涉及甘肃省兰州市永登县4个乡镇和皋兰县2个乡镇	两区、一城、四片	西北地区经济增长极、向西开放的重要战略平台
6	广州南沙新区	2012.09	国函〔2012〕128号	与广东省广州市南沙区行政区域一致，下辖3个街道和6个镇	一核四区	粤港澳优质生活圈、粤港澳全面合作示范区
7	陕西西咸新区	2014.01	国函〔2014〕2号	涉及陕西省西安市、咸阳市所辖7个区（县）	一核两带、一心三轴、五大组团	西部大开发的新引擎和中国特色新型城镇化的范例
8	贵州贵安新区	2014.01	国函〔2014〕3号	涉及贵州省贵阳市、安顺市所辖4个县（市、区）20个乡镇	一核两区	西部地区重要的经济增长极、内陆开放型经济新高地
9	青岛西海岸新区	2014.06	国函〔2014〕71号	与山东省青岛市黄岛区行政区域一致	一带、两区、七廊道	海洋科技自主创新领航区、海洋经济国际合作先导区、陆海统筹发展试验区

续　表

序号	新区名称	批复时间	批复文件	空间范围	规划布局	发展定位与目标
10	大连金普新区	2014.06	国函〔2014〕76号	涉及辽宁省大连市金州区全部27个街道和普兰店区4个街道	双核、七区	东北亚国际航运中心和国际物流中心
11	四川天府新区	2014.10	国函〔2014〕133号	涉及四川省成都、眉山、资阳三市所辖7个县（市、区）37个街镇	一体两翼、一城六区	内陆开放经济高地、统筹城乡一体化发展示范区
12	湖南湛江新区	2015.04	国函〔2015〕66号	涉及湖南省长沙市岳麓区全部行政区域和望城区、宁乡县部分区域	两走廊、三轴、五基地	新型城镇化示范区、长江经济带内陆开放高地
13	南京江北新区	2015.06	国函〔2015〕103号	涉及江苏省南京市浦口区、六合区和栖霞区八卦洲街道	一轴、两带、三心、四廊、五组团	新型城镇化示范区、长三角地区现代产业集聚区
14	福建福州新区	2015.08	国函〔2015〕137号	初期规划范围包括福建省福州市马尾区、仓山区、长乐市、福清市部分区域	一核两翼、两轴多组团	东南沿海重要现代产业基地、生态文明先行区
15	云南滇中新区	2015.09	国函〔2015〕141号	初期规划范围包括云南省昆明市、安宁市嵩明县和官渡区部分区域	组团式、卫星式布局	西部地区新型城镇化综合试验区和改革创新先行区
16	黑龙江哈尔滨新区	2015.12	国函〔2015〕217号	涉及黑龙江省哈尔滨市松北区、呼兰区、平房区的部分区域	一核、一带、三组团、双枢纽	中俄全面合作重要承载区、东北地区新的经济增长极、老工业基地转型发展示范区
17	吉林长春新区	2016.02	国函〔2016〕31号	涉及吉林省长春市朝阳区、宽城区、二道区、九台区的部分区域	两轴、三中心、四基地	创新经济发展示范区、图们江区域合作开发的重要平台、体制机制改革先行区
18	江西赣江新区	2016.06	国函〔2016〕96号	涉及江西省南昌市青山湖区、新建区和共青城市、永修县的部分区域	两廊、一带、四组团	中部地区崛起和推动长江经济带发展的重要支点
19	河北雄安新区	2017.04	——	涉及雄县、容城县、安新县三县及周边部分区域	一主、五辅、多节点	交通强国建设试点，保障北京非首都功能疏解，培育现代化经济发展新引擎

二、国家级新区的战略引领使命

推进改革开放、创新体制机制是国家新区的重要战略和战略机遇。2019 年 12 月，国务院出台《关于支持国家级新区深化改革创新加快推动高质量发展的指导意见》指出：国家级新区要"大力培育新动能、激发新活力、塑造新优势，努力成为高质量发展引领区、改革开放新高地、城市建设新标杆"①。作为新型行政管理组织，国家级新区承担着完善政府行政管理机制、配置区域差异化权限、支持体制改革和制度创新的战略使命。从浦东新区到雄安新区，国家级新区的赋权增能实践不但贯穿了整个改革开放历程，也深刻体现在教育发展变革之中，尤其是被誉为"千年大计、国家大事"的雄安新区的建立，更彰显着我国国家区域空间战略正在向"次国家尺度"不断倾斜。2020 年 11 月，习近平主席在"浦东开发开放 30 周年庆祝大会"上明确提出，浦东新区要"全力做强创新引擎""加强改革系统集成""深入推进高水平制度型开放""增强全球资源配置能力""提高城市治理现代化水平"。②2023 年 5 月，习近平主席在河北省雄安新区考察，主持召开高标准高质量推进雄安新区建设座谈会，强调要全面落实创新驱动发展战略，推动各领域改革开放前沿政策措施和具有前瞻性的创新试点示范项目在雄安落地。③种种迹象表明，从早期对外开放的"桥头堡"，到深化改革发展的"创新高地"，国家级新区在落实国家空间战略、探索社会文化改革等方面扮演着积极的角色，成为当前国家空间战略中肩负增设新功能、树立新形象、建设新产业、聚集新人才、构建新机制使命的发展载体。

由此可见，国家级新区的创设不单是一个空间现象，更对地方治理体系的深层转型具有重要的制度建构价值。国家级新区在空间维度上的设立目的在于推动特定地区倾斜性发展，体现出国家层面对特定治理尺度的关注和重视。由于肩负着特殊的任务使命，国家级新区在国家整体战略布局中的功能定位、体制机制灵活性等方面得以跃升，具有高于一般行政区和功能区的量级。立足新征程，以全面深化改革推进中国式现代化的现实诉求更加凸显了创新国家级新区体制机制的诉求。在这一认知前提下，国家级新区在承担经济功能的同时，还兼具更多的教育引领、社会建设和提供基本公共服务的功能，并对国家和区域不同层面上的各项实践创新开展先行探索。

教育是国之大计、党之大计。教育既是经济社会发展的"果"，更是经济社会发展的

---

① 国务院办公厅《关于支持国家级新区深化改革创新加快推动高质量发展的指导意见》[EB/OL].（2020-01-17）[2023-12-23]. https：//www.gov.cn/xinwen/2020/01/17/content_5470235.htm.

② 习近平. 在浦东开发开放 30 周年庆祝大会上的讲话 [EB/OL].（2020-11-12）[2023-12-28]. https：//www.gov.cn/gongbao/content/2020/content_5565805.htm.

③ 习近平在河北雄安新区考察并主持召开高标准高质量推进雄安新区建设座谈会 [EB/OL].（2023-05-10）[2023-12-28]. https：//www.gov.cn/yaowen/2023-05-10/content_5754808.htm.

"因"。《中国教育现代化 2035》的发布开启了我国加快推进教育现代化、建设教育强国、办好人民满意的教育的历史新征程。随着新一轮科技革命和产业革命的融合发展，社会转型不断加剧，国际社会对教育变革的呼声日益强烈。在引领新一轮科技革命和产业变革需求的驱动下，如何满足社会需求、探索新的教育模式，是时代为教育事业提出的全新课题。《"十四五"数字经济发展规划》明确了"十四五"时期推动数字经济健康发展的指导思想，要求深入推进智慧教育，有序推进基础设施智能升级。智慧教育作为教育信息化发展的高端形态，契合教育数字化转型的发展目标，已经成为各个国家教育发展的目标和全社会共同关注的话题。[①] 在智慧教育的研究与实践中，国家级新区需要聚焦教育优先发展和区域经济高质量发展融会贯通这一战略方向和民生关切，肩负起国家赋予的特殊战略使命，在构建新发展格局中展现出新气象、新思路、新担当、新作为；需要通过具有顶层设计的前瞻性布局、各利益相关者的协同联动、新教育生态的创新驱动、实践取径的辐射带动以及科技与教育系统性融合等方式，形成高质量区域智慧教育发展的新格局，使新区成为我国智慧教育发展内生式探索与实现本土化实践突破的重要载体。

第二节 新区智慧教育促进教育数字化转型

党的二十大报告将教育强国明确为到 2035 年必须"建成"的目标之一，并置于其他目标之前，充分体现出教育对于国家现代化建设的重要性。"要广泛运用先进科学技术，着力加强科技创新能力建设，加大科技成果转化力度，积极发展新业态、新模式，培育新增长点、形成新动能。"[②] 以国家级新区为代表的政策试验区既要在新发展条件下成为区域协同发展中引领性的教育单元，更要以其先行先试的创新经验反哺教育治理和社会发展的现代化建设，并带来实质性的功能成效。在国家级新区由"政策理念"转变为"政策现实"的探索过程中，新区兼具空间功能单元和深化改革试点的双重使命。因此，国家级新区的建设与转型不仅需要满足自身运转需要，更要立足国家教育现代化和充分激发育人空间潜能的更高站位，重新审视国家级新区教育发展模式与价值。

"回顾世界各国现代化的发展历程，总结 16 世纪以来 5 个世界科学中心转移的历史规律，

---

① 黄荣怀，刘梦彧，刘嘉豪，等 . 智慧教育之"为何"与"何为"——关于智能时代教育的表现性与建构性特征分析［J］. 电化教育研究，2023，44（01）：5–12，35.

② 习近平在河北雄安新区考察并主持召开高标准高质量推进雄安新区建设座谈会［EB/OL］.（2023-05-10）［2023-12-28］. https://www.gov.cn/yaowen/2023-05/10/content_5754808.htm.

分析 3 次工业革命渐次演化的历史进程，无一例外显示出教育的优先布局与国家的兴盛强大密切相连。"[①] 自国家"十三五"规划纲要提出"数字中国"以来，数字化已逐渐跻身我国经济与社会发展的主导地位，深刻影响着教育的发展改革，使国家智慧教育平台优质资源供给能力大幅提升，公共服务能力持续增强，资源规范、机制保障和系统安全不断强化，师生数字素养得以不断提升。"十四五"时期以数字变革推进教育强国建设与教育数字化转型成为贯彻落实科教兴国战略与创新驱动发展战略的重要先手棋，数字化转型在教育领域的布局渐渐深入且内涵不断丰富，教育信息化进入了加快数字化发展、建设数字教育生态的新阶段。

把握教育重大战略、统筹区域发展以及科技、产业、经济布局对教育提出了新的要求，需要国家级新区部署教育综合改革工程，坚持应用为王、创新驱动，加快推进教育全要素、全流程、全业务、全领域数字化转型升级，以教育质量提升创造发展新动能、新优势。围绕国家主体功能区战略，结合地方重大产业发展需求，需要国家级新区以智慧教育为抓手，在大规模应用中放大价值，建设公平包容、更有质量、适合人人、便捷高效的数字教育，有效支撑个性化学习、扩大优质教育资源覆盖面，服务支撑教育改革发展，提高和发挥教育数字化助学、助教、助治的功能，提升新区教育的服务能力和水平。

建设支撑高质量教育教学的智慧学习环境、实现对各教育核心场景的赋能，即塑造智慧教育新形态，是推进教育数字化转型的基本途径。[②] 从空间功能来看，国家级新区模式的撬动机理在于通过各类资源在特定阶段和有限空间内实现高度聚集，实现相关业务职能的增量式崛起。在既有政策设定中，国家级新区的发展目标在于实现对各类政策试验区的有效整合。这一过程中，国家级新区既需承担起发展教育等空间支点功能，又需要在实践、机制创新等方面持续探索国家教育治理的改革边界。在国家政策引领下，尽管各地根据自身实际情况制定了契合区域需求的智慧教育规划和方案，并组织实施了一系列具有示范效应和创新价值的项目，但国家级新区智慧教育发展依然面临着"面面俱到"、区域特色未能充分彰显、科技支撑不充分、宣传推广新途径不足等问题，社会对智慧教育的认知度还有待提升，尚未形成"以特色示范区带动学校发展，以学校特色汇聚助推区域教育质量提升"的辐射带动作用。

国家级新区智慧教育推进中的现实困境制约着教育数字化水平的进一步提升。如何在全面推进智慧教育的态势中体现区域特色，将智慧教育发展纳入数字中国和智慧社会的建设，以解决亟待应对的实践问题和层次短板，推动形成具有中国特色的新区智慧教育发展之路，对于促进区域教育均衡发展和质量提升、实现区域教育现代化和学习型社会建设具有重要价值。

---

① 中共教育部党组. 奋力开拓教育强国建设新局面 [J]. 求是，2023（18）.
② 武法提，田浩，高姝睿. 教育数字化转型下的智慧教育形态：关键特征与生成途径 [J]. 中国基础教育，2023（01）：33-37.

第三节   国家级新区智慧教育的内涵

一、国家级新区智慧教育的应然状态

智慧教育关注人的发展，旨在面向教师、学生和家长，利用智能技术按需提供差异化和个性化的教学服务，提升学生学习体验、教学内容适配性和教学效率，从而促进教育公平。教育范式变革是推动场景创新的基础，要以此丰富互联网学习、智能诊断教学、虚实融合学习、技术支撑的自我导向学习等场景应用，推动线上线下融合互动以及深层次课堂变革，创新以学习者为中心的教学模式。联合国教科文组织教育信息技术研究所、国际教育技术学会和北京师范大学等单位发布的《国家智慧教育框架报告》[①]指出，政策制定者和各利益相关方需对教育系统中的包容性与公平性、持续改进文化、多部门合作与有效伙伴关系等要素进行整体规划，重点关注技术赋能的学与教变革、趋向智慧教育的学习环境、前瞻性的教育治理与政策计划以及智慧教育的整体性及系统性考量，以支撑可持续发展的共识性愿景，引领教育系统的有序变革。

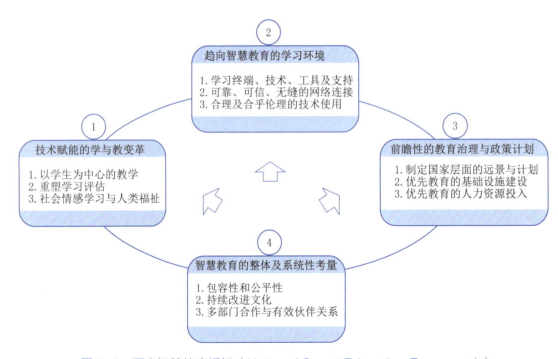

图 1-1   国家智慧教育框架（National Smart Education Framework）

---

①   UNESCO IITE, BNU & ISTE. Report on national smart education framework［EB/OL］.2022. https：//iite.unesco. org/publications/reporton-national-smart-education-framework/.

　　智慧教育概念的提出有其时代背景，是推进中国式教育现代化的重要内容。教育数字化转型是建设智慧教育的必由之路，要求我们按照"需求牵引、应用为王、服务至上"的原则，深入推动全领域、全要素、全流程、全业务的数字化意识、数字化思维和数字化应用，以构建未来教育新生态。① 区别于一般的城市新区，国家级新区具有较高的行政地位，较大的区域面积和资源聚合能力。在这种复杂嵌套的"多区叠合"空间之下，国家级新区智慧教育的应然状态是充分利用各区的优势，通过区际、城乡、校际和群体之间的协同联动为城市的科技、教育与人才培养融合发展提供更有活力的空间。国家级新区智慧教育的应然状态提供了有效构建现代教育制度的现实可能性，即以人的全面发展为目标，突出问题导向，拓宽应用场景，建立数字学习生态，通过引入和运用人工智能、虚拟现实、物联网等前沿技术和理念，健全激励评价机制，推动区域教育改革和发展。国家级新区智慧教育的推进必将有力促进数字教育与学习型社会建设的融合贯通，推动区域教育优质均衡和高质量发展，为加快建设教育强国做出更大贡献。

二、智慧教育的概念与特征

1. 智慧教育的概念

　　教育系统对新一代信息技术在教育中发挥作用的理解决定了智慧教育发展的方向与趋势。在"人、机、物"三元融合的视角下，技术赋能教育的含义已从过去的单纯技术应用、资源共享的层次步入智慧教育转型与变革的全新层次，智慧教育的发展从"推进教育流程再造"到"创新教育体制机制"的观点成为共识。教育部发布的《关于"智慧教育示范区"建设项目推荐遴选工作的通知》中明确指出了"智慧教育示范区"的六个建设重点，尤其强调凸显区域本位、发挥区域优势和特色，因地制宜发挥示范引领作用。关于区域智慧教育发展"面面俱到""泛化智慧"的现象，"全面推进"有其必然性，但"特色引领"也有其实然性。科技强国和人才强国需以颠覆性技术为核心，服务于人的能力培养与素养发展。② 深入发展智慧教育之路在于立足特色，需要通过创新引领解决真实教育问题，关注技术与教育的融合度以及形态创新与教育中场景需求的协调程度，将智能技术、互联网、终端平台、资源供给等与教育教学内容、模式、环境等各要素深度融合；需要秉承多元发展与创新人才培养初心，在全面推进智慧教育的过程中对教师、管理者和学生的能力素养进行综合考量，深入一线进行循证研究，面向课堂教学改革和区域教育系统变革需求，制定适合区域实际的路线规划。

---

① 黄荣怀，刘梦彧，刘嘉豪，等. 智慧教育之"为何"与"何为"——关于智能时代教育的表现性与建构性特征分析 [J]. 电化教育研究，2023（01）：5–12，35.

② 陈丽，张文梅，郑勤华. 教育数字化转型的历史方位与推进策略 [J]. 中国电化教育，2023（09）：1–8，17.

以下是近年来学界对智慧教育概念界定的部分内容：

智慧教育作为未来教育的理想形态，具有感知、适配、关爱、公平、和谐五大本质特征，具体表现为能让学习者产生高级学习体验的智慧学习环境，包含以学生为中心并渗透全教育过程要素的新型教学模式，重视公共教育、终身学习、教育公平及包容性的现代教育体系。——黄荣怀等，2023 年。

智慧教育，"慧"从师出；智能教育，"能"在环境；未来教育，"变"在形态。——黄荣怀等，2021 年。

智慧教育需要使机器智能与人类（教师）智慧相融合，指向学习者的高级思维发展、创新能力培养，启迪学习者智慧的教育新生态，实现对工业社会教育的解构、重组与再造，推动第三次教育革命，缔造智慧社会教育新体系。——郭绍青，2020 年。

人机智能协同下的精准学习成为破解规模个性化人才培养难题的有效路径。——武法提等，2022 年。

适应时代的教育变革是一项持续不断的改革，要加速信息技术与教育教学融合创新。——王珠珠，2020 年。

实现以学生为中心的因材施教是智能教育的重要目标和追求。——汪琼等，2021 年。

智慧教育是教育从传统时代走向数字时代乃至指数时代的必然选择。——顾小清等，2021 年。

智慧教育的本质是"器""道"双用，目标应指向个体生命智慧的培育。——刘革平等，2021 年。

构建以"五育"融合为目标，数据驱动为范式，智能教学应用为抓手的智慧环境。——张琪等，2022 年。

在对年度政策、智能教育演进、区域与相关文献调研的基础上，结合基础教育一线教学场景，可对"智慧教育"给出如下定义：

智慧教育是以创新人才培养为宗旨，充分将互联网、人工智能、云计算等新一代信息技术融入教学过程并重塑教育环境，通过人机协同促进个性发展、科学决策、综合评价与精准管理，实现模式重构、赋能增效、高位均衡的教育生态。

2. 智慧教育的特征

基于上述定义，可归纳出智慧教育具有的五方面内涵。

（1）定位于新时代的创新人才培养

数字素养、协作能力、复杂问题解决能力、人机协作能力正成为新时代人才的核心能力。强调人的全面发展是智能时代创新人才培养的核心。这需要重塑教育定位，让学生能从容应对各种不确定性和挑战，享受公平和全纳的受教机会；需要发掘更能激发学生学习进步的原动力，需要推动教育模式与业态创新，通过教育组织变革来提升创新力和生产力，构筑能充分满足个人多元化需求的新型教育模式。智慧教育倡导"为未知而教，为未来而学"，从工业时代"流水化""程式化"的教学转向以个性化、数字化、联通化为特征的技术驱动与思维整合的教学，激发学生学习的主动性、积极性、创造性和好奇心，以最大限度培养学生自主学习、分析和解决问题的综合能力，让学生具备善良的品质，富有学识、感情与智慧，实现以数字信息为基础设施和支撑工具、面向创新人才培养的教育新生态的过程。持续改进和规模化"技术赋能学习"关注学生的能力水平、多元智能、核心素养、情感状态、个性特征等，帮助学生学会如何学习、如何工作、如何合作、如何生存，以适应未来不确定性所带来的挑战。

（2）应用场景创新

从"教学者中心"向"学习者中心"的人才培养范式变革要求建立自主学习的体验式学习场景，通过多途径提供超越课堂的真实学习，允许学生在探究、讨论中有意义地建构概念与事物之间的联系。教育与技术双向赋能进程日益加速，加快了人工智能与产业深度融合，在人工智能社会实验等方面开展场景创新示范，推进了面向学校智慧教育、家庭智慧学习、社会服务融合等方面的场景创新。应用场景创新的目标是推动形成更加符合人才成长规律的多元化发展环境，在学校层面基于系统化的知识点和逻辑关系建立数字化知识图谱，设置跨学科学习主题，通过智能平台、增强现实、虚拟现实等技术形成社会化数字空间，基于此开展契合主题学科教学、跨学科项目式学习与综合学习活动的课程活动，通过提供个性化学习服务、评价应用、研训和管理构建交互便捷、数据融通、共享跨域的智慧校园新生态。家庭与场馆作为与学校教育互补的育人场所，其环境对学生有着重要影响，相关要素包括互联互通、高度集成的家庭学习环境、馆校课程融合体系、科学探究体验与身心健康支持等，可推动校内校外协同与更加开放灵活的教育。

（3）优化数字化环境建设

智慧学习环境是普通数字化学习环境的高端形态，能够实现物理环境与虚拟环境的融合，提供适应学生个性特征的学习支持和服务。[①]智慧学习环境的建设包括广泛存在的网络接入、适宜的学习空间、实用的学习工具、合适的学习资源、可靠的数字终端、安全的网络环境等六方面。数字化环境建设的重点在于面向区域和学校的推广应用，即以区域为主体，搭建开放共享、数据互通、技术集成、应用协同、交互可用的教育数字基座；以"物联、数联、智联、试联"为原则，推动各级各类教学、管理与服务平台互联互通；以应用需求为导向，优化区域教

---

① 黄荣怀. 智慧教育的三重境界：从环境、模式到体制［J］. 现代远程教育研究，2014（06）：3-11.

育公共服务体系构建，与国家智慧教育平台一同构成互联、多级联动与开放协同的区域平台。数字化环境建设的核心是建设统一的用户服务工作平台系统，以及以数据中台为核心的校园服务集成枢纽和服务组件，进而增加覆盖城乡的终身学习公共服务供给，形成高质量、个性化终身学习体系。

（4）人机协同促进教学范式变革

人与人工智能协作成为智慧教育的主要工作形态。人机结合的分布式认知可以辅助人类突破个体认知的上限，处理超越个体认知能力的海量信息，为显著提高教育生产力、孕育人类智慧带来了新契机。对于教师而言，智能教学助手能够取代相对简单重复的教学工作，教师还可以借助认知智能与感知智能工具精准获取学情、确定教学目标、设计教学资源、实施教学干预，充分发挥人类的创新、复杂决策、情感关怀激励等优势，从而带来教师智力劳动的解放，促进人本教学的实施，使得学生更具有创造性、创新性。在社会知识建构等理念的指导下，知识创新与知识增长受到了更多的重视。对于学生而言，虚拟代理、智能服务、智慧学伴等认知工具可以支持其在结合真实问题情境的整合性课程中通过自我导向的学习、知识图谱学习、运用反思工具和协作工具开展学习等方式突破原有的认知水平，有效进行知识建构。智能教学系统、智能教学助手、智能学伴等认知工具的普及应用能够突破标准化班级教学无法满足个性化教育需求、供给驱动的服务不适应灵活学习的需要等传统人才培养模式的局限，为形成交叉融合的创新型人才培养模式奠定基础，使教育服务生态系统能最大化地促进教师和学生的全面发展，从而满足智能化时代对于优质教育的不断增长的需求。

（5）数据要素高效流通优化教育资源配置

教育数据要素对丰富教育数据产品和服务供给、提升教育教学生产力具有重要意义。分布式、跨平台、融合化数据存储，边缘计算技术，计算下沉与边端赋能加速对数据的分析能力，多模态学习分析以解决复杂教育问题的数据模型与解释模型为起点，成为洞察学习规律的新范式，为"教育数据计算"提供理论与实践的支撑。[①] 通过数据中台、服务组件以及基于数据中台进行可动态重组，建立连贯的业务流程服务，实现个性化的服务与业务流程创新。应运而生的教育数据治理，集中体现在以数据驱动的教育治理和面向教育的数据工具深度融合两个方面。在学校业务层面，对教育数据的合理审视有助于学生及教师收集、分析和利用教育数据，构建全方位、更具韧性的教育服务快速响应机制，为教学质量提升、教学过程监管、教育资源分配和教育政策制定等提供决策辅助；在教育实践层面，智能时代的因材施教与精准治理亟待

---

① 张琪，王丹.智能时代教育评价的意蕴、作用点与实现路径［J］.中国远程教育，2021（02）：9-16+76.

充分利用计算分析技术赋能，以推动数据驱动下的教育研究和实践。通过开展全过程伴随式数据采集对教学和学习行为进行多维度数据分析，建立起以学生学习效果为中心的教育质量评价体系，有助于促进教师在教育实践中开展数据驱动教学。

第四节　报告框架

作为我国国家空间战略的重要载体形式，国家级新区既有政策试验区的经验延续和模式深化，又有日益丰富的实践探索经验，使得当前国家级新区智慧教育呈现出各具特色的功能定位，印证了国家级新区这一发展模式的灵活性优势。作为基于同一政策设计框架的教育现象，各地国家级新区智慧教育具有一定的共性特征。在空间尺度多样化、先行先试权倾斜的政策体系支持下，各地国家级新区所赋予智慧教育的内涵与定位都得以极大延展，并呈现出与其他新区不同的特征。正因如此，国家级新区已成长为影响我国区域教育协调发展的显性空间变量，并已成为剖析我国教育策略变迁、体制机制创新的重要样本。

本报告基于对 10 个国家级新区（按新区批准时间依次为：上海浦东新区、天津滨海新区、重庆两江新区、浙江舟山群岛新区、广州南沙新区、陕西西咸新区、青岛西海岸新区、四川天府新区、南京江北新区、云南滇中新区）区域案例与采集数据的梳理和分析，同时结合国家级新区宏观层面的模式设计与实践现状等进行系统考量，力求体现国家级新区兼具空间功能单元和教育深化改革试点的多重使命，客观呈现新区智慧教育的模式机制、发展策略与实践样态，具体包括如下四方面的内容：

1. 凝练新区范式。基于案例描述框架系统呈现国家级新区智慧建设思路与做法，发挥区域带动和辐射效应。

2. 关注实践效能。建立区域智慧教育指数，进行多维比较分析，为区域智慧教育高质量发展提供参考指南。

3. 提供发展参考。从操作性、可持续性、阶段性与多样性等原则出发，描述智慧教育的建构性特征，具象化地指明新区智慧教育建设的未来方向。

4. 引导产品研发。全景式描绘新区智慧教育生态的应然图景，引导高学习体验、高内容适配的技术产品研发。

本报告分为四部分：

第一部分在对国家级新区定位分析的基础上界定智慧教育的概念内涵，阐释新区智慧教育应有之义。涉及对文献分析法的运用、分析框架的搭建以及对研究问题演进逻辑的梳理。基于对国家级新区现行体制机制与治理转型态势的系统把握，实现对新区智慧教育建构命题的理论剖析。

第二部分采用"1+1"方式（即 1 个区域案例和 1 个学校案例），从案例背景、思路做法、主要成效三个维度出发，聚焦于教育教学中的真实问题和真实情境，重点阐释环境、资源、技术和方法，以体现国家级新区在智慧教育发展上在地理区位、城市行政级别和政策环境层面的异质性表现。

第三部分基于智慧教育区域发展五维评估指数模型，从教育理念、教学空间、数据资源、教育形态和教育治理等方面对国家级新区智慧教育发展情况进行数据描述，结合热词分析、趋势分析等呈现"新区画像"。

第四部分在前述章节基础上进行归纳与比较分析，以此梳理国家级新区智慧教育的发展目标和实践取径。从现状分析与发展策略两个方面系统把握国家级新区智慧教育发展的客观问题，系统性、具象化地指明新区智慧教育建设的方向。

第二部分

PART 2
国家级新区智慧教育案例[①]

---
① 排列顺序基于国家级新区批准时间先后

第一节　上海浦东新区

数字化转型赋能区域教育均衡优质发展的路径与实践探索
——以上海市浦东新区为例

李百艳①　李军②　谢忠新③　高佳华④　褚金岭⑤

【摘　要】为构建区域均衡优质高质量教育体系，浦东新区设计"1134"生态体系，建设教育大数据中心，赋能智能治理能力提升；基于教师数字画像开展精准教研，促进教师素养提升；建平台汇资源，推出"智能教""教智能"国家级信息化教学实验区建设等举措，开展整校全面推进的智慧教育；形成数字基座奠基、资源生态开放、场景应用精准、治理能力升级的数字化转型生态，全面提升师生素养，实现区域教育均衡优质发展。

【关键词】数字化转型　区域教育　赋能　均衡优质　路径

一、案例背景

浦东新区是上海区域教育综合改革创新示范区，正在全力打造社会主义现代化建设引领区、上海教育数字化转型示范区。近年来，浦东新区陆续发布了《浦东教育现代化2035》《浦东新区教育改革和发展"十四五"规划》等一系列规划性文件，以大数据驱动教育数字化转型，以教育数字化转型赋能区域教育均衡优质发展，本着"基础领先、内容领先、手段领先"的发展目标，着力构建快转型、更智慧、高质量的浦东智慧教育新样态。

浦东基础教育具有体量大、增速快的发展特点，共有公民办学校662所；学生数55万，占上海市的1/4；专任教师人数近5万人，占全市的1/5。学校分层分类明显，由沿海沿江的地域差异形成城乡学校发展差异，因此更加注重促进区域教育优质均衡发展。在长期的信息化建设过程中，区域业务系统建设较为孤立，数据难以实现跨部门共享和利用，导致教育管理者难以根据准确的数据进行科学判断、综合决策，难以掌握全面且有针对性的信息以精准支持教师专业发展。教学活动缺乏过程性监测、专业支撑与技术赋能。

① 上海市浦东教育发展研究院院长。
② 上海市浦东教育发展研究院副院长。
③ 上海市浦东教育发展研究院教育信息技术部主任。
④ 上海市浦东教育发展研究院教育信息技术部副主任。
⑤ 上海市浦东教育发展研究院教师。

为解决上述问题，区教育局高度重视教育信息化发展，采取了云网融合的教育城域网建设、区校两级教育信息化基础设施升级等措施；坚持以"将教育信息化作为教育系统性变革的内生力量"为指导思想，多措并举解决教育数据割裂、城乡差异不均衡、教育应用动态多变等问题，推进智能化环境下的区域智慧教育教学改革、数字赋能区域教育的均衡优质发展。2021年，浦东新区被教育部确认为"基于教学改革、融合信息技术的新型教与学模式实验区"（以下简称实验区）。

二、思路和做法

智慧教育是教育信息化发展的终极目标，浦东新区为面向超大规模的区域教育数字化转型，注重做好顶层设计且分层分步骤稳步实施。

1. 总体思路

（1）浦东教育数字化转型顶层设计"1134"体系

浦东教育的数字化转型注重顶层设计，以"融合共生、智向未来"为导向，构建了"1134"体系：构建1张教育基础云网；组成1座教育数字基座，统一用户认证、统一应用门户、统一消息服务、统一数据管理、统一校园物联；业务驱动、数字赋能，建设智能化教学研训、智能化教育评价、智能化教育治理3种智慧化应用场景；致力于为学生、教师、学校、家

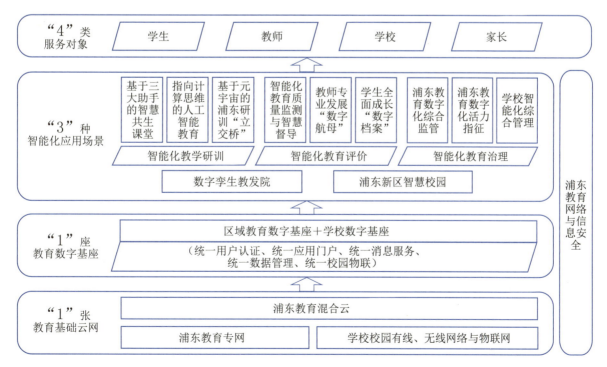

图 2-1　教育数字化转型"1134"体系

长 4 类对象提供服务。基于"1134"体系，浦东教育数字化转型不断构建完善信息化环境支撑体系，赋能学校基座平台，赋能学校教学管理，赋能学校基于数据驱动的精准教学，更聚焦教育模式变革、教学方式改进和评价方法创新。

（2）数字化转型赋能智慧教育的区域实践路径

教育数字化是将数字技术整合到教育领域的各个层面，推动教育组织转变教学范式、组织架构等全方位的创新与变革。浦东新区在实践中探索，通过政府主导、区校联动、多方参与的方式，有效整合资源，以数据要素为核心，基于大数据中心构建智能治理数字化模式，赋能精准决策管理；通过教师数字画像赋能教师教育，提升队伍建设水平；基于"智能教"项目构建智慧共生的精准教学模式，赋能教师课堂教学变革，实施"管理决策—教师教育—课堂教学"三层递进的区域数字化赋能智慧教育方案。同时，在学校层面开展智慧校园建设，推进"智能教"等项目，全面提升师生数字素养，如图 2–2 所示。

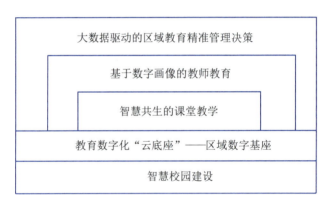

图 2–2　数字化赋能智慧教育的实践路径

2. 具体做法

浦东新区以教育大数据平台为主体，建设了包括教师专业发展系统、"智能教"系统、智慧督导系统、"四个监管"平台、招生系统等并行系统，构成以大数据中心为主体的"一体 N 驱"建设与应用体系。

（1）大数据驱动区域教育管理精准决策

大数据赋能决策数字化的核心在于基于数据标准创建支撑数据采集、数据治理以及挖掘分析、可视化应用呈现一站式的大数据支撑平台。浦东教育大数据中心采取顶层设计、标准先行、需求驱动、运营跟进的区域实施路径，实施多项举措破解管理难题；基于数据驱动，对多场景、全过程、多模态的大数据进行关联交叉与实时监测；基于需求导向建设业务创新应用场景，从而增强问题预警、评价诊断与管理决策能力。浦东教育治理数字化转型的区域实践路径如图 2–3 所示。

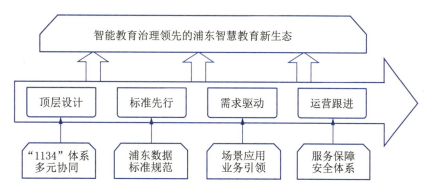

图 2-3　教育治理数字化转型区域实践路径

① 构建了浦东教育大数据平台能力体系

浦东教育大数据中心构建了"432"能力体系，包含四大能力平台、三大工具及两类应用，即大数据能力、AI能力、可视化能力、运维监控能力四大平台，智能采集、舆情监测、数据汇聚三类工具，以及教育管理和教学应用两类共32项应用。大数据平台提供灵活的数据对接方式，汇聚融通市区两级19个业务系统的数据，解决了区域教育信息化存在的条块分割、"数据孤岛"等问题，通过数据驱动业务从管理走向治理，从粗放走向精细，从经验走向实证。

② 需求驱动的管理决策创新场景应用

依托基础大数据，针对业务管理难题，浦东新区开发了校园安全监测、招生预警、智慧监管督导等大数据决策应用场景及基于实证数据的智能监管、智慧督导系统，遵循"用数据说话，重数据评价，依数据决策"的教育评价理念，实践开展基于实证数据的"四个监管"、现代教育智慧督导体系。基于人口数据的幼儿园和义教招生预警，即根据对接浦东公安系统获取的0至16岁户籍人口数据、区域学位数据预测学位缺口数，评估不同区域内学位资源的均衡程度，可视化地呈现出按街镇、按集团、按学校等不同管理颗粒度下学位资源供需红色预警、橙色预警等不平衡情况。在实际使用中，招生预警为新学校开办、教师资源配置、招生口径决策等提供了科学准确的依据。

（2）教师数字画像赋能教师教育与专业发展

教师是教育数字化转型的关键力量，区域教师队伍质量关系到教育数字化转型的成败。教师数字画像能够将教师基础数据与专业数据相结合，构建起立体多维的虚拟教师形象，赋能教师教育管理与个体专业发展。浦东新区基于"浦东教育大数据中心"+"教师发展一体化综合应用平台"的两大信息化体系，构建促进教师专业发展的信息化支撑环境；建设科学完备、开放灵活、协同联动的教师培养培训系统，促进教师教育生态系统变革、区域教师教育发展，如图2-4所示。

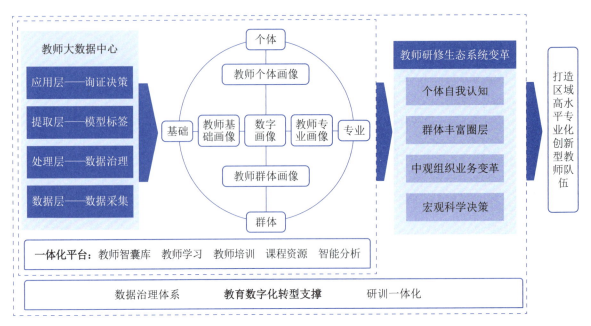

图 2-4　数字化转型的区域教师教育发展框架

① "一中心" 赋能区域教师教育管理

浦东教育大数据中心汇集与教师教育相关的人力资源系统、上网行为分析系统、研修网等 7 个系统的数据，基于汇聚的教师数字画像生成创新性应用场景。大数据中心构建了"教师洞察数字驾驶舱"，汇聚教师群体基本属性、课程申报、优课获奖、学分等数据，实现对教师群体全过程、长周期、多维度、宽领域的实时信息呈现，提供区域教师整体信息基本概览；构建了上网行为画像分析系统，分析不同学段教师使用 App 的偏好，主动发现教师关注的热点领域，为教师培训课程的研发提供参考；利用全区教师无线漫游上网伴随系统采集教师登入、登出学校的网络地址数据，通过学校出访、来访人数排行榜建立学校影响力模型。

② "一平台" 赋能教师自我专业成长

浦东新区构建教师专业发展一体化综合应用平台，整合、共享各类教育资源、应用、数据等，满足教师在线学习、协同研修、自我管理等需求，实现可视化动态呈现教师成长轨迹与培训绩效，促进教师教育管理数字化转型。平台目前已完成一期建设，未来还将进一步升级，将包含五大子系统：一是教师专业发展智囊库，为新教师成长提供在线答疑；二是教师在线学习支持系统，即原来的教师研修网，目前正在升级中；三是教师学习资源系统，归集现有各类公开课、展示活动资源，支持教师学习；四是教师研修管理系统，支持教师各类研修课程的申报评审，骨干教师、学科带头人、名师基地评审考核，以及教师专业发展学校、校本研修学校等申报评审；五是教师专业发展智能分析系统，为教师未来发展提供智能诊断与发展建议。

（3）人工智能新技术赋能智慧课堂教学

浦东新区在区域层面实施备课助手、教学助手以及作业辅导助手（简称"三个助手"）项目，同时参与市级联动推进项目，基于大数据驱动的智能化精准教学项目、AI智能化教学诊断分析等三大教学数字化转型项目，面向浦东662所不同类型、不同层次的学校分层分类推进试点教学实践，为教师提供教研教学指导、技术工具应用培训，为学生提供自主学习的工具与丰富的学习资源，为课堂教学提供全空间融合、全要素协同、全流程再造、智能分析一体化的技术环境支撑服务，如图2-5所示。

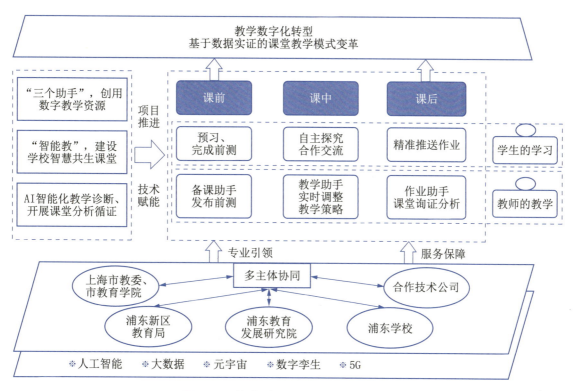

图2-5　教学数字化转型的整体架构

① 市区联动推进"三个助手"平台应用

上海市教委推出"三个助手"，即"备课助手""教学助手""作业助手"的数字教学服务平台，推进教学全过程改革，助力减负增效。浦东新区从2022年2月开始用"三个助手"推动教学数字化转型，针对区域大、学校多、教师多的特点，适当扩大区级试点范围，目前有小学数学学科区级试点校20所，小学英语学科区级试点校10所。在"三个助手"使用推进过程中，首先强调用好市级资源，在此基础上开发区级资源，激活学校创造力。市区联动的"三个助手"平台全方位覆盖了备课、上课、作业这三个教学中最重要的环节，提供技术工具支撑、资源支撑赋能教师的"教"和学生的"学"。

② 区校联动推进"智能教"，建设智慧共生课堂

作为国家级信息化教学实验区，浦东新区配建"大数据驱动的智能化精准教学"（"智能教"）项目，批准了100所试点学校，设置了专项资金，多部门联合指导教研，定期开展专题展示活动，结合100所试点学校的实际情况探索构建覆盖不同学科、不同课型的大数据驱动的创新教学模式，体现指向学生主体发展的课堂新样态、指向循证教研与协同发展的教研新生态、指向技术赋能的教学教研新范式。

③ 智能化课堂教学画像赋能教学变革

浦东新区在部分试点学校部署了AI智能录播系统，借助课堂AI智能分析录播系统构建课堂教学数字画像，为对课堂教学进行完整分析提供了具体的数据支持，赋能智能化课堂分析；多维度课堂教学行为数据分析可以反映出教师主要的教学形式、师生互动的具体情况，通过对教师和学生各类行为的比例统计分析教师的教学方法、教学风格和教学策略、教学目标的达成度等，为教师教学反思提供素材和依据，赋能教师反思与发展。

（4）分批分层持续推进智慧校园建设

浦东新区构建了基于"统一身份认证、统一数据管理、统一应用管理"的区校一体化智慧校园建设与应用模式。统一认证中心为师生、家长等所有教育应用和管理系统的用户提供身份认证平台；统一数据以数据接入与输出能力促进数据融合共通；统一应用提供区域统一部署的教育软件云服务平台，促进区域教育教学资源共建共享。在推进智慧校园建设过程中，学校发挥主体作用，一校一方案，彰显学校特色，示范辐射区域学校发展。2019年，浦东有4所学校被确立为市信息化应用标杆校；2021年，又有5所学校被确立为市信息化应用标杆校。浦东扩大试点范围，分层分批持续推进区级"智慧校园"建设，目前共有50所"智慧校园"在创建。

三、主要成效

第一，教育大数据赋能提升了区域教育治理能力。当前浦东正在逐步建成具有特色的教育决策大数据应用生态体系，通过深入分析挖掘教育教学大数据实现治理主体多元化、治理方式科学化、教育流程可视化、治理决策精准化，形成可持续发展的良好教育治理新生态。第二，建设了区域均衡化发展的高质量教师队伍。面对将近5万名的专业教师数量，一方面着力打通城乡片区之间的"数据孤岛"，缩小城乡差距；另一方面，开创了精准治理、多方协同的教师队伍建设新模式，建立了完善的教师发展培养体系。第三，智慧教学深化教学改革，提升了教学质量。"智能教"赋能课程教学改革，使教师的教学方式从依赖主观经验转向依据客观数据，通过百所试点学校规模辐射带动周边学校发展，提升全区整体教学质量。在首届"世界数字教育大会"期间，教育部遴选了6节"数字化精品课"在"国家智慧教育平台开通上线一周年

展""第六届数字中国建设峰会"上进行展播，浦东新区有两节课入选，充分展示了近年来浦东中小学课堂中的数字化应用成效。第四，呈现出校校不同、校校精彩的智慧校园案例。首批项目实验校建平中学、进才北校、浦东新区第二中心小学等 8 所学校进行了基于物联网的校园"智慧环境"建设，通过智慧终端和设备的建设构建了智慧物联、智慧安保、智能能耗管控、智能班牌、校园一卡通、智能借阅、智慧大屏等智慧校园全面的环境元素，打造全方位支持智慧校园建设的应用场景。

教育数字化转型是教育系统性创新的过程，是教育实现全方位变革和高质量发展的新动力引擎。教育数字化转型是一个逐步演化的过程，搭建平台、融通数据、专业支撑、数字赋能已成为区域教育数字化转型的新样态。浦东将充分发挥数字技术赋能和数据驱动效能，促进信息技术与教育教学的深度融合，构建"快转型、更智慧、高质量"的浦东智慧教育建设与应用新生态，以教育数字化转型赋能区域教育均衡优质发展，推动教育大区向教育强区发展，助力实现更高水平、更高质量的教育现代化。

依托教育数字化转型推进学生综合素质评价改革

黄军[①]　陈慧灵[②]

【摘　要】随着教育评价改革的方向越来越明晰，学生综合素质评价逐渐成为教育改革的重要方向。然而实施学生综合素质评价仍面临着许多困难与挑战，包括评价指标体系不健全、评价标准不明确、评价结果不全面不客观等问题。学校基于智能软件及大数据平台构建有学校特色的学生综合素质评价体系，深度思考与实施技术赋能教育教学场景，在实践中不断创新评价方式、强化过程评价、探索增值评价，实现全过程、全要素的学生综合素质评价，取得了卓越的成效。

【关键词】教育数字化转型　学生综合素质评价　实践成效

一、案例背景

近年来，随着《深化新时代教育评价改革总体方案》等相关文件的印发和国家相关政策的出台，教育评价改革的方向和路线越来越明晰，学生综合素质评价逐渐成为教育改革的重要方向。

然而，实施综合素质评价仍面临着一系列的困难与挑战。首先，评价体系不够健全。传统

---

①　上海市浦东新区第二中心小学副校长。
②　上海市浦东新区第二中心小学副校长。

评价相对随意、缺乏整体规划，更缺少由顶层设计的，与课程标准、区域和学校层面人才培养方案相匹配的健全的评价指标体系，常常出现区域学校各自为政、各有体系的情况，难以实现评价的全面性和导向性。其次，评价标准不够明确。综合素质评价的核心是评价标准。当前的评价标准缺乏科学性和客观性，部分评价标准取决于评价制订者的个人经验，评价结果难以准确地体现学生的综合素质。同时，评价标准的制订又存在着一定的困难，需要考虑哪些指标、这些指标应该如何获取、如何增加评价的信度与效度都让量化和评价学生相关能力变得极为复杂。再次，评价缺少基于学生学习、生活空间的具体实施场景。传统评价过度关注结果、缺少基于学习过程的评价。在实际教学场景中，班级学生数多、教师缺乏相应的技术手段和精力等因素都导致评价数据难采集、评价内容不全面、评价结果与学生实际存在相对较大偏差，这些都对综合素质评价方式提出了挑战。

二、思路和做法

2021 年 11 月，上海市教委印发的《上海市教育数字化转型实施方案（2021–2023）》中明确要求全力推进教育评估数字化，通过优化教育评价理念、技术和工具，基于数字化重构教育评价机制，开展数据驱动的教育综合评价，推动基于全过程、全要素的学生学习成长数据追踪与综合素质智能评价，在评价的若干重点领域和关键环节取得突破。

作为上海市信息化应用标杆培育校、浦东新区首批"智慧校园"建设单位，自 2019 年起，学校以智慧校园创建为契机，基于智能硬件及大数据平台，以"学科核心素养"为依据，确立了"基于智慧校园平台的'五星五育＋'学生综合素质评价研究"实践项目，旨在通过整体规划构建有学校特色的学生综合素质评价体系，更好地实现学校教育立德树人的目标。

学校对基于"智慧校园"平台的"五星五育＋"学生综合素质评价的实践研究，围绕"德、智、体、美、劳、特"六个维度，整体构建学生综合素质评价体系，通过核心团队顶层设计与引领—部门联合研发与落实—教研组实践研究与修正的流程对评价维度、评价指标、评价流程和评价反馈进行重构，依托技术赋能，实现跨平台、跨终端的过程性学生成长数据记录，形成学生个性化综合素质报告，从而构建促进学生全面发展的评价新型生态。

1. 基于育人理念，重构评价指标，保障评价的全面性

学校以全面发展为理念、以核心素养为导向，全面思考学生综合素质评价的基础框架，从"德、智、体、美、劳、特"六个维度进行整体架构设计。（图 2–6 所示）

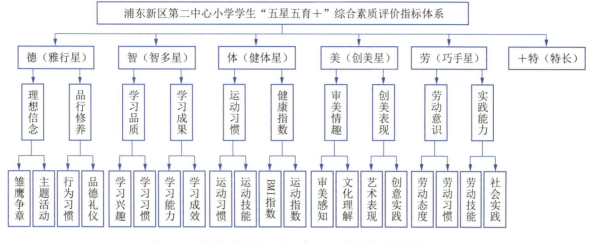

图 2-6　学生"五星五育＋"综合素质评价指标体系

德（雅行星）——从理想信念、品行修养两大维度来关注学生的日常行为规范、品德礼仪和德育活动参与情况，由家长、学校和学生共同完成常态化日常记录和阶段性自评互评。

智（智多星）——结合《上海市基于课程标准的评价指南》和《上海市学生成长手册》相关评价维度和要求，从学习兴趣、学习习惯和学习成果三方面对学生进行全过程评价，通过高频度课后评价聚焦学生学习兴趣、学习习惯的发展，通过阶段分项评价反馈学生的学习成果。

体（健体星）——聚焦学生的健康指数、运动习惯，结合校本体育特色关注学生运动技能的培养和发展。借助运动手环记录学生日常运动数据，通过体质健康秤获取学生健康信息，并对学生每年的体质监测数据进行跟踪记录，全面分析评价学生健体情况。

美（创美星）——以审美情趣、创美表现作为评价学生美育素养的重要指标，同时通过学生参与"智慧星球"美育课程的态度和表现、美育实践活动的频次和收获、个人作品上传情况等综合评价和反馈学生的创美表现。

劳（巧手星）——构建劳动态度、劳动能力、劳动成效三级指标体系，借助网络终端应用平台，由家庭、学校、社会共同参与评价，记录学生校内外劳动教育指标下的行为表现和成长数据，通过线上线下评价相结合、过程性与终结性评价相结合，实现以评价促进学生劳动素养的提升。

特（特长）——记录学生特长发展的过程，为学生打造展示特长的个性化空间，助力每一个学生优势潜能的多元发展，从而促使其更好地审视自我、提升自信。

2. 赋能评价过程，创新评价方式，落实评价常态化

以数字化方式记录学生的成长过程是构建基于"智慧校园"平台的学生综合素质评价体系的重要前提。以往学校对学生的评价一直存在评价过程难以记录，评价方式单一，难以做到伴

随式、常态化评价等堵点、难点。学校借助智慧校园平台和各种智能设备有效解决以上问题，呈现出评价体系新样态。

（1）借助高速扫描仪实现作文高效对应入库

作文是体现学生表达素养的重要形式，语文教学中迫切地需要记录学生每次习作的真实情况，用以评价、反馈和指导，以提升学生的写作水平。

学校通过技术赋能，自行研发了带有学生专属二维码的作文纸，以此取代传统的作文本。当学生完成习作和自评，教师进行首轮批阅后，便可通过高速扫描仪将学生作文快速轻松对应入库，使之成为评价学生表达素养和语文学业成果的真实数据来源，也为教师实施作文精准教学提供了有力的实证依据。（图 2-7 所示）

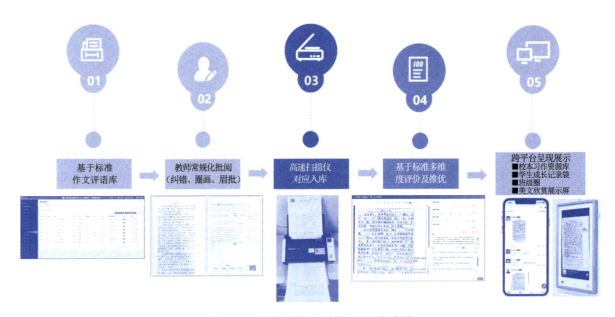

图 2-7　技术赋能下的作文评价流程

（2）利用"智慧校园"小程序辅助学生上传歌唱作品

学生在学习过程中经常会遇到一些表现型学习成果难以进行过程性记录和评价的问题，例如在音乐学科学习过程中，歌唱作品如何留存和评价的问题一直困扰着老师。

学校开发的"智慧校园"小程序，在常规管理的基础上延展了评价功能。学生利用小程序"音乐唱听"模块提供的歌曲伴奏和录音功能能随时录制歌唱作品并上传，同时从音乐感受、音乐表现两个维度对自己的作品进行星级自评，这样既有效解决了缺乏作品上传途径的问题，又实现了数据融通，更让学生在这一过程中体验学习的乐趣。在学生自主参与评价的基础上，教师可通过"智慧校园"平台同步欣赏每位学生提交的作品，并进行评价和推优，将推优作品展示于学校"唱听吧"设备上，供学生欣赏和学习。（图 2-8 所示）

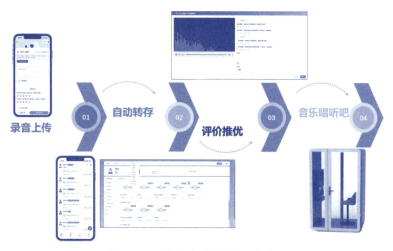

图 2-8　学生歌唱作业评价流程

（3）借助常用终端设备实时评价美术课堂作业

在全面推进素质教育的进程中，我们更多地关注利用技术赋能美术作业记录。学校充分考虑教师对评价系统操作便利性的需求，开发了"智慧校园"小程序端的"美术作品上传"功能。

美术教师在课堂上巡视学生绘画作品的同时即可通过手机端、iPad 端将学生作品拍照并通过小程序方便快捷地上传，完成学生美术学科表现性作业的过程数据记录，并按预设的作品评价维度进行评价与推优。推优作品可同步在班级的电子班牌和学校的数字画廊展示，同时还可将学生上传的优秀作品以个人名义进行"空中画展"，拓展了学生特长展示的时空。（图 2-9 所示）

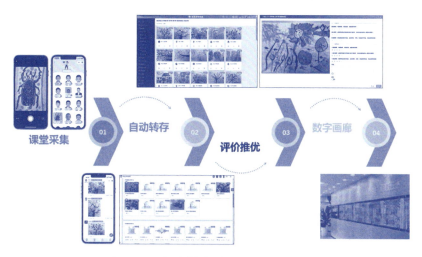

图 2-9　学生美术绘画作业评价流程

（4）运用电子班牌，发挥评价及时性优势和导向激励功能

除了学业成果，我们同样关注学生的学习过程。课堂上的学习习惯、学习兴趣、行为规范的养成和表现都与学生成长不可分割，然而，传统评价随意、失真的记录和滞后的反馈让评价的效率大大降低。

针对这一情况，学校统整思考了课后评价、行为规范评价的维度和评价路径，充分运用每个班级门口的电子班牌，自主开发了班牌评价系统，有效突破了传统评价的局限。每节课后，教师通过人脸识别验证登录班牌评价系统，系统自动对应本班学生和学科评价维度，教师便可轻松完成课后评价。至于学生的行为规范评价，则由班主任在该系统平台上设置评价指标。通过电子班牌可以轻松地为表现优异和需要鼓励的学生加星、点赞。同时，智慧校园平台还提供了手机小程序端、网页端同步评价功能，学生随时可见自己的评价实况。（图 2-10 所示）

图 2-10 电子班牌评价系统

（5）开发智能评语系统，助力精准、生动撰写评语

无论学科教师还是班主任，都要在学期末基于学生的综合表现给予其一段描述式的评语评价。然而，许多教师仅凭印象给学生的评语常常表现出随意性、模糊性和片面性。

学校据此开发的智慧校园平台评语撰写系统全方位融通各学科历次分项学业评价结果、习作分项评价结果、学生作品、获奖情况等成长过程性数据，并在同界面呈现，为教师撰写评语提供了详尽的时间轴历史数据和多维度实证数据，满足了新接班教师、跨学科教师、执教多班级教师和班主任等不同角色的撰写需求。通过"共建—共享"模式动态生成的评语库可修改、保留之前的评语，教师在轻松完成评语撰写的同时还可凸显个性化言语风格，让评语更精准、更生动、更具导向激励性。（图 2-11 所示）

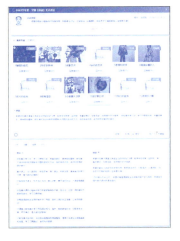

图 2-11 基于实证的教师评语撰写

3. 融通评价数据，汇聚评价结果，体现评价科学性

在健全的指标体系引领下，学校开展的全视域评价助推了评价的进展。我们对不同维度获取到的数据进行分析、清洗，基于学校数字基座进行数据融通，最终根据评价需求有效汇聚，满足不同的评价反馈需求，更全面真实地记录学生的成长"数字画像"，并实时、动态地给出预警和建议，初步实现了评价识人、评价育人的功能。

（1）共享开放的"班级圈"——拓宽评价的广度和深度

随着以班级为单位展开的学生日常活动越来越丰富，学校"智慧校园"平台以班级为单位融通数据，汇聚学生作业作品、各类学科活动、实践活动、日常生活点滴记录的需求也越来越强烈。

学校在"智慧校园"小程序端开发了"班级圈"功能，将数据汇聚和活动分享有机融合，同时进一步延展评价主体，让同伴、家长、社会共同参与对学生的评价，为多主体参与评价提供了又一个通道和平台，让评价的广度和深度得到了更生动的诠释，也为家庭、学校、社会共育提供了又一个对话空间，延展了全方位育人的时空。（图2-12所示）

图2-12　手机小程序端的"班级圈"功能

（2）健康和谐的学习空间——提升评价的导向性和教育性

在日常评价过程中，我们不断地挖掘数据价值，汇聚数据后生成应用新场景，体现基于评价反馈的教育意义。

"智慧校园"系统分主题汇总各年级学生在学习过程中被教师"推优"的作业作品，通过学校构建的"美文驿站"（优秀习作展示屏）、"唱听吧""数字画廊"等数字化区域学习空间进行动态展示，师生可随时驻足欣赏、点赞、发表语音评价，让每一个学生都有可能"被看见""被肯定"，在激励学生的同时也营造了健康和谐的校园氛围。（图2-13所示）

图 2-13 "美文驿站""唱听吧""数字画廊"新场景

（3）自动生成的学籍卡——满足评价的连贯性和持续性需求

学籍卡是一张真实、连贯、全过程记录学生小学阶段学习成绩和教师评语的综合评价表，随学生的升级、转学，犹如接力棒在新老班主任和任课教师手中传递，但综合评价表容易遗失、折旧等问题不断困扰着教师。对于任教七八个班级的综合学科老师来说，学期结束时手动填写综合评价表更是一大负担。

随着学习过程中指向学科素养的各项学业评价数据不断丰富，基于数据融通后的"智慧校园"平台能动态汇聚学生每年两个学期的学业成果及教师评语，自动生成学生电子学籍卡，需要时可以随时同比例打印，大大减轻了教师的工作负担。

（4）可视化的成长报告——凸显评价的全面性和精准性

为了让每一位学生都能在一段时间的学习后看到自我成长的真实状态，更好地总结过去、展望未来，智慧校园融通各应用平台的学生各类过程性成长数据，在每学期结束时自动生成一份可视化报告。

该报告基于浦东新区第二中心小学"五星五育+"（即"雅行星、智多星、健体星、创美星、巧手星"+特长）评价体系，精准、生动地将学生的综合成长表现和学习成果通过等第、图表、二维码扫码回看等多种形式进行多维度、多样态化呈现，并推送发展性温馨提示，助力学生成长。（图 2-14 所示）

（5）全面生动的"成长档案袋"——体现评价的全过程、全要素

在每学期为学生生成专属的可视化综合素质报告的基础上，随着数据库的不断扩大，平台还为学生同步生成了一个基于成长全过程、全要素的"成长档案袋"。

学生"成长档案袋"同样基于"五星五育+"的各个维度，记录了学生入学后的各类评价数据，生动回顾了学生的成长历程和教育经历。（图 2-15 所示）

（6）"星星总动员"激励机制——提升评价的趣味性和激励性

考虑到学生的年龄与认知特点，为了让他们更真切地感受到评价的趣味性和激励性，让评

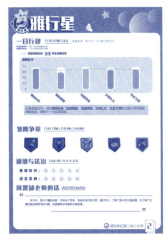
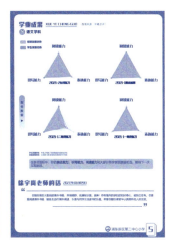

图 2-14　可视化学生"五星五育+"综合素质报告

图 2-15　全过程、全要素的学生"成长档案袋"

价真正助力学生健康成长，我们以技术赋能学校原有的"星星激励机制"，让学生喜欢并主动积极地参与到评价中。

围绕"雅行星、智多星、健体星、创美星、巧手星＋特长"的评价体系，我们从儿童视角出发，选用吉祥物"星星宝"作为基于数据终端的评价主角，设计以"争星—存星—评星—用星"为流程的"星星总动员"激励机制，让"星星"成为记录学生个体进步与成长轨迹的评价标识。智慧校园平台自动统计学生成长过程中获得的星星，学生可以通过"校园一卡通"在电子班牌端实时查看自己的"争星榜"，同时可以用获得的"星星"进行个性化"消费"——在兑换柜换取需要的文化学习用品、和校长共进午餐、参与某项校外实践活动、担任一天"学生助理"以及参与每学期的"星星游园会"，体验通过努力得来的快乐。（图2-16所示）

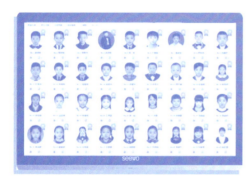

图 2-16 "星星"兑换场景

三、主要成效

完善的评价标准让学生综合素质评价的落地实施方向明确、路径清晰，大大弥补了传统评价不全面、不客观、随意性大等问题，也为评价场景的搭建提供了明确而充分的依据。"智慧校园"平台实现了不同权限下的数据融通、汇聚与呈现，在一定程度上弥补了传统评价的局限与不足，在完善结果评价、强化过程评价、探索增值评价、健全综合评价的过程中发挥了以数为据、用数而评、因数而思的作用，为技术赋能教育的变革、学生的全面发展提供了有效载体。截至2023年10月，学校为3 023名学生提供了兼具诊断性和发展性成长指导的综合素质报告11 896份。

教育数字化转型正成为学校教育评价变革的重要推动力，在这一背景下进行学生综合素质评价实践的真正意义在于发现学生的成长需求，挖掘学生的潜力优势，促进学生的个性发展。学生综合素质评价实践不仅转变了学校的管理视角，改变了教师的教学、评价理念，也提升了师生的数字素养，构建了学生综合素质评价新生态，为学生健康成长与发展提供了新的空间与契机。学校将持续依托"智慧校园"建设，以评价引导改革，积极探索基于数据融通的学生综合素质评价体系，着力依托人工智能技术优化评价实施，减轻教师评价负担，精准发掘学生潜质、激发学生兴趣、指导学生健康发展与成长，用个性化、精准化的评价助力学生的综合素质发展。

第二节　天津滨海新区

现代教育数字化转型模式的探索与实践
——基于"滨城智慧教育"体系

方华[①]　刘志起[②]

【摘　要】 为打造与滨海新区城市定位相匹配的现代化教育体系，滨海新区将智慧教育作为推动"滨城"教育高质量发展的重要引擎，秉持"整体智治、唯实惟先、因时制宜、创新迭代"的建设思路，做好顶层设计，聚焦三级应用，围绕三大场景，落地二类创新，推出了一批契合实际、凸显特色、有针对性、可操作性强的教育数字化转型举措，有效破解滨海新区教育高质量发展面临的重要问题，让广大师生享受到优质且丰富多样的智慧教育成果。

【关键词】 智慧教育体系　教育数字化转型　"滨城"特色　创新示范

一、案例背景

天津滨海新区是国务院批准的第二个国家级新区，也是国家综合配套改革试验区、国家人工智能创新应用先导区。现有各级各类学校 507 所，在校学生（含幼儿）28.5 万人，在职教职工 2.1 万人。近年来，为服务滨海新区经济社会发展，建设更加公平而高质量的教育，滨海新区扎实推进教育综合改革实践和信息化建设与应用，夯实教育数字化转型根基。

京津冀协同发展、"津城""滨城"双城发展战略持续推进，人才队伍不断涌入，对滨海新区的教育结构、质量和水平又提出了新挑战。滨海新区积极将智慧教育作为推动"滨城"教育高质量发展的重要引擎，采取了一系列举措扩容教育资源配套、变革课堂教学、落实"双减"、推动南北两翼教育均衡发展，取得了积极成效，但也发现了几个有待破解的关键问题：

---

① 天津市滨海新区教育体育局党委书记、局长。
② 天津市滨海新区教育体育局办公室副主任。

一是滨海新区所辖行政范围广、地域跨度大，南北两翼教育差距依然存在，难以满足居民对优质均衡教育的需求；二是信息技术日新月异，应用环境不断变化，需要高标准地规划"智慧教育"体系并不断优化调整当期建设任务，以适应国家政策要求及不断变化的学校需求；三是面对复杂的经济形势，要确保教育信息化可持续性投入，提高单位投资效益，避免重复建设，解决重建设轻应用、技术赋能教育教学效能不足的问题；四是区域发展需要创新路径，"滨城"特色有待进一步强化，教育信息化水平与强区存在一定差距。

面向"十四五"高质量发展新阶段，滨海新区有必要通过创新手段推动教育数字化转型，破解以上制约滨海新区教育可持续发展、高效益发展、特色化发展、高质量发展的关键问题，突破教育发展瓶颈，打造与"滨城"城市定位相匹配的现代化教育体系。

二、思路和做法

1. 总体思路

为解决以上问题，滨海新区在充分开展区域经验考察、技术路径咨询和学校需求调研等工作基础上，立足需求导向、应用导向、效益导向和引领示范的目标导向，形成了"整体智治、唯实惟先、因时制宜、创新迭代"的智慧教育建设思路。

（1）坚持整体智治，唯实惟先。滨海新区坚持用系统的思维和方法谋划智慧教育建设工作，实施整体智治。强调利用智慧化、数字化工具和载体，推动"智慧教育"在教学考评、管理、教研、培训等全场景的统筹规划。同时，不过分贪大求全，不盲目追求新技术，而是始终把高质量、高效益服务学校、师生的实际需求作为核心旨归，并注重在要素环境、资源建设、教育教学等重点领域和关键环节上下功夫，以"唯实"的自觉干在实处，以"惟先"的担当争先创优，务求"智慧教育"建设实效。

（2）坚持因时制宜，迭代创新。在"整体智治"的框架规划下，滨海新区主动寻求新时代技术背景和社会背景下的教育变革，积极组织研讨会、分析会、调研会，开展对国家发展战略、各级各类教育政策、师生发展需求以及前沿智能技术的研究分析，阶段性审视并更新、谋划智慧教育的发展方向、阶段目标和建设重点，因时制宜，进行创造性规划并予以实施。

2. 具体做法

（1）做好顶层设计，因时制宜、分期推进智慧教育

① 整体规划"1+10 智慧教育"生态体系。结合滨海新区教育信息化发展现状及建设目标，在原先工作的基础上深入研究国家智慧教育示范区建设方案，于 2022 年重新对智慧教育进行了整体规划，以数字校园全面达标为支撑，信息技术与教育教学场景深度融合为牵引，师

生信息素养提升为保障，规划十大主体工程，分别为数字校园环境提升工程、数字校园应用建设工程、教育优质均衡普及工程、教育教学提质增效工程、在线教育融合创新工程、新中高考改革支撑工程、智慧教育示范引领工程、师生信息素养强化工程、数据驱动评价实践工程和"幼苗呵护，青苗关爱"工程。同时建设"互联网＋"教育大平台，为十大主体工程提供技术和能力支撑，实现教育大数据的汇聚和可视化展示，满足个性化、创新性的数据分析需求。（图2-17 所示）

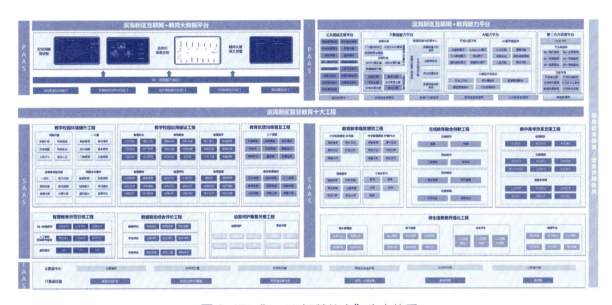

图 2-17 "1+10 智慧教育"生态体系

② 因时制宜、分期推进"智慧教育"。滨海新区因时制宜，规划并确定"智慧教育"不同阶段的发展目标和建设重点，分期推进"智慧教育"。

第一阶段：2017—2020 年。建成教育云平台，实现网络学习空间全覆盖，建设区级特色资源，开展区级线上评审活动。启动智慧校园建设试点工作，遴选浙江路小学等 5 所学校为"智慧校园"试点学校，探索可复制、可推广的校园范式。围绕新中高考改革支撑工程，面向高中学校引导建设走班排课系统，开展学生生涯规划指导系列活动。

第二阶段：2020—2021 年。重点围绕在线教育、数字化校园建设，全面启用"钉钉"平台。通过"钉钉"平台"在线课堂"，直播服务全区师生在线教学和混合教学，开通教育"数字驾驶舱"、局校家管理服务平台，自主开发建设 20 余个校园应用程序，实现数字化校园全覆盖。

第三阶段：2022—2023 年。重点建设局校管理应用、课后服务平台、人工智能平台、因病追踪系统，探索 MR、元宇宙、大数据在教育教学中的应用。深入推广国家中小学智慧教育平台，推动九大应用场景落地。推动数字化校园向高标准智慧校园迈进。

（2）聚焦三级应用，推进普遍覆盖的教育公共服务

滨海新区聚焦"国家平台深度应用、区级平台广泛应用、学校平台引导应用"的三级体系，创新性推进三级应用，确保智慧教育不仅建起来，更能用起来。

① 国家平台的深度应用。滨海新区将国家中小学智慧教育平台的推广应用作为"智慧教育"发展的首要任务，2022 年组织遴选成立滨海新区国家中小学智慧平台专家组，指导学校探索国家中小学智慧教育平台应用模式；遴选了塘沽一中、塘沽二中等作为先行先试校，鼓励学校将国家中小学智慧教育平台的应用纳入学校常规工作规划，沉淀可复制推广的典型经验；形成了 6 个市级课题，20 余所学校承担国家中小学智慧教育应用模式专项课题研究；组织国家中小学智慧教育平台应用课例评选，参选课例共 316 例。截至目前，平台注册人数已达 35.2 万人。

② 区级平台的广泛应用。建设滨海新区教育云平台，实现统一门户入口、统一登录认证、统一应用管理，包含课后服务平台、人工智能课程平台、网络学习空间、资源管理平台、教师助手、活动管理、家校互动、走班选课、问卷调查、门户网站等通用模块，满足师生教、学、管、评、测、练的基本需求。未来，滨海新区将进一步丰富平台的功能，持续建设区校一体化管理应用系统，提升教育供给服务能力。（图 2-18 所示）

图 2-18 滨海新区教育云平台（截至 2023 年 6 月）

以"钉钉"局校家管理服务平台为例。为满足在线教学需求，滨海新区全面推广"钉钉"应用，启用"钉钉教育驾驶舱"，实现公办、民办 507 所学校、幼儿园的组织关联，激活教师用户 1.14 万、学生用户 19.12 万、家长用户 30.33 万。通过可视化"数字大屏"掌握学校运行、学校数字化应用及在线课堂情况。（图 2-19 所示）

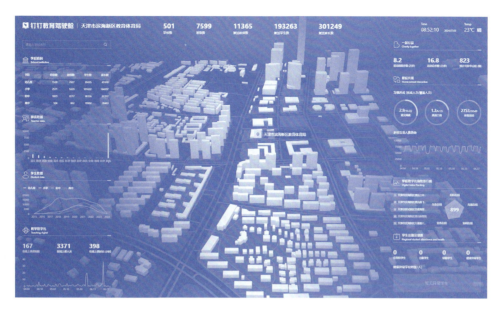

图 2-19 滨海新区"钉钉教育驾驶舱"

③ 校级平台的引导应用。滨海新区强调通过"引导"助力学校"智慧教育"的建设与应用。一是制定《关于鼓励学校利用自有资金开展信息化建设的通知》，给予学校充分自主权，引导各校将生均公用经费的 10% 用于信息化建设，确保持续长效投入，建设学校切实需要的内容。近年来，学校每年教育信息化投入合计在 2 000 万元左右。二是注重局端自主开发能力的建设，依托教师发展中心组建 10 人开发小组，依托"简道云""宜搭"等低代码开发平台，开发能复制推广的校园轻应用，共计 20 余个，引导学校直接申请使用，并指导学校自主开发轻应用。截至 2023 年 6 月，通过"引导"应用有效节约学校端重复建设成本近 300 万元。（图 2-20 所示）

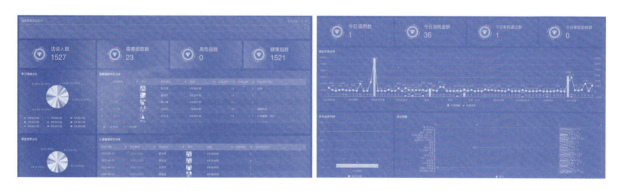

图 2-20 低代码自主开发典型案例（心理健康、低值易耗管理系统）

（3）围绕三大场景，深化教育转型升级模式探索

① 围绕学校课堂教学主场景，深化信息技术与教育教学融合创新

面向塘沽一中、紫云中学等 25 所高中建设大数据精准教学系统，实现全体教师批阅负担减轻 25%、学情分析掌握度提升 38%，形成基于大数据赋能规模化因材施教的区域应用模式，

全区教学质量连年提升。

聚焦课堂变革，遴选试点校，以点带面鼓励学校运用交互式教学终端和系统开展学习方式和教育教学模式创新变革。以大港第四中学为例，学校采用"人人通"空间、教学助手、"钉钉"在线课堂和家校本相融合的技术路径，形成了特色化的"12+11 智慧课堂"教学模式，即由教师基于的 12 个环节和学生基于的 11 个环节共同组成"课前导学、课中启学、课后乐学"的完整教学过程。（图 2–21 所示）

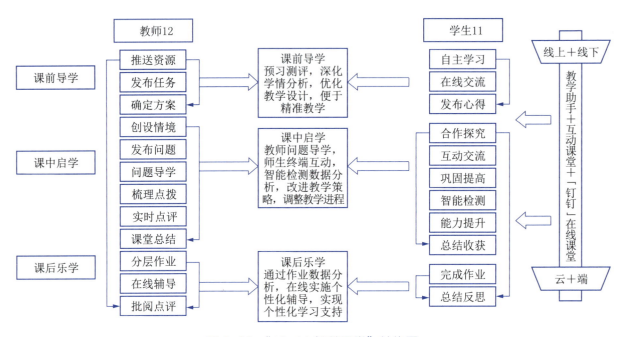

图 2–21 "12+11 智慧课堂"结构图

② 围绕区校教育管理场景，促进区校一体化管理效能提升。为解决教体局办公室与各个处室、直属单位、学校之间的政务办公等信息安全风险高、流程冗长、入口繁杂等问题，滨海新区分阶段建设各类管理信息系统，包括教务、行政、后勤、财务、人事、招生及设备资产管理系统等。通过 VPN 方式构建两级化协同办公环境，通过全流程、全业务线上办理推动区校一体化教育管理工作数据互通、管理流程互联、管理业务共融和数据安全保障。

③ 围绕区域教育治理场景，强化数据驱动教育决策精准化。在教育数字化转型背景下，滨海新区重视对教育数据资产的管理、运用和维护，建设了"数字驾驶舱"，初步构建起"滨城"教育数据资产管理体系。通过可视化"数字大屏驾驶舱"和 3D 建模的结合可以看到全区域所有学校的运行情况，包括下属学校和教培机构分布、学生出席到课率、教师比例、在线上课等情况；通过学校数字化指数排行榜可以了解各学校数字化应用情况；通过"习惯养成"模块对语文阅读、英语口语、体育运动参与人次进行实时显示；在线上课课程数、上课人次、上课时长等情况也可以借助"数字驾驶舱"及时掌握。

（4）落地二类创新，打造"滨城"特色创新示范

① 打造人工智能课程"1+4+N""滨城"模式。滨海新区准确把握人工智能时代的教育发展方向，积极申报"央馆人工智能课程"规模化应用试点区，以三年为周期，落地"1+4+N"人工智能教育区域范式：构建一个人工智能教育大平台，区域特色模式、学校特色研究、教师优秀案例、学生赛事参与的四个研究方向，涵盖滨海新区所有学校常态化应用N项。

目前，区级人工智能教学应用平台已建成，提供课程中心、实验中心、创造中心、素养测评等模块功能，覆盖全区中小学，应用活跃度达55%。另有25所学校正积极申报"央馆人工智能课程"示范校。未来，滨海新区还将以"试点探索—示范提炼—复制重构"的创建路径逐步扩大学校人工智能软硬件普及面，打造区域化普及人工智能教育的"滨城"模式。（图2-22所示）

图2-22 区域人工智能教学应用平台

② 创新基于元宇宙的沉浸式超感课堂特色。滨海新区多所学校在虚拟现实、元宇宙方面做出了不同程度的尝试与创新，充分彰显了校本特色。汉沽九中将MR混合现实技术与教育教学相融合，构建全感官投入的沉浸式超感课堂。比如，将国家中小学智慧教育平台与元宇宙进行融合，在课堂中模拟一些微观、危险和难以理解的科学实验、自然现象以及人体内部结构等，让学生在虚拟和现实的融合中漫步抽象的数理空间，探究宇宙的奥秘，穿越远古的时空。（图2-23所示）

目前，学校已在语文、数学、英语、物理、化学、思政、生物、地理、体育、信息科技等学科教学中运用了混合现实教学技术和微课程录制，形成了50课时具有特色的教学资源。随着ChatGPT的涌现，学校又将元宇宙与"讯飞星火"大模型结合，利用大模型的多模态交互能力创新超感课堂授课模式，深受学生喜爱。（图2-24所示）

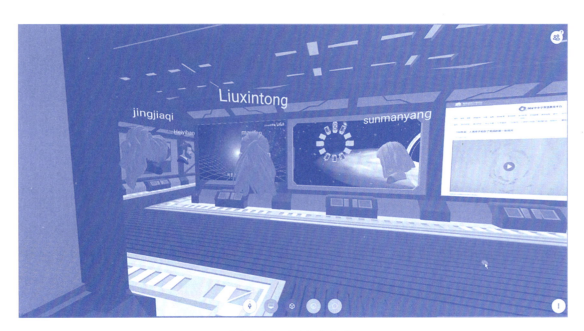

图 2-23 元宇宙教室

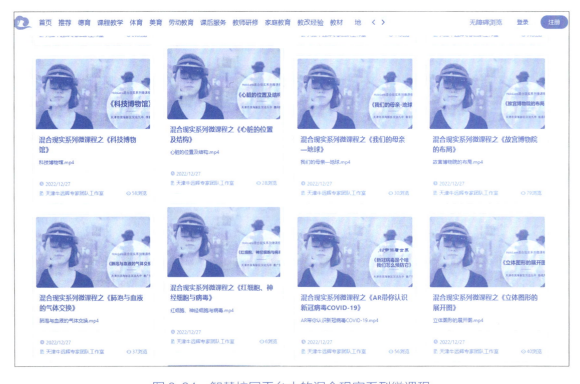

图 2-24 智慧校园平台中的混合现实系列微课程

三、成效与展望

重新审视滨海新区发展面临的南北两翼教育差异大、技术赋能教育教学效能不足、重建设轻应用、校园发展缺乏自主路径等问题，可以看到，"滨城智慧教育"体系的构建在破解以上问题方面已产生不同程度的实践效果，包括：

通过"1+10智慧教育"体系的构建和"因时制宜，分期推进"的落地策略，规避了"智慧教育"建设结构分散、配置不均、重复建设等问题，构建了滨海新区高韧性的"智慧教育"服务体系。

通过"国家平台深度应用、区级平台广泛应用、学校平台引导应用"的三级应用体系，有效促进优质资源全面覆盖、均衡应用，缩小南北两翼教育差距。同时，以应用为导向的推进策略有效保障"智慧教育"不仅建起来，而且实现了规模化、常态化和深度应用。

通过技术赋能教育教学、教育管理和教育治理三大场景的深化建设，形成了一批效果突出、有针对性、可操作性强的应用模式，一定程度破解了技术赋能教育教学效能不足、教育治理缺乏数据决策等难题。

通过落实人工智能、虚拟现实与教育教学的融合创新，形成人工智能课程"1+4+N""滨城模式"及基于元宇宙的沉浸式超感课堂特色，助推滨海新区和学校形成自主特色、示范引领的教育品牌和典型经验，增强滨海新区教育影响力。

未来，随着教育数字化转型的持续深入以及以 ChatGPT 为代表的通用人工智能的颠覆性突破，滨海新区还将持续探索教育数字基座的建设，通过大数据的挖掘分析赋能教师结构性轮岗、学生成长数字画像、学校评价等工作开展，探索通用人工智能技术在编程学习、课后辅导、个性化作业、教师教研、心理健康、师生评价等新场景的应用，在滨海新区先行推出一批走在全国前沿、引领发展、示范创新的"滨城"案例。

数字化赋能管理增实效　信息化融合教学添活力

李树春① 刘月升② 刘和娟③

【摘　要】天津市滨海新区大港第四中学是滨海新区最大的乡镇学校。在滨海新区智慧教育"整体智治、唯实惟先、因时制宜、创新迭代"建设思路引领下，学校依托"钉钉"平台打造数字管理环境；深化应用，互联互通，拓展校园时空维度；整体谋划，稳步推进，提升师生信息素养；开拓探索，融合创新，促进课堂教学改革。上述举措为滨海新区缩小南北两翼教育差距、促进教育公平做出了一定的贡献，也取得了一定的成效。

【关键词】数字校园　智慧课堂　信息素养

---

① 天津市滨海新区大港第四中学教学校长。
② 天津市滨海新区大港第四中学书记、校长。
③ 天津市滨海新区大港第四中学教务主任。

一、案例背景

天津市滨海新区大港第四中学坐落于滨海新区中塘镇，是滨海新区最大的乡镇学校。现有25个教学班，在校学生1 100余人，在职教职工113人。近年来，受生源水平、教师年龄结构等客观因素的影响，学校教学质量有明显下滑的趋势。生源水平的下降导致学生在学习中遇到的问题更加复杂，如何正确把握学生的学习情况，提供个性化、精准化的及时反馈成了学校教育关注的重点内容。同时，学校还面临着教师年龄结构不合理的问题，学生数量的上升与教学管理工作量的增加对于教师也是不小的挑战。如何实现高效的教育管理，避免因教育管理信息系统复杂或操作繁琐而增加教师工作负担成为学校建设过程中关注的问题。

随着京津冀协同发展、"津城""滨城"双城发展战略的持续推进，学校发展迎来了新的机遇。学校积极响应滨海新区将智慧教育作为推动"滨城"教育高质量发展重要引擎的号召，扎实推进数字化转型，提高管理效能，提升教学质量。

在滨海新区智慧教育"整体智治、唯实惟先、因时制宜、创新迭代"建设思路引领下，学校做好顶层设计，依托滨海新区教育云平台和"钉钉"系统自主开发了学校数字化管理平台，提高了办公和管理效率。以"云—网—端"为基本框架，实现了"市—区—校"三级平台互联互通。通过大港四中"12+11智慧课堂"教学模式的研究与实践，实现学习方式和教学模式的创新，取得了一定的成效。

二、思路和做法

学校依据"深化应用、融合创新"的基本思路，本着"应用驱动、融合创新，重组整合、资源共享，适度超前、特色发展"的建设原则，扎实推进学校数字化转型，具体做法如图2-25。

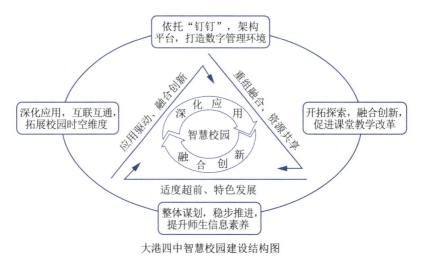

大港四中智慧校园建设结构图

图 2-25 智慧校园建设结构图

1. 依托"钉钉"，架构平台，打造数字管理环境

（1）建设数字化校园办公环境

对接"钉钉"系统，自主开发了 132 个数字化应用小程序，基本涵盖了学校所有工作场景。手机、电脑多端同步，随时记录，及时反馈，实时沟通，大大地提高了办公和管理效率。工作资料云存储，方便使用。截至目前，基本实现了数字化办公，做到了常规工作精细化、重点工作流程化、关键工作透明化、内勤工作高效化、常规检查扁平化、评价工作常态化、过程资料电子化、工作生活人性化。如图 2-26。

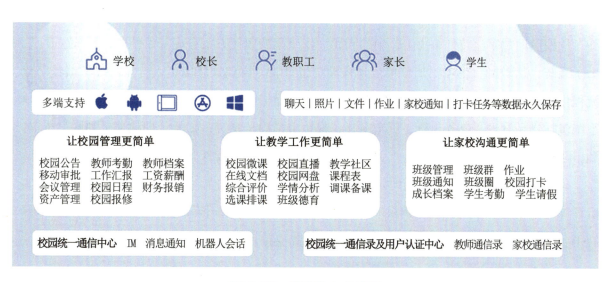

图 2-26　数字化办公应用

（2）构建数字化教育教学环境

学校有机融合"钉钉""教学助手"、国家中小学智慧教育平台，将教学准备、教学实施、教学反馈等各个教学环节有机组织起来，利用国家中小学智慧教育平台开展教师备课、授课、教研和学生学习等教学活动，建设了"钉钉"系统校本资源库，收集了大量优质教育教学资源，实现了校内、校际间资源共享，为师生搭建了一个备课授课、资源共享与网络化学习三位一体的教学环境，有效提高了教育教学效率。

（3）健全数字化反馈评价机制

学校在"钉钉"系统自主开发了"五评五查"平台，包括学生评教、家长评教、领导评教、社会评校和教师互评以及各项常规检查项目。随处可见的二维码是学校一道亮丽的风景线，现场扫码或推送相关群组方便了不同人群随时随地进行评价；评价数据云端存储方便了对数据的分析和诊断；评价结果定点推送、自我完善助推了学生和教师的不断成长。利用"人人通"空间和"钉钉智慧家校"常态化记录学生的成长经历，利用智学网记录和分析学生学业修习过程，为天津市中学生综合素质评价中思想品德、学业水平、身心健康、艺术修养、社会实

践五个维度的评价提供写实性佐证材料。

（4）创设数字化家校共育机制

全体家长作为"钉钉智慧家校"组织架构内的成员，有权进入学校工作界面，及时了解学校的教育教学活动，还可以在评论区提出意见和建议。学生请假、外出等流程式管理有助于消除安全隐患。家长评教、评校平台方便了家长随时提出意见和建议，帮助学校工作更好地开展。云课堂家长学校不仅提供大量学习材料，还通过在线公开课为家长提供丰富的育儿知识。通过鼓励家长在线参与"四中之星"等评选活动，带动和鼓励全体家长参与到教育教学活动中来。

（5）打造数字化特色应用系统

学校借助数字化转型解决工作中的问题。依照学校职评方案自主开发的职评系统融合了六个子系统，从教师自主申报加分项目到领导小组审验，再到最终确定人选，全部环节数字化、流程化，整个过程公开透明，使每年的职评工作平稳进行。依照后勤管理模式开发的财务管理系统包括物品管理、公务出行、资金申报、报销申请等子系统，物品管理从采买到库存清单再到申领审批全程流程化、透明化，公务出行、报销申请与学校外派教研、学访、会议等系统关联，确保行程公开，财务支出透明。"辰知教务"实现教务工作数字化，"阳光体育"数据翔实，听评课定点推送，常规检查反馈及时，有效推进了学校各项工作。"数字大脑""天眼查"等数智平台分析各项数据，为学校智慧管理提供大数据支撑。

2. 深化应用，互联互通，拓展校园时空维度

（1）应用系统互联互通

学校以"云—网—端"为基本框架，实现了"市—区—校"三级平台互联互通：利用学校云空间及时发布校园动态，利用班级云空间将班级动态、学生动态及时传达给家长，学生通过

图 2-27　网络云课堂

个人云空间交流学习、发布自己的生活点滴。通过"钉钉"工作圈、班级圈等微平台将学校信息、服务、活动等内容进行展现，方便家长及时了解孩子在校动态，及时沟通、参与孩子的学习生活。"教学助手"服务教师备课授课、学生自主学习，促进了课堂教学模式的转变。"智学网"能智能化完成组卷、网评、成绩管理、数据分析处理、学生成长记录、家长定点推送等工作。

（2）网络空间拓展时空

大港四中云空间对外向公众提供各种服务、展示校园风采、传递校园动态；对内集成各类业务应用系统、数据资源，为不同用户提供统一的服务入口，用户根据各自不同的权限登录和访问系统，进行相关操作。学校的智慧课堂教学模式经过三年的摸索，形成了基于学习流程安排的课前预习、课中互动、课后拓展模式。

（3）资源建设满足需求

国家、市、区平台提供了多类别的优质教育资源，学校以空间为依托，和各平台打通，实现了资源共享；借助疫情期间各大第三方平台免费提供优质资源的契机，积累了大量教育教学资源，建成了"钉钉"系统中的校本资源库。校本资源库分类清晰、资源丰富，涵盖了教案、课件、习题、试卷、微课、素材等教学资源和各种德育、家校、心理辅导资源，利用"钉钉"平台优势，方便用户通过不同终端随时使用。

3. 整体谋划，稳步推进，提升师生信息素养

（1）整体谋划，稳步提升

2021年初，学校被天津市中小学教师继续教育中心确定为"能力提升工程2.0"整校推进试点校。学校核心团队成员认真学习相关文件，分析学校需求，总结已有信息化建设成果，制订了学校信息化建设发展规划，确定了学校信息化发展愿景，明确了学校信息化发展目标。为配合学校"12+11智慧课堂"教学模式的深化研究，提高全体教师实践智慧课堂所具备的基本素养，学校选择了技术支持赋能课堂导入、课堂讲授、总结提升等16个微能力点。在学校选点的基础上，教研组根据学科特点、教师根据自身需求选择能力点，并制订相应的研修计划。

（2）形成机制，促进发展

学校以"能力提升工程2.0"为契机，发挥骨干教师"素质好、教学优、懂技术、会应用、善指导"的引领作用，努力打造校本专家。为此，学校组织了优秀信息化应用交流活动，青年教师展示技术优势，老教师发挥专业特长，优势互补，促进了全体教师信息技术应用能力的提升。为保障整校推进试点工作的质量，学校在加强制度建设的同时还建立激励机制，以"以练促赛，以赛代练，练赛结合"的模式组织信息技术与课堂教学深度融合说课比赛、课堂教学大赛、优秀作业和案例评比等，提升教师研究和实战能力。

4. 开拓探索，融合创新，促进课堂教学改革

经过三年多的研究探索，学校形成了大港四中"12+11 智慧课堂"教学模式。课前通过导学测评学情，优化教学设计，便于精准教学；课中伴随性采集数据，及时反馈，改进教学策略，调整教学进程；课后通过作业数据分析和资源推送，对学生实施有针对性的辅导、提供个性化的学习支持。如图 2-28。

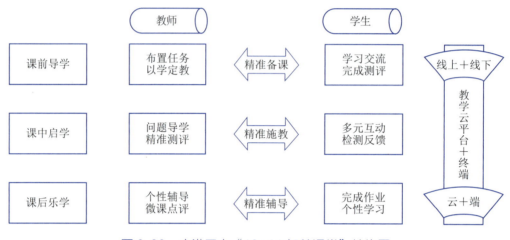

图 2-28 大港四中"12+11 智慧课堂"结构图

（1）"12+11 智慧课堂"结构

大港四中"12+11 智慧课堂"技术上采用"人人通"空间、"教学助手""钉钉"在线课堂和"家校本"相融合，流程上采用"12+11"结构，由基于教师的 12 个环节和基于学生的 11 个环节共同组成"课前导学，课中启学，课后乐学"的闭环教学过程。

教师环节：推送资源、发布任务、确定方案、创设情境、发布问题、问题导学、梳理点拨、实时点评、课堂总结、分层作业、在线辅导、批阅点评。

学生环节：自主预习、在线交流、发布心得、合作探究、互动交流、巩固提高、智能检测、能力提升、总结收获、完成作业、总结反思。

（2）"12+11 智慧课堂"教学流程

课前导学：教师根据教学目标整理、制作学习资源，推送到"人人通"班级空间，同时推送预习检测的内容。学生预习教师推送的内容，完成和提交预习检测题目，在班级空间讨论区交流讨论预习过程中的问题。教师根据学生讨论的问题和预习检测分析报告精准掌握学情，确定教学方案，便于课中开展精准教学。

课中启学：通过预习反馈、测评练习和创设情境等方式导入新课程，提示或精讲预习中存在的问题。教师下达新的学习探究任务，推送到每个学生终端上，学生开展协作学习，主要包括分组探究、游戏教学等方式。教师设计活动，学生分组进行互动讨论，开展小组协作后提交

成果并展示。教师实时监控学生学习情况，选择典型问题推送至大屏供全班讨论。教师适时点拨问题，引导学生梳理新知，并进行学习方法指导。教师发布智能检测任务，学生完成测验并及时提交，平台实时反馈并形成分析报告。对于学有余力的学生，教师可适当推送个性化学习任务；对于学习有困难的学生，教师可推送指导小微课。基于数据分析报告，教师对薄弱环节开展补充讲解，重点进行问题辨析，通过多样化的互动交流解决学生在学习中遇到的问题。教师根据生成性问题再次推送变式练习，使学生巩固和内化所学内容。最后采取思维导图的形式，师生共同总结学习收获。

课后乐学：教师依据学生课堂学习情况发布个性化的课后作业。作业过程中，教师利用"钉钉"在线课堂对学生进行个性化辅导，推送学习资源，支持学生个性化学习。学生利用"钉钉"家校本完成作业并提交。教师批改作业，录制作业讲评微课，推送给学生。学生在线观看作业讲评微课，再次总结所学内容，在家校本上发布感想与新的疑问，与教师、同学在线讨论交流。

（3）"12+11智慧课堂"模式的主要特征

一是基于数据的高效课堂。"12+11智慧课堂"挖掘、分析，在此基础上学生学习行为大数据用直观的数据呈现学生对知识掌握的水平，在此基础上调整教学策略，实现基于数据课堂教学的形态。利用信息技术打造智慧学习环境，以软硬一体、云+端的方式实现教与学的立体沟通与交流。二是个性学习的开放课堂。课堂超越时空限制，鼓励生成，为学生发展创造有利条件。通过预习测评分析和课中智能测验，准确把握每个学生掌握知识的状况，实现对学生的个性化学习评估，有针对性地制订教学方案和辅导策略，推送个性化的学习资料，满足学生个性化学习需求。三是动态发展的活力课堂。智慧课堂锻炼了教师随机应变的能力，根据教学进程中出现的新情况，基于动态学习数据分析和即时反馈，采取机智性行动，及时调整课前教学设计，优化和改进课中教学进程。

三、主要成效

大港四中教育教学管理平台基本涵盖了学校所有工作场景。手机、电脑多端同步，随时记录，随时可看，还能通过用户端及时反馈、实时沟通，极大地提高了办公和管理效率。工作资料云存储，方便使用。"钉钉"平台、"教学助手"、国家中小学智慧教育平台有机融合，将教学准备、教学实施、教学反馈等常规的教学环节有机组织起来，为师生搭建了一个备课授课、资源与网络化学习三位一体的教学环境，有效提高了教育教学效率。"数字大脑""天眼查"等数智平台及时分析各项数据，为学校智慧管理提供大数据支撑。

大港四中"12+11智慧课堂"教学模式充分利用信息技术的优势，帮助教师利用课前导学资源，指导学生开展针对性的预习活动。根据课中的伴随性反馈的数据，及时了解学生学习过程中存在的问题，更有针对性地采取有效措施以达成教学目标。课后通过作业数据和资源推送，实施针对性辅导和个性化学习支持。智慧课堂有效地创设了"精准化教、个性化学"的教学环境，推进了课堂教学改革，促进了教育公平发展。

大港四中"12+11 智慧课堂"教学模式课例先后获得十余项国家级奖项，多次在市区级现场会展示推广。学校先后在滨海新区信息化工作会议和"能力提升工程 2.0"启动大会上做经验介绍，先后接待几十所兄弟单位到校学习交流。2019 年 9 月，学校被评为全国教育系统先进集体。2019 年 12 月，《中国教育报》对学校数字化校园建设工作进行报道。2020 年 8 月，学校获评教育部网络学习空间应用普及活动优秀学校。2022 年 8 月，学校"能力提升工程 2.0"组织实施案例和教学融合创新案例双双获评全国典型案例，并面向全国展播。2022 年 8 月 19 日，教育部任友群司长到学校调研，专门听取了学校数字化转型工作汇报，给予了高度评价。作为学校信息技术应用项目的物联网远程控制水火箭、航模、车船模项目亦取得不俗效果：2022 年 8 月 20 日—24 日，中央电视台到学校拍摄专题片。2023 年 5 月，学校被天津市教委确立为智慧教育示范校。

第三节　重庆两江新区

数字大脑赋能教育高质量均衡发展的实践探索
——以两江新区教育数字化转型为例

李亮一[①]　王冬[②]

【摘　要】为满足人民群众就近享受高质量学前和义务教育、平等享受高中高质量教育的需求，使管理者能及时对全区教育资源进行预判和均衡配置，提升人民群众对教育质量的满意度，两江新区积极进行基础设施、资源共享、智能治理三方面的实践探索：借助"数字大脑"提升区域教育智能治理能力，提升教育决策的科学性和精准性，成功创建国家智能社会教育治理实验基地，承接国家 5G+ 智慧教育应用试点项目，实现了新区教育质量明显提升、优质教育资源高位均衡、教育公共服务普惠共享。

【关键词】教育数字化转型　"数字大脑"　高质量均衡　优质资源共享

---

①　重庆两江新区教育工委书记、教育局局长，重庆智慧教育创新中心主任。
②　重庆智慧教育创新中心副主任。

一、案例背景

两江新区于 2010 年 6 月 18 日挂牌，是我国第三个、内陆第一个国家级开发开放新区。两江新区面积 1 200 平方千米，常住人口 329 万人。截至 2022 年，两江新区 8 个直管街道共有各级各类学校 203 所、教育培训机构 1 801 家，其中幼儿园 149 所，中小学 51 所，中等职业学校、国际学校、教学点 3 所，在校学生约 12 万人，教职工约 1 万人。近几年，两江新区经济社会快速发展，人口不断增长，学校、教师、学生每年均以两位数的速度增长。两江新区教育亟待探索实现更高层次的优质均衡，满足进城务工子女对公平、优质教育及企业高管对高品质教育的需求，解决人民群众对"有学上"和"上好学"的教育诉求。具体来看，两江新区需要解决以下几个问题：一是满足人民群众就近享受高质量学前和义务教育，平等享受高中高质量教育的需求；二是使管理者能及时对全区教育情况进行全景预判，能提前做好学位、师资、课程、资源的匹配；三是提升教育品牌，使人民群众认可新区的教育条件，对教育质量满意。

二、思路和做法

1. 总体思路

针对两江教育体系中的短板弱项，两江新区采用云计算、大数据、人工智能、物联网、5G、区块链等先进技术，以"一平台一网络一中心、两覆盖三应用四提升"为工作抓手，建设了一套以信息技术支撑教育教学全过程，教育数据上下贯通、左右互通的一体化智慧教育云平台；一套面向未来、数据和网络自主可控、云网边端一体化的网络基础设施；一个数据汇聚通达、支持智能分析和决策的教育数据中心（"教育大脑"）。两江新区还着力探索智慧校园建设覆盖全部学校、智慧教育服务覆盖全部教育主体；推进大数据和 AI 驱动的精准教学应用、个性化学习应用、综合素质评价应用；提升大数据驱动下的教育治理能力、校长信息化领导能力，智慧教育环境下的教研员教研能力、教师教学能力，以期望实现教育质量明显提升、优质教育资源高位均衡、教育公共服务普惠共享的目标。

2. 具体做法

（1）完善基础设施，为各校均衡发展提供支撑

① 持续推进教育基础设施建设。近五年来，两江新区统筹投入约 2 亿元升级改造校园网络环境，全面升级"校校通""班班通"设备，建成 5G 教育专网，在所有学校范围内实现网络万兆到学校、千兆到终端，无线网络全覆盖。在 31 所中小学和 11 所幼儿园集中投入大型人型机器人、"阿尔法"机器人、"悟空"机器人、积木式机器人及相应课程；在 10 所学校建成 10 间包含组装式机器人、3D 打印、切割机等设计装配设施设备的人工智能创客教室。建成 1 个

区级智慧教育平台和教育大数据基础能力平台、18 所智慧校园,包含 24 个区级标准化应用和 28 个学校个性化应用。优化区级校园安防、常态化录播、电子班牌等设施,持续推进教育新型基础设施建设。

② 规范开放平台服务体系。两江新区升级了智慧教育平台,推进建成区校两级数字基座,以规范、标准体系为基础建设数据中台,完善了三方应用和数据接入流程,充分保证数据实现跨层级、跨系统、跨业务的流转共享。构建面向全区学校的开放平台,聚合各类教育应用,支持学校根据业务需要推动业务上云,通过提供便捷、优质、可选择的应用支持学校开展教育教学、行政管理和公共服务。建设开放应用接口体系,支持各方主体提供通用化的教育云应用,构建多元参与的教育应用新生态。

（2）促进资源共享,实现教学资源均衡供给

① 共享优质数字资源

一是通过数字化资源促进优质资源均衡供给。基于两江智慧教育平台,接入国家智慧教育平台、重庆市智慧教育平台,为教师便捷使用相关资源提供便利,消除区内各校间的资源建设壁垒,助力区域逐步实现多级优质资源共享。教师可通过教学助手按课本章节直接调用教学资源 70 万条、区本资源 5 万条,资源可一键用于备授课与师生互动,教师获取资源便捷性提升 28%。

二是通过数字化资源协调全区一体化发展。推进"三个课堂"的广泛应用,开展同步教研、同步课堂应用,帮助薄弱学校开齐开足国家规定课程,带动薄弱学校提升教学质量,初步形成网上专递开课和同步上课两种应用模式。比如,两江新区云慧小学开展书法专递课堂,让书法教育薄弱学校共享特色优质资源;依托智慧教育直播平台统筹区内外名师资源,开设网络公益课堂,为学生提供免费辅导。

② 数字化教学应用全面覆盖

两江新区应用人工智能技术赋能教学和教研,开展以学生为中心的精准教学和面向教师的精准教研,帮助提升教师备课效率、教学精准性,减少学生低效重复训练,具体表现在以下四个方面。

一是精准教学方面。基于智慧课堂创设立体化智慧环境,转变师生教与学的方式。通过对教师的跟踪统计,我们发现智慧教育工具帮助教师减少了 46% 的备课时间,单次作业批改时间减少 0.6 小时,讲评针对性提升 33%。

二是个性化学习方面。基于能力画像和知识图谱,帮助学生精准找到薄弱环节,从而让每个学生都有不一样的个性化作业。比如,星辰中学通过构建标准语言环境模拟真实场景,实现即读即评即反馈,定位学生语言学习薄弱点,智能推荐针对性内容指导精准训练,学生语言能力明显提升。

三是创新教育方面。师生可以通过人工智能课程学习智能语音、计算机视觉、自然语言处理，还可以开展图形化编程、AI创作和AI实验等活动，同步提升人工智能素养。比如，礼嘉实验小学的青少年人工智能学院创设了多项多维多梯度的人工智能设备和课程，学生从零开始学习人工智能理论、编程积木、编程语言，最后创作人工智能作品，人工智能教育已经成为学校推进素质教育的重要阵地。

四是课后服务方面。搭建课后服务云平台，为学校和家长提供服务机构及课程、学费结算和监管等服务，为放学后托管的组织管理、课程管理、家校沟通、社会协同提供强有力的技术支撑和数智保障。家长服务端为提供便捷的选课、请假、延时申请服务，让家长实时了解学生在校参与兴趣社团课的情况。教师服务端可对参与兴趣社团课的学生进行便捷化管理，确保课后服务安全有效。

③ 全面促进全区教师均衡发展

两江新区利用智能教研工具，通过伴随式采集教师的多维度数据生成教师全息画像，为教师队伍发展提供数据支撑，为调配区域教育资源力量提供参考，促进全区教师优质均衡发展，主要体现在以下三个方面。

一是创新形式方面。两江新区将线上研修与教师继续教育相融合，采用研训、实践、考核结合的方式对教师研修过程及数据进行动态管控，将培训效果落到实处。创新线上研训模式，开展线上、线下并行的学习、考核，提升全体教师专业能力。

二是教研活动方面。充分利用智能研修平台，开展分级分类的跨校、跨区域混合式教研活动，年均开展区级教研活动16次、学科教研200余次、区域风采活动5次，沉淀区级优质精品课200余节、区域共研共建精品资源3 000余份。教研的支撑作用得到充分激活。教研员在培训、带教、研究、研修和资源开发方面的特点和优势得到充分发挥，实现了培育一批新教师、汇聚一批资源、形成一批成果，促进了区域教学和教育质量的提升。

三是名师共享方面。利用智能研修平台构建网络名师工作室，共享优质名师资源。例如，搭建谭中胜、张先彬、李斌、秦波、谢晓梅等全区12个名师工作室，区域名校、名师与薄弱学校结对，进行教材分析、教研培训、教学实施、案例展示及资源供给的有益尝试与帮扶，助力全区教师队伍均衡发展。

（3）开展智能治理，实现更高质量的优质均衡

① "数字大脑"助推数据资产便捷共享

两江新区整体统筹构建"数字大脑"，破除校级间的"数据孤岛"，实现区域数据联通、优质资源共享，为各类前台业务提供一站式大数据资源管理服务，主要涉及两个方面。

一是数据方面。两江新区智慧教育平台与人事管理系统、学籍管理系统等权威数据源保持

100% 一致,做到基础数据"一数一源"。

二是应用方面。目前在两江智慧教育平台上,政府、企业、教师等多方主体接入区域标准化应用 24 个、学校个性化应用 28 个,覆盖教研、教学、评价、政务等多个场景,教育数字生态初步构建并不断丰富;应用数据通过基座回流,根据不同场景进行数据清洗和分析,自动生成发展分析报告,形成数字可信档案,为教育评价提供数据支持,不同业务场景的人员可以在自己的权限内便捷地调用权威、可信的数据,简化调用流程,提高数据调用效率。

② 数字化转型助推更高效治理

利用"数字大脑"将教育全过程的数据回流、汇聚,实现智能分析、动态监测,为教育参与者提供预警,辅助科学决策,提升教育治理的效率与效能,主要体现在以下四个方面。

其一,以过程性数据汇聚形成成长档案。成长档案汇聚学生、教师等用户的学习成长情况,为可信数字档案提供主要的数据来源,具体包括:学业档案,汇聚学生的学业信息以及学业分析结果;健康档案,保存师生的视力检测、健康体检、心理健康等数据,为开展常见病防治、制订保健措施提供科学依据;专业发展档案,记录教师专业发展过程中的各类数据。

其二,以多模态数据形成数字画像。数字画像基于多模态数据,对学生、教师和学校进行全方位的分析,为实现综合素质评价的客观性和全面性奠定基础,具体包括:教师画像,涵盖个人发展报告和职业发展报告,帮助教师制订职业发展长期规划,促进教师发展;学生画像,依托多模态数据形成过程性和总结性描述,支持教师开展个性化教学;学校画像,直观展现区域教育发展概貌,为区域教育管理者和决策者提供教育精细化治理的决策支持工具。

其三,以智能化分析形成综合评价。可信数字档案借助智能技术赋能综合评价,充分发挥客观数据的价值,提升教育评价的可信度和科学性,具体包含三部分内容:一是学生成长报告,围绕学生的基本信息、思想品德、学业成就、体质健康、艺术素养、社会实践以及综合素质评价等方面构建档案资料库,记录成长经历,为学生提供成长过程的综合分析评价。例如,两江新区金山小学、童心青禾小学、金渝学校以学业评估分析报告为载体,围绕学生的品德行为、身心健康、艺术素养等指标建立德、智、体、美、劳全要素的学生成长档案,指导学生全面成长。二是教师成长报告,围绕教师的基本信息、奖励与荣誉、师德修养、教学情况、教研情况、育人成果、职业发展、工作绩效、工会活动以及党团资料等方面构建档案资料库,为教师提供发展过程的综合评价分析。三是学校发展报告,围绕学校主体,为学校提供学校发展的综合评价分析,为校长决策提供数据支撑服务,帮助决策者提高决策水平和质量。

其四,以数字化治理辅助区域决策。一是提升评价客观性、及时性。比如,在新区的部分试点学校,过程性数据提升了评价的客观性,95% 的教师和 98% 的学生认为评价客观性在整体上得到了提升，评价周期由原来的以学年、学期为单位缩减为月度及时评价，评价及时性提升 60% 以上。二是提升预警与治理能力。相关部门能及时收到来自各试点学校的卫生防疫预警、师生体质健康预警、学校教育质量风险预警，在及时处理下，全年度教育负面事件比上一年度降低 16%。

三、主要成效

两江新区全面推进教育数字化战略实施，成功创建国家智能社会教育治理实验基地，承接国家 5G+ 智慧教育应用试点项目，以优质资源全面均衡覆盖和个性化特色资源差异化布局较好地满足了人民群众的教育诉求。

1. 数字化贯穿教育全要素，提升新区教育吸引力

两江新区教育数字化转型行动基于《重庆两江新区智慧教育发展规划》和《两江新区关于推进"双进"工作的实施意见》两份文件。数字化转型有力促进了数字化教育思维和行动贯穿教育系统全领域、全要素，学前教育得以普惠发展，义务教育课堂质量快速提升，普通高中内涵建设成效显著，教育体制机制创新卓有成效。数字技术支撑新区各级各类教育优质均衡发展，优质教育对社会经济发展资源的吸引力增强，优质教育吸引人才、留住人才效果显著。

2. 数字研判预警，提前布局教育要素

两江教育"数字大脑"对全区域教育要素进行自动归集分析，以数字全景图呈现出教育需求热点预警区域，及时提供给教育管理者研判，便于按需合理布局教育资源。新区各学校每年招生人数既取决于政府对周边土地性质和产业布局的规划，也受教育质量和教育资源不均衡的影响。数字全景图从学校入学人数入手，深层次分析其背后的教育要素，包括新基建设施、办学理念和方向、综合评价体系、教学课程框架、督促激励机制和教师资历与进取精神等，依据分析结果及时调整招生区域、调配教学资源、新建教育需求。

3. 凸显教育品牌，群众满意度高

两江新区坚持优质共建、资源共享、特色共生、发展共进原则。在教育数字化转型的助力下，高标准高水平集团化办学得以更加顺利地实施，优质的资源更便捷共享、教师素质整体提升、各校差距逐步缩小，满足了人民群众在家门口就能"有学上""上好学"的教育诉求。目前已成立两江西大附中集团，启动了 4 个小学集团"名校 + 联盟校"联合体办学。预计到 2024 年 9 月，中小学集团化办学的覆盖面将达到 70% 以上。新区新建校将对标教育新基建要求，遵循数字化转型方向，坚持高标准设计，实现建成即标杆示范的目标，更好地满足社会各界对优质教育的需求。

"三大工程"推动地方教育系统化发展的实践研究

——以国家中小学智慧教育平台在星湖学校的应用为例

张先彬[1]　罗建华[2]　丁文龙[3]

【摘　要】在教育数字化转型、智能升级的背景下，国家中小学智慧教育平台成为我国建设教育强国的重要支撑。星湖学校基于此提出聚焦价值理性的智慧教育星湖模型、双层五维的智慧教育模型，以国家中小学智慧教育平台为抓手，从"星湖路经""星湖模式""星湖贡献"三个层面分析了学校试点工作，重点在于推动国家中小学智慧教育平台应用"三大工程"建设落地。

【关键词】国家中小学智慧教育平台　优质均衡　高效课堂

一、案例背景

为落实《"十四五"国家信息化规划》要求，解决学校教育教学中的实际问题，学校基于人才培养需要与学校发展规划，对原有教育数字化建设情况进行了梳理。梳理后发现，目前学校教育数字化建设的问题主要集中在以下几个方面：技术成本过高、教育资源不均衡、教育观念更新不及时、教师培训力度不足、缺乏统一的标准和规范等。同时，伴随"双减"工作的深入实施和基础教育高质量发展的推进，国家也对优质教育资源共享、以信息化助力教育现代化提出了更高的要求。

考虑到学校存在的资金、资源、技术等现实问题，也为贯彻国家教育数字化战略行动部署，响应号召深入推进国家智慧教育平台应用，星湖学校作为两江新区建设国家智慧教育示范区，以国家中小学智慧教育平台应用为抓手，探索以信息技术促进星湖教育高质量发展的智慧教育新机制。新机制旨在提高全校教育教学质量，彰显星湖学校的社会担当，促进信息技术与教育教学融合应用，探索信息化背景下教学教研以及对薄弱学校"传帮带"的新模式，进一步引领星湖学校及对口帮扶学校教师专业成长，提升教育质量。

二、思路和做法

基于学校实际教育教学需求，针对学校存在的一系列问题，学校提出了两种智慧教育模型。

---

①　重庆两江新区星湖学校书记、校长，正高级教师。
②　重庆两江新区星湖学校副校长，高级教师。
③　重庆两江新区星湖学校教务处副主任，一级教师。

一是聚焦价值理性的智慧教育星湖模型。模型包括三个层次：第一个层次是价值理性，旨在以理论指导实践发展；第二个层次是工具理性，旨在利用现代技术手段提高教育质量和效率；第三个层次是技术理性，指通过技术手段实现教育的智能化和个性化。模型主要强调回归价值理性的重要性，以工具理性和技术理性为手段，实现传统教育与现代教育的有机融合。

二是双层五维的智慧教育模型（如图 2–29）。除了智慧课程与智慧课堂建设之外，星湖学校还拟打造互联互通的智慧基础设施，完善便捷高效的学校管理平台，编制精准全面的智慧评价体系，主要包含两个层次，其一是价值系统层，其二是支撑系统层。其中，价值系统层主要包含智慧课程与智慧课堂两个维度，支撑系统层则包括智慧环境、智慧管理、智慧评价三个维度。上述两个层次与五个维度构成了星湖学校智慧教育的"双层五维"模式，聚焦智慧教育发展过程中的几处痛点，一一进行突破。

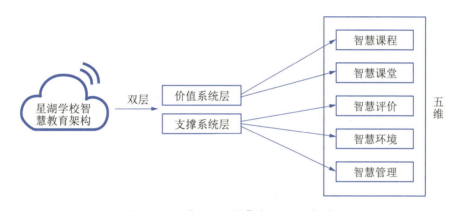

图 2–29 "双层五维"智慧教育架构

1. 高起点谋划智慧教育平台应用"星湖路径"

针对智慧教育建设机制不全、协同力度不够的问题，通过印发文件、组建全国智慧教育联盟等方式让智慧教育建设任务落地，以"平台应用先行先试"为目标，高起点谋划智慧教育平台应用"星湖路径"。国家中小学智慧教育平台应用的落地具有"激活头部"的重大作用，优质资源共享极大激活了学校的办学活力，为学校注入新的改革动力，促进教育理念更新以及教育模式变革，形成新的教改实践经验，主要体现在以下三个方面。

（1）组建星湖国家中小学智慧教育平台应用工作领导小组

主要领导研讨并制定国家中小学智慧教育平台应用专项发展规划（如图 2–30），以顶层设计与基层创新相结合的路径推进国家中小学智慧教育平台的校本应用，坚持每月召开一次工作领导小组会议，有计划、有目的、有层次地推进国家中小学智慧教育平台的应用工作。印发《星湖学校国家中小学智慧教育平台运用推进方案》，明确提出打造以全体教师参与为基础、学科智慧教育研究中心为载体、"教学融合、教研协同"为典型应用特征的场景应用思路。

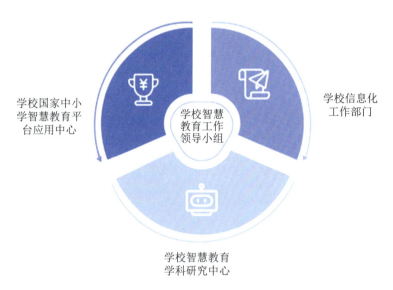

图 2-30 智慧教育工作领导小组架构

（2）设立国家中小学智慧教育平台应用研究中心

在国家中小学智慧教育平台校本应用具体实施过程中注重强化跨部门协作联动，建立由国家中小学智慧教育平台领导小组牵头，学校国家中小学智慧教育平台应用中心、信息化工作部门、智慧教育学科研究中心三个实施面的分管校长负责、分管领导牵头的工作原则。

（3）发起成立全融合智慧教育研究共同体

全国共有 12 所学校加入全融合智慧教育研究共同体，包括重庆市江北区新村实验小学、重庆市璧山区永嘉实验小学、四川天府新区华阳实验小学、四川省成都市温江区王府外国语学校、浙江省杭州市春晖小学、广东省深圳市南山区前海港湾小学、安徽省淮北市第二实验小学、内蒙古包头市昆区青年路第二小学、内蒙古呼和浩特市赛罕区万锦学校、黑龙江省大庆市直属机关第五小学、大庆市铁人学校和星湖学校。共同体成立以后，共同体成员秉承"资源共享、优势互补、深度整合"原则开展工作，构建智慧教育交流与合作平台，具体行动包括以下四方面。一是建立智慧教育研究机制，探索智慧教育研究路径、原则、策略，培育智慧学生。二是培养智慧教育专家、名师、骨干教师，带动共同体教师队伍快速发展。三是推动智慧教育评价改革，以评价促进共同体学校快速发展。四是总结、提炼智慧教育经验，形成新亮点、新成果、新品牌，将研究成果推广到全国。

2. 高水平打造智能时代教育变革"星湖模式"

针对教师培训力度不够、教师观念更新不及时等问题，以"教与学方式变革"为抓手，通过开展系统的培训和评价，高水平打造智能时代教育变革"星湖模式"。课堂教学是学校教育教学的主阵地，其开展实施的效果是影响学校教育质量的关键。课堂教学的有效设计与实施既需要适切的资源支持、多元化的学习活动、有效的辅助工具，也需要教师具备创新探索与实践应用新理念、新方法、新模式。星湖学校基于国家中小学智慧教育平台赋能课堂教学的作用分析，从课堂教学所涉及的师生主客体及相应活动展开，围绕"教师备课""教师研修""双师课堂""作业活动""家校沟通"等应用主线开展场景应用。

（1）借助平台资源精准提升教学质量

通过国家中小学智慧教育平台引入专家和骨干教师智力资源，根据课堂教学需要寻找优质备课资源，借助平台中的"优秀教师"资源开展课堂导入、重难点讲解、实验演示等教学活动，课前，教师分析平台教学案例的优势和不足，优化教学设计。课中，教师围绕教学目标，基于平台和"智慧中小学"应用程序，运用启发式、探究式、参与式、合作式等多种教学方式组织开展教学。课后，教师利用平台习题资源开展练习，检验学习成果，引导学生自主选择或再次学习教师推送的教学视频，精准提升教学质量，从而实现课前、课中、课后的衔接与统一，提升课堂教学质量。

（2）重点推动星湖学校国家中小学智慧教育平台应用"三大工程"实施

按照"深化融合、应用驱动"原则，重点推动国家中小学智慧教育平台应用"三大工程"实施（如图2-31），以数字教育新资源促学生全面发展，让学生通过国家中小学智慧教育平台进行多元化的课程选择，使学生的课程选择面更广、选择自由度更高、学习领域更全面，真正体现星湖教育的内涵。以平台教研新模式促教师素养提升，通过"自主研修—学科探究"的教研模式让教师可以运用平台中的丰富资源进行备课与学习；通过"理论引导—实践强化"的教研模式将国家中小学智慧教育平台打造成转变教师教学观念的重要途径。以在线课堂新生态促教学智慧互动，通过国家中小学智慧教育平台的互动功能构建师生交流互动的新生态课堂。

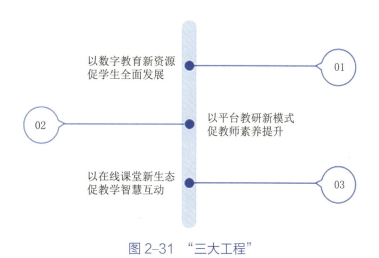

以数字教育新资源
促学生全面发展   01

02   以平台教研新模式
促教师素养提升

以在线课堂新生态
促教学智慧互动   03

图 2-31 "三大工程"

（3）拥抱"互联网+"助力专业成长

充分利用国家中小学智慧教育平台专门设立的"教师研修"板块，通过"通识研修""学科研修""作业命题""院士讲堂"等栏目自主构建星湖学校研修"六能六会"课程超市，方便星湖教师自主选修，有效畅通教师与专家、名师的互动交流渠道，全方位支持教师研修目标达成。

3. 高站位做出在线教育战略需求"星湖贡献"

针对教育资源不均衡、技术成本过高的问题，星湖学校积极发挥优质学校的担当和责任，构建"云上星湖"课程资源库，开展星湖学校"万人计划"，以"服务家校社"为导引，立足高站位做出服务在线教育战略需求"星湖贡献"。依托星湖学校在两江新区的优势学校地位，整合各方资源，在网课期间高质量开展在线教学，积极推动国家中小学智慧教育平台资源共享和校本资源深度融合，为服务在线教育战略需求做出积极贡献。

（1）以供给改革助推大思政课程线上线下深度融合

通过依托国家中小学智慧教育平台，积极推动思政教育与新媒体、新技术有机融合，用好用活国家中小学智慧教育平台数字资源，推进学校"小课堂"、社会"大课堂"和网络"云课堂"建设，构建独具特色的在线教学体系。引入国家中小学智慧教育平台课程资源（如图2-32），开设"习近平总书记关于教育的重要论述"等大思政课程，助力学校思政教育高质量发展。同时开发"心系母城寻榜样，朵朵青葵向阳开"星湖学校"开学第一课"等大思政课程，润心铸魂，赋能青少年成长，为学生从小播下梦想的种子，切实加强理想信念和职业规划教育，努力将学生培养成堪当民族复兴重任的时代新人。

图2-32　教师利用国家中小学智慧教育平台开展课堂教学

（2）创新实施线上线下混合式教学模式

构建以学习者为中心的教育生态，建成优质、安全、绿色、人本的信息化"智慧星湖"，通过综合运用云计算、物联网、智能感知技术，以应用为导向，以课堂为关键，以减负为方向，以提质为目的，建设智慧校园基础支撑平台及同步应用程序开发，实现统一身份认证的师生校内校外学习、生活全服务。面向社会、家长及全体师生征集高质量教育教学资源，同时综合利用国家、重庆市和两江新区现有网络教学资源，积极引入行业、机构等可行性社会资源，以教育数据互联互通为核心，打造绿色安全、特色鲜明、灵活便捷的网络学习空间。在网课期间出台《两江新区星湖学校关于常态化开展线上线下混合式教学工作的指导意见》等系列文件，明确教师须通过国家中小学智慧教育平台及学校"云上星湖"开展线上线下混合式教学，确保不落下一名学生，不延误一个学科，让教育公平看得见、摸得着。

（3）积极助力乡村教育振兴事业

坚守"乡村振兴，教育先行"理念，积极开展一对一帮扶、在线指导助力乡村教育振兴，开展"开放星湖万人交流计划"系列活动（如图2-33），问道于同行，求计于大家，传播"星湖声音"，汇聚教育力量，共谋城乡发展，彰显星湖教育的社会责任感。

图 2-33　吴灿老师为市培农村小学全科教师上示范课

三、主要成效

星湖学校通过对国家中小学智慧教育平台赋能教育教学，特别是对深化教学改革的实践进行研究，充分发挥技术和平台在教育教学优质资源共享、课程设计与改革过程中的重要作用，目前，全校师生中有136人注册国家中小学智慧教育平台，运用平台九大场景培训680余人次，建立场景运用群9个、学科智慧教育平台应用群10个、班级群57个，覆盖学生2 400

余人、家庭 2 400 余个，通过平台的广泛覆盖面推动优质教育资源共建共享。同时充分发挥学科智慧教育研究中心的教研作用，结合平台，利用数据可视化技术将研修结果直观地推送给教师，及时为教师提供反馈，发挥"以评促研"的作用，本年度累计完成 136 人 1 800 余学时培训，为教师教学设计与评价提供了及时的帮助。此外，星湖学校开展"开放星湖万人交流计划"，综合利用国家中小学智慧教育平台。截至 2023 年 3 月，已累计帮扶学校 30 余所，举办讲座等相关活动近 100 场，逾 5 000 人次参与。利用自身优势为结对学校提供优质的教育教研资源，与资源不发达地区的学校分享教育教学经验，帮助实现教育的均衡发展，提升教育公平，助力区域教育高质量发展。

第四节　浙江舟山群岛新区

技术赋能推进区域阅读资源共享的"普陀实践"

刘安兵[①]　翁娜[②]

【摘　要】普陀区地处海岛，存在阅读资源共享率低、社会图书资源未充分整合、线上线下阅读联动不充分、阅读形式及服务相对单一等群众文化需求问题。普陀区教育局尝试利用技术赋能搭建数字化应用程序——"智在阅读"，通过多跨协同建设"五个场景"，整合全区阅读资源，构建了本岛与偏远海岛阅读资源流通渠道，打通了区域阅读服务的"最后一公里"，打造了"线下有书，线上有数；全域图书馆，全岛读书人"的全民阅读新生态。

【关键词】搭建数字应用　整合阅读资源　拓展阅读场景　推进区域阅读

一、案例背景

2021 年，"深入推进全民阅读，建设书香中国"被写入"十四五"规划和 2035 年远景目标纲要，推动全民阅读、建设书香社会已成为广泛的社会共识。让人民群众享受更多文化发展成果和便捷的实时阅读已经成为社会新时尚、新需求。普陀区有大大小小 40 多个有居民居住的海岛，通过问题反馈及大量的调研，发现本区存在阅读资源共享率低，社会图书资源未充分整合；海岛异地借还书存在障碍，城乡居民综合阅读率差距仍然较大；阅读活动线上线下未实

---

① 浙江省舟山市普陀区教育技术中心主任。
② 浙江省舟山市普陀区教育技术中心科员。

现充分联动，阅读形式、活动及服务相对单一等群众文化需求痛点。因此，构建数字化阅读服务场景，成为破解当前问题的重要途径。普陀区以中央提出的"倡导全民阅读，建设书香社会"号召为立足点，致力于推出一款"资源全整合，流通无障碍，阅读有深度"的全民阅读类智慧应用，激活全区阅读空间，共享全区域阅读资源，优化群众阅读习惯，打通区域阅读服务"最后一公里"。借助大数据、"智慧+"等技术赋能系列化阅读，普陀区开发"智在阅读"数字化应用程序，旨在联通教育系统图书馆与文化系统图书馆的数据，以"智在阅读"平台整合全区的阅读资源，两者间通借通还，实现全岛师生、居民共用一个平台，从而激发全民阅读兴趣，构建"线下有书，线上有数；全域图书馆，全岛读书人"的全民阅读新生态。

二、思路和做法

1. 总体思路

"智在阅读"聚焦读者群体，以"立德树人"为总体指导目标，以提升广大群众，尤其是中小学生的人文素养和科学素养为根本，借助大数据、"智慧+"、先进的人工智能及云计算技术，从根本上改善广大群众的阅读生态和文化氛围，形成"一个图书馆，阅读一网通"的新样态，构建基础教育中阅读与综合素质融合的体系。"智在阅读"数字化应用程序在舟山市普陀区教育系统校园信息化建设的基础上充分提升现有信息化基础设备、公共图书馆和阅读空间的利用价值，融合公共文化和教育资源，协同各方力量，通过搭建贯穿全区的智慧阅读平台简化信息应用管理操作难度，打破资源壁垒，提高效率和服务水平，助力社会信息化向智慧化转变。同时，通过大数据的实时采集，将海量数据与复杂计算问题通过云计算平台进行实时的分析和处理，赋能管理者对读者阅读内容和阅读行为进行跟踪、把控和管理。整体架构如图2-34所示。

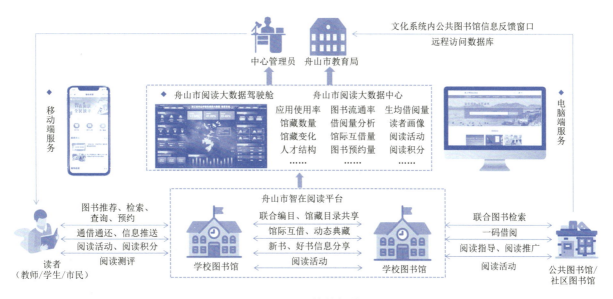

图 2-34　整体架构

2. 具体行动

（1）聚焦实际需求构建"1+3+1"体系

"智在阅读"整体建设按"1+3+1"体系建设。"1"指的是完善覆盖全区域所有学校的智慧阅读系统，解决在校学生课内外阅读资源不足、阅读教学资源不足、图书馆建设水平相对落后、图书整体利用率偏低的问题。"3"指的是覆盖三个领域，以教育领域为核心，逐步扩大到公共服务领域、商业企业领域，建设一个覆盖全区的公共阅读服务网，便于学生和居民阅读。"1"指的是从数据化应用的角度构建一个数据服务网络。在完成教育系统智慧阅读信息化和智能化等基础设施建设的基础上，普陀区教育技术中心进一步联通普陀区政府、公共服务、社区乃至企事业单位，为广大群众提供终身学习资源、阅读数据的反馈和便捷借还书服务。目前，"智在阅读"已建立起一套可用于信息推送、图书检索查找、借还、活动参与和数据汇集的完备体系，最大化地整合全区学校阅读资源，并已打通教育与文广系统公共图书馆数据，实现海量阅读资源智能搜索；完成对全区 17 所中小学及普陀区图书馆、城市书屋借阅设备的改造，实现了图书异地可借还，构建了图书多向流通机制。设计形成的数据集成流程图如图 2-35 所示。

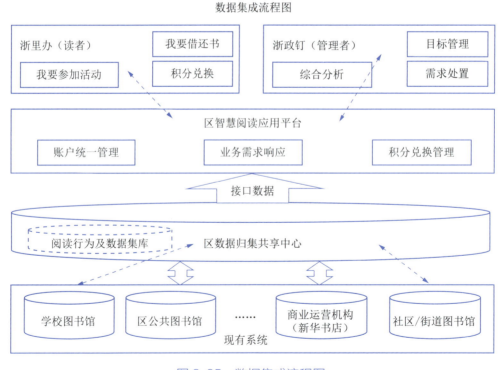

图 2-35 数据集成流程图

（2）依托数字平台构建阅读生态

"智在阅读"应用场景聚焦读者群体，依托"浙里办"平台，围绕职能分工，教育、文广旅体、团区委、社区街道、文化企业等部门协同配合，推动学校、公共图书馆、青少年活动中心、社区服务中心、乡村书屋、新华书店等主体共同参与，综合集成智慧阅读数据资源。借助大数据、"智慧+"、云计算等技术，以"1+2+N"为基础架构，即建设1个数据驾驶舱（如图2-36），开发服务端、管理端，构建图书管理与流通、阅读测评与推荐、活动组织与开展、阅读激励与培养、素养数据与分析等5个多跨场景，细化16项二级任务，整合40余项数据，向读者提供图书统一检索、一码借阅、阅读测评、图书推荐、活动参与、阅读指导、积分激励等多项特色服务，为全区群众提供丰富的数字化服务体验，确保用户能及时掌握各类阅读资讯，推动读者终身阅读习惯的养成。自2021年12月31日上架"浙里办"至今，"智在阅读"应用已更新迭代版本4个，上线阅读活动39场，汇集图书73.94万册，注册用户数为7.93万，活动访问量为6.14万次，参与活动人数达7 500余人。

图2-36　图书数据驾驶舱

（3）构建多跨场景，综合数据呈现提升阅读体验

　　充分运用智慧阅读数据资源，依托不同需求读者在各个端口产生的大量数据，构建个体、学校、区域等不同维度的宏观、微观画像，形成阅读记录及成果评价体系。在系统终端为读者量身打造个性化阅读书目和推广服务，为各类群体提供多方位、多角度的阅读检测和数字化结果呈现，实现从选书、读书、评书到阅读效果测评、分析的整个阅读过程可视化。同时，还通过阅读认证、读后反馈、阅读测评、阅读分享、积分兑换等形式在不同环节体现阅读价值，持续推动读者终身阅读习惯的养成。截至目前，"智在阅读"应用全区累计访问量达34.38万次。

① 图书管理与流通场景

市民可通过"浙里办"读者码实现对普陀区图书馆和各学校图书馆藏书的查询和预约。在"浙里办"服务端，用户可以搜索查找全区范围内的书籍信息，信息可具体到书籍所在的层架，以便用户快速获取位置信息。读者本人可通过"浙里办"所包含的"智在阅读"模块中的"我的"一栏查询到本人在区各图书馆的借阅记录，根据自身需求进行阅读效果评，并通过智能排序了解各图书借阅点与自己的距离，极大地方便预约、借书、还书等操作。图书借阅登录情况如图 2-37 所示，馆藏及流通数据如图 2-38 所示。

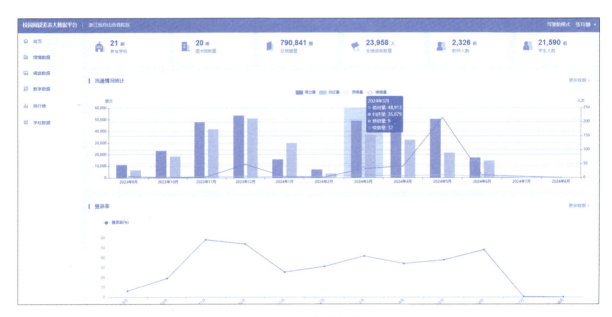

图 2-37　图书借阅情况

图 2-38　图书馆藏及流通数据

② 阅读测评与推荐场景

"智在阅读"应用程序为读者提供好书、新书推荐、阅读排行等信息，提升读者的获得感和满足感。通过整合公共阅读资源，实现阅读数据流通，积极构建"人人皆读、处处能读、时时可读"的区域阅读生态。阅读测评大数据如图 2–39 所示。

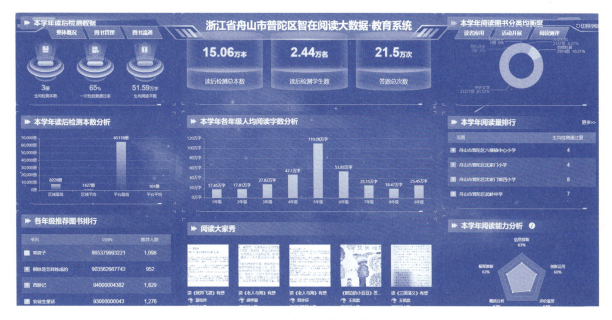

图 2–39　阅读测评大数据

③ 活动组织与开展场景

阅读活动是引导读者使用智慧阅读系统的重要方式，通过有趣、有意义的双线联动阅读活动促使读者将阅读与生活实际紧密关联。阅读活动突出重点，注重创新，与各项重大教育工作和活动相结合，创新活动模式，激发在校师生参与的积极性，使师生在活动中提升阅读素养。系统具备"写、创、论、说"等功能，实现用户在平台中通过文字、图片、语音等多种形式发表读后感、展现创意、参与话题讨论和书籍讲评。丰富多样的线上、线下阅读活动为全区师生提供丰富的数字化服务体验，使用户能及时掌握各类阅读资讯，创造更加丰富的阅读价值。活动开展情况如图 2–40 所示。

a. 校内"悦读"

学校借助普陀区"智在阅读"平台，以确保阅读数量、提升阅读质量、丰富阅读形式为目标，创设了"1+1+1+X"的"悦读"新模式，即每日 1 次"晨沐书香"；每周 1 节阅读课，专课专用；每月 1 次阅读检测，通过"智在阅读"平台对学生的阅读效果进行线上检测，并评选"阅读小达人"；"X"则体现在多元的创新"悦读"活动中，如书香电影节、"晒书房"活动等。围绕"栽种一株阅读苗，收获一树阅读果"这一主题，建立健全师生读书管理办法，有计划、有目的地开展全校性读书活动，致力于形成"阅读、悦读、愿读"的校园良好读书氛围。

b. 校际连读

为构建本岛与偏远海岛阅读资源流通渠道，打通区域阅读服务的"最后一公里"，区教育局采用了"1+N"的方式，即一所本岛学校带动 2—3 所海岛学校，以实现资源流通。

鉴于海岛与本岛之间交通不够便捷，若采用快递形式则成本过高，不利于长期维持，区教育局根据海岛学校教师每周会回本岛且大部分海岛学校学生人数较少的情况，采用了师生在网上预约书籍后由海岛学校教师周末前往本岛图书馆领取书籍带回学校的方法，学期结束后，书籍统一返还原馆。

c. 家庭约读

学生家长可以登录"浙里办"的"智在阅读"模块，绑定账号后就可以查阅自己感兴趣的书籍，预约借阅时间。学生的账号挂靠家长账号，学生和家长之间可以共享积分，家长也可以清楚地了解到孩子喜欢看的书的类型，并与孩子约好时间一同前往图书馆借书。

d. 社会共读

普陀区充分利用学校名师、社会名家两种优势资源，借助阅读指导课、语文课，有设计、有组织、有效果地对学生开展阅读指导。发挥名家指导作用，引导学生挑书、选书，开展分级阅读，从而实现有品质的阅读，达到"1+1>2"的效果。

普陀区还通过"智在阅读"系统组织读书会、社团，打造读书圈，通过读书圈营造阅读氛围，激发学生的读书热情。部分阅读活动，如"我为智慧阅读献计献策""名家面对面"、区级阅读与创作大赛、"书香校园""书香家庭"评选、"传承红色基因，讲好中国故事"主题活动等，均收获了较好的反响。

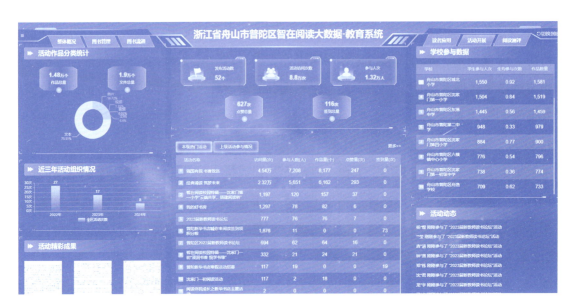

图 2-40　活动相关数据

④ 阅读激励与培养场景

主要包括积分商城、积分排行、积分兑换等应用场景。读者通过积分排行了解自己所在区域的积分获得情况，同时可在"积分商场"中查阅积分等值商品，进入兑换流程进行物品兑换。此项设计旨在提升"智在阅读"系统与读者的互动性，激发全社会的文化活力。截至目前，"智在阅读"累计积分总量为 347.36 万分，用户最高分为 3 086 分。

⑤ 素养数据与分析场景

"智在阅读"通过大数据的实时采集，对海量数据进行实时分析和处理，实现个人阅读画像的描绘和对整个区域阅读行为的跟踪、把控和管理，形成区域阅读生态画像。通过对数据的深度挖掘形成对读者阅读记录、阅读水平和综合素质的过程性和发展性评价。通过分析全区图书流通情况、馆藏、读者阅读偏好、图书借阅排行、学校阅读情况、阅读测评、阅读教学等数据，得到不同维度的群体画像，为政府引导市民阅读、增加公共文化供给等提供决策参考，以进一步完善公共文化服务体系，全面助力"人文普陀""书香社会"建设。

三、主要成效

"智在阅读"通过技术赋能，使得教育、文化体制的壁垒得以突破。在使学校成为社会文化推广落脚点的同时充分调配图书资源，方便群众借阅，也为优质阅读资源引入学校提供更多渠道，实现了"三能""三有"。"三能"一是能查，能一站式查询全区馆藏阅读资源；二是能约，实现图书一键预约；三是能借，实现全区图书馆能凭同一个二维码借还。"三有"一是有指导，以提升学生阅读素养为目标，助力教师开展阅读教学和阅读指导；二是有活动，组织开展常态化阅读活动；三是有数据，五大阅读场景随时采集数据，量化构建书香社会，建设长效机制。"智在阅读"读者界面如图 2–41 所示。

图 2–41　读者界面

1. 实现区域内所有学校图书资源共建共享。"智在阅读"应用程序运行以来，各学校的课外书借阅量从 2021 年的单月 1 058 册增加至单月最高 24 000 余册，总借阅量 89.83 万册，人均借阅量达到 51 册。图书流通率由 21.7% 上升到 55.03%。

2. 实现教育系统与文化系统的图书"通借通还同谋划"，增加了图书种类，方便了居民借阅图书。通过数据对接进行统计，"智在阅读"系统目前共汇集图书 73.94 万册，供全区所有学生、居民共享，吸引了 34.38 万余人次登录访问，馆际互借场景开通以来各图书馆之间图书流动量达 7 073 册次。

3. 实现阅读活动云端共享、双线互动。居民可通过应用预约在每周六到本区学校图书馆取书，拓展了"双减"后学生的双休日活动场所。平台预约送书上岛的方式让海岛图书流通率大幅提升，实现了"阅读共富"的目标。截至目前，共汇集教育、文广、图书馆、新华书店等活动 39 个，活动场景访问次数达 6.14 万余次，年度活动参与人数达 7 500 余人。

4. 初步构建阅读可视化数据库。通过记录读者阅读行为，积累图书全域流通综合数据，形成读者阅读记录及成果评价体系，为学生、教师、家长、居民提供多方位、多角度的阅读检测和数字化结果呈现，实现从选书、读书、评书到阅读效果测评、分析整个阅读体验过程的可视化。

5. 形成科学决策的大数据支撑。"智在阅读"通过收集居民的阅读画像数据了解居民的阅读偏好分布，如不同年龄、不同性别的阅读偏好差异等。通过定期开展阅读测评的方式观测阅读活动对学生发展的影响，从而为制定更加科学、有针对性的教育政策提供参考。通过对图书管理数据和借阅数据的归集和分析了解图书配备比例、新增图书等指标是否达到要求，赋能图书馆管理水平与图书馆建设信息化水平的提升。

城乡教育共同体背景下的海岛教育实践探究

沈锋勇[1]　郭央松[2]　虞卓[3]　陈飞[4]　陈开泽[5]

【摘　要】海岛教育一直面临岛际交通不便、共享难度大、优质教育资源供给不足等问题。近 20 年来岱山县教育局聚焦教育共同体建设以突破海岛教育发展瓶颈，近年来更以数字化改革助推城乡教育一体化发展为抓手，充分利用已有经验，积极打造融合型、共建型新时代城乡

① 浙江省舟山市岱山县教育局数字化改革专班。
② 浙江省舟山市岱山县教育局副局长。
③ 浙江省舟山市岱山县教育局教育服务中心主任。
④ 浙江省舟山市岱山县教师进修学校副校长。
⑤ 浙江省舟山市岱山县教育局教育科科员。

教育共同体，推动全县中小学校实现优质均衡迭代升级，开启教育教学改革新篇章。

【关键词】数字化　海岛教育　共同体

一、案例背景

岱山县是全国海岛县之一，全县 15 所义务教育学校分布在 4 个岛上，60% 的学校位于离岛或偏远地区，来往本岛的唯一方式是坐船。受大风、大雾影响，停航时有发生，全县性的研修活动经常受天气影响而无法开展。随着"大岛建，小岛迁"进程的加快，区域学校规模呈现出严重的两极分化，城乡学校规模的差距越来越大。7 所渔农村小学在校学生数仅为 1 283 人，校均学生数 183 人，校均班级数不足 7 个，这些学校的学科教师只能孤军作战，校本研修变成了单一的自我研修，缺乏有效的同伴互助和专业引领。针对岱山县公共服务半径大、岛际交通不便、共享难度大、教育资源受到稀释、优质教育资源供给不足等问题，2003 年起，岱山县组建本岛和衢山岛教育协作体、城区——离岛教育共同体，同步推进区域电子备课、网络教研和线下教研大组建设，实现对薄弱学校的精准帮扶，但这种辐射型单向输出平面的共同体实际受益面小、交流形式单一、总体活力缺失、工学矛盾突出。为努力办好家门口的每一所学校，提升教育公平与均衡发展水平，岱山县以创建全国义务教育优质均衡发展县为抓手，以教育数字化改革为主要突破口，以高辨识度的海岛新样态推进城乡教育共同体建设，发挥信息技术对城乡义务教育一体化发展的赋能功效，构筑新时代城乡教育共同体新生态，塑造互动型、差异融合、多维的教育共同体，回答了如何打造城乡教育共同体海岛实践样板的问题，为浙江 26 个山区县乃至全国的海岛县、山区县提供可复制、可推广的经验与做法。

二、思路和做法

岱山县聚焦破解海岛教育的发展瓶颈，直面海岛地理劣势，深化教育领域数字化转型，以数字化改革助推城乡教育共同体一体化发展，实现校际管理共进、教学共研、资源共享、信息互通、师生互动、差异互补，加大优质资源、名师资源辐射作用。积极探索县域城乡教育共同体内外双循环模式，以县域义务教育优质均衡高质量发展为抓手，构建跨地区、跨岛共建型教育共同体、同岛城区与小规模学校融合型教育共同体、长三角协作型教育共同体，同时通过小规模学校联盟建设和"小而优"学校的建设探索三种不同形式教育共同体的协同机制，构建内外双循环，推进岱山县城乡教育共同体高质量发展。坚持以数字化改革对教育进行系统性、制度性重塑，通过"教、研、训、巡、评"教育共同体平台扩大优质教育资源辐射面，实现网络研修、同步课堂机制创新。推进教育人事制度改革，深化"县管校聘"，打好外岛教师积分交流制、教育共同体教师交流制、绩效分配制度改革组合拳，健全完善"引得进、沉得下"的离岛师资调配机制，促进城乡教育共同体师资均衡配置。

1. 夯基改薄，努力抬高优质均衡发展底部

解薄弱学校发展难点，率先推进学校抱团发展。岱山县的教育共同体建设起步较早，有着 20 年的历史。2003 年，岱山县把规模相近、办学水平同等的 5 所本岛小规模农村小学组建成"五校共同体"，同年，以一对一帮扶形式着力打造城区 2 所小学与外岛 2 所小学（高亭中心小学—长涂小学、高亭小学—秀山小学）的教育共同体。在前期经验上，2006 年又建立了衢山岛"四校协作体"，实现区域内教育资源共享。迈入新时代，城乡教育共同体成为岱山县教育高质量发展的增长点。2018 年城区高亭中心小学、离岛长涂小学被列为浙江省同步课堂试点学校。2019 年投入专项资金高标准建设同步课堂教室，部分义务教育学校实施"互联网 + 义务教育"结对帮扶。2020 年在全省率先实现"互联网 + 义务教育"结对帮扶全覆盖。2021 年组建协作型、共建型、融合型城乡教育集团，持续探索缩小城乡办学差距的有效途径。"十三五"期间在全市率先实现教室交互式多媒体、校园无线网络、校园安防监控、中小学录播教室"四个全覆盖"。2022 年 9 月，岱山县城乡教育共同体被列为浙江省教育系统数字化改革创新试点项目。2023 年 3 月，岱山县被省教育厅列为教育领域数字化改革实验区（县教育局入选浙江省数字教育试点单位名单——教育领域数字化改革实验区）。

2. 主动融入"长三角一体化""甬舟一体化"发展格局

与慈溪、上海奉贤签订战略合作框架协议，实行"愿景协同、机制协同、研修协同、教学协同、项目评估"的合作方式，并组建跨区域教育共同体，开展师徒结对，异地跟岗锻炼，线上、线下示范课和集体教研，学生集体交流"引育流"活动。2022 年，岱山县 5 所学校与慈溪部分学校结为跨地区共建型教育共同体。2023 年上半年，岱山县与慈溪 5 对跨地区教育共同体组织 5 位岱山教师到慈溪异地跟岗锻炼，两地开展线上、线下示范课 86 节次，线上、线下集体教研 70 节次；开设线上拓展课程 5 门，组织学生集体交流活动 8 次；开设名师工作室 8 个，线下送教活动 9 次，其间获得省财政专项资金 441 万元（2022 年 250 万元，2023 年 191 万元）。2021 年，岱山县与上海奉贤区签订战略合作协议。2023 年 3 月，岱山县 6 所学校与上海奉贤学校结对形成协作型教育共同体。建设同岛融合型教共体（部分岱山本岛小学试点推进）、跨岛共建型教育共同体。同时，通过 6 所小规模学校联盟（六校联盟）综合改革和"小而优"学校的建设在全域推进开展"初中提质强校，小学固本培元"行动、"教学评一致性，学为中心"新课改行动、"一校一品 2.0"行动，开展乡村小规模学校"小而优"建设和"小班化教学2.0 行动"，探索城乡教育共同体同步课堂课程设置和受援学校校本特色课程"反哺"研究等（如表 2-1 所示），并以市重点孵化课题"优质·均衡——海岛县域城乡学校共同体新样态的实践"为助推器，探索多种不同形式教育共同体的协同机制，构建内外双循环，在探索实践中不

断总结、提炼适合海岛城乡教育优质均衡高质量发展的新路径。2022年6月，央视《焦点访谈》大篇幅报道了岱山县城乡教育共同体促进城乡教育一体化发展的情况。

表 2-1　教育共同体特色课程

	课程内容	实施学校	共享方式
第1课	舌尖上的"非遗"——盘点东沙的民间糕点	蓬山小学	线上课堂
第2课	舌尖上的"非遗"——品尝东沙"春干"		学生走校
第3课	舌尖上的"非遗"——清明节的传统文化	高亭中心小学	线上课堂
第4课	舌尖上的"非遗"——踏青采艾		本校实践
第5课	舌尖上的"非遗"——制作"青饼"		教师走教
第6课	舌尖上的"非遗"——能吃的"石头"	长涂小学	线上课堂
第7课	舌尖上的"非遗"——走访"倭井潭"硬糕厂		导游直播
第8课	舌尖上的"非遗"——海岛美食分享日	三校教育共同体	线下联谊会

3. 积极构建城乡教育高质量发展新机制

2020年，岱山县率先在全省实现义务教育共同体全覆盖。2022年8月，出台《岱山县深化小规模学校综合改革全面提高教育教学质量实施意见》和《岱山县融合型城乡教育共同体建设实施方案》，实行"统一管理、师资同盘、教学同步、培训同频、文化同系、考核一体"的教育共同体一体化办学模式，加快提升小规模学校内生力，有序推进小学撤并整合工作。岱山县同岛的小规模学校与城区学校均建立融合型教育共同体，打通城乡校际界限，实现一体化发展。同时，加强小规模学校的综合改革，着重创建"小而优"学校，重点以育人为导向开展精准导师制、课程教学育人方式变革、教学新型空间打造等重点领域的改革。2022年2月，"岱山县'数字赋能'打造城乡教育共同体海岛新样板"案例入选第四届全国基础教育信息化应用展示交流活动，并被教育部评为信息技术与教育教学深度融合示范案例。

4. 通过数字赋能破解海岛教育瓶颈，促进区域教育均衡发展

依托岱山县教育共同体平台（如图 2-42 所示），构建教学、研讨、师训、巡课、评价等多跨场景，实现"教、研、训、巡、评"五合一，创新出台"同步课堂""网络研修""技术环境"三个"岱山标准"，完善贯通原有的教育共同体同步课堂和网络研修，集聚特级教师、岱山名师网上工作室和县骨干教师网上工作坊力量，汇聚优质教学和研修资源，打破时空界限，实现名师、骨干对一线教师全天线上专业引领，有效缓解工学矛盾，助推海岛教师专业成长。一年内，全县100个教育共同体教研组入驻智慧教育平台，17个特级教师、名师工作室开展在线指导，1 754个本地优质资源实现共享，共推出精品课程378节，

举办县域教育共同体网络研修 208 场。探索和提炼如何科学有效地在城乡教育共同体学校中设计考核指标和比重、进行"捆绑式"考核，如何体现考核结果的运用，如何设定管理者与教师的绩效待遇、设计科学合理的教师绩效考核方案，同时探索同步课堂、网络研修、技术环境等教学指南和标准的创新研究。2022 年 11 月，"海岛城乡教育共同体'双网'融合研修的探索"被推荐参评教育部"2022 年度教育信息化教学应用实践共同体项目"。

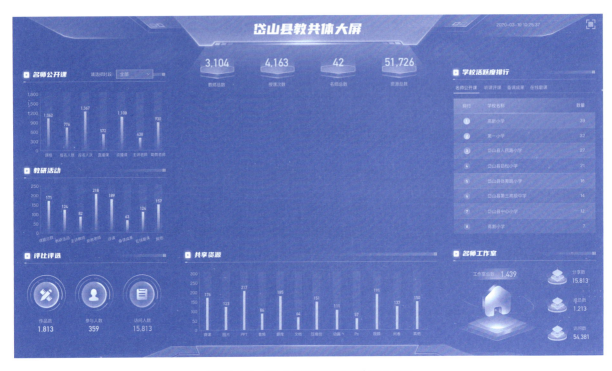

图 2-42 岱山县教育共同体运行图

5. 打通教师流通渠道，优化师资共享机制

以试点形式实践探索同岛融合型城乡教育共同体模式，探索"法人代表、人事、财务、管理统一，师资通盘、教学同步、培训同频、文化同系、考核一体"的多校区管理模式。重点探索构建同一文化愿景下的师资无障碍流动、教师走教、学校考核和教师评价制度。出台《岱山县外岛教师交流考核办法》，实施岛际骨干教师支教和教师积分流动机制，为优秀离岛教师流动提供绿色通道，稳定离岛片区教师人心，考核教师业务能力，激发教育共同体队伍活力。2022 年岱山县教育共同体共交流教师 60 名，占符合条件教师比例的 22.2%。建立离岛教师岗位收入补偿机制，差别化提高离岛教师特岗津贴等待遇并叠加乡镇工作补贴，精准推动人才引进。充分利用县人才经费、"浙石化岱山教育基金"等专项资金，大力引进高端人才，高质量引入县外特级教师及其工作室，聚合高精专业力量，深化义务教育学校教师的激励机制。2022年，成功引进名校长、省特级教师各 1 人，教育紧缺人才 5 人，特级教师工作室 10 个，实现

了"校校有名师、科科有特级教师"的目标。同时,推行县级以上名师、名班主任、名校长及学科教研员在离岛学校蹲点送教示范制度和离岛教师挂职培养机制,实施"银龄"讲学支援计划,补充离岛教师队伍力量和紧缺学科师资,构建教育人才内育机制。探索集团内青年教师挂职、骨干教师支教、名师跨校走教机制,加大力度选派优秀青年教师后备干部到名校挂职学习,全面推进骨干教师发展和基层青年教师培养。委托浙江师范大学、杭州师范大学等高校定向培养教师,推进优质师资储备。2022 年,32 名青年教师到"长三角"名校挂职,定向培养教师 18 名。岱山城乡教育共同体案例入选 2021 年浙江省城乡义务教育共同体建设区域典型案例。

三、主要成效

1. 聚焦融合发展与寻求海岛特色并举

城乡教育共同体建设已完成从协作型、共建型模式向融合型模式的转变,改善了薄弱学校的教学环境。目前,城乡教育共同体正在积极探索新的教学模式,改变传统的教学方式,打造与"育人"理念充分匹配的新型学习空间,推动全县中小学校优质均衡迭代升级,打造海岛教育共同体新样板。通过校际师徒结对、异地跟岗锻炼、学生集体交流活动等多种途径,在办学理念、队伍建设、教育教学等方面实现城乡学校共建共享,推进双方教育特色发展,实施评价方式变革、"学为中心"同步课堂教学,构建城乡教育共同体发展新格局。

2. 聚焦辐射引领与寻求内生动力并重

一是优化组织架构。县教育局专班运作,教育科、教育技术中心、教育发展研究中心、督导室在同一分管局长引领下分工协作,实施清单管理。二是始终将教育共同体建设与创新作为舟山市品牌孵化课题深入推进,在浙江省之江教育信息化研究院、浙江大学教育学院等专业团队的引领下全面助力岱山县"海岛样板"建设。三是通过招引特级教师、省网络名师工作室,邀请特级教师、名师入驻岱山县教育共同体平台,实现校校有特级教师,门门学科有名师,通过名师引领扩大优质教育资源覆盖面。

3. 聚焦优质内涵与寻求捆绑考核并行

在建设融合型、共建型教育共同体的同时,积极推进小规模学校综合改革,以创建"小而优"学校为抓手,全域推进"学为中心,深度教学"新课改行动计划、"一校一品 2.0"行动计划,开展"乡村小规模学校小班化教学 2.0"行动,实施精准导师制,以初中学校提质强校工程和离岛学校固本培元振兴行动为突破性抓手,增强城乡教育共同体建设支撑力。探索有利于城乡教育共同体发展的扶持指导、捆绑评估和激励表彰机制,建设学生、教师、教育共同体学校三大评价系统。

第五节　广州南沙新区

基于数智驱动的"教、学、评、管"一体化应用模式探索与实践

汤普① 蔡素伟② 陈燕纯③ 苏泉月④ 林剑辉⑤

【摘　要】广州市南沙区在推动教育数字化转型、促进区域智慧教育纵深发展的道路上围绕立德树人的根本任务，秉持融合创新的核心理念，利用人工智能技术和大数据分析技术，结合创建"全国智慧教育示范区"工作，从学生、教师、评价、管理四方面入手，提出基于数智驱动的"教、学、评、管"一体化应用模式，实现数字化教学、数字化学习、数字化评价和数字化管理的战略目标，通过深化技术赋能促进区域教育高质量发展。

【关键词】数智驱动　"教、学、评、管"一体化　数字化

一、案例背景

广州市南沙区既是国家级新区、自由贸易试验区、粤港澳全面合作示范区和广州城市新核心区，也是广州市创建"全国智慧教育示范区"支撑区。南沙区利用人工智能、大数据等技术，在推动教育数字化转型方面不断探索和实践，但依然存在不少问题：第一，多模态数据的分析与应用类技术和产品受到硬件设施、固定班级成员、数据质量参差不齐等多重限制，难以持续性推广和应用；第二，尽管经历了"教师信息技术应用能力提升工程2.0"，全区教师的信息技术应用能力已得到一定的提升，但对数据的模块化处理和分析能力仍有待提高。如何让信息技术真正服务于"教、学、评、管"的过程并形成可推广的区域教育模式，如何提升教师对数据的模块化处理和分析能力，上述问题成为了我区面临的重大问题和挑战。

为此，广州市南沙区秉持"融合创新"的核心理念，利用人工智能和大数据分析等技术，结合创建"全国智慧教育示范区"工作，从教师教学、学生学习、课堂评价、学生管理四方面入手，提出"教、学、评、管"一体化应用模式，以实现数字化教学、数字化学习、数字化评价和数字化管理为战略目标，深化技术赋能，促进区域教育高质量发展。

---

① 广州市南沙区教育发展研究院信息部部长。
② 广州市南沙区教育发展研究院信息部智慧教育管理员。
③ 广州市南沙区南沙小学信息科技教师。
④ 广州市南沙区南沙小学语文教师。
⑤ 广州市南沙区岭东职业技术学校学生科主任。

二、思路和做法

1. 总体思路

为深化信息技术赋能教学的应用模式，区内学校以学生为中心，从数据统整视角出发，提出基于数智驱动的"教、学、评、管"一体化应用模式（图2-43所示），提升数据应用价值，利用数据协同教师完成教学过程、培育学生核心素养。

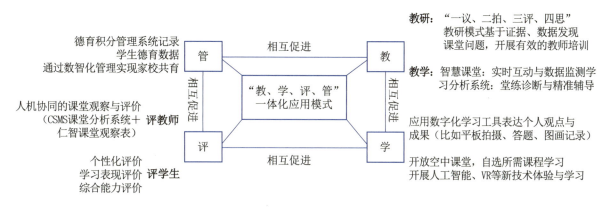

图2-43 "教、学、评、管"一体化应用模式

总体思路如下：

教师科学精准地教：教师在"智慧课堂""学习分析系统"的协助下实现教学互动的实时数据反馈和学业精准辅导。

学生高效个性地学：在教师指导下提升数字化技能，为"学"作好准备。教师为学生提供方法和工具的支持，让学生运用数字化工具创造性表达个人观点与团队成果，在学校的资源库中自选所需课程，提升数字化学习能力。

师生真实多元地评：运用"CSMS课堂智慧分析系统"对教师的教学过程进行伴随式数据采集，运用学习平台记录学生的学习数据，系统对过程性数据进行分析与诊断后形成教与学的评价报告。

家校科学有效地管：教师通过德育积分系统记录学生真实情况。系统生成学生德、智、体、美、劳等方面的数据并智能分析学生的各种表现，形成学期汇总评价发送给家长，实现家校共育，促进学生健康成长。

基于数据证据驱动的"教、学、评、管"一体化，四个环节相互促进、相辅相成，提升了数据的应用价值，利用数据协同教师提高课堂效率和学生管理效果。

2. 具体做法

（1）数字化教学——挖掘教学数据价值

在传统教学中，教师通过课前花大量时间批改学生作业来掌握学生学情，课上通过提问或凭借经验来了解教学效果。大数据支撑下的智慧教学环境促进了教学方式的变革。

一是利用数字资源实施精准教学。在大数据和智能技术的支持下，可以采用生成性教学模式进行课堂教学：

课前检测，掌握学情，确定目标。课前利用智慧课堂对学生进行摸底检测，通过数据分析了解学生对本单元知识的掌握情况。教师根据学生学情检测结果制订本节课的教学目标和内容。

课中交流，以生为本，技术增效。课中利用平板电脑的随堂检测功能动态监测学生当堂掌握所学内容的情况。同时，借助平板电脑的拍照收集、拍照上传、答题等功能优化学生学习成果的表现形式，帮助学生以多种形式外化自己的思考。利用平板电脑的同屏功能为学生创造边画边讲的表达和分享的机会，同时激发学生的创造性思维。

课后巩固，检测效果，提升能力。课后进行随堂检测诊断，评估学生对本节课所学内容的掌握程度，使教师对学情心中有数。

数字化生成性教学模式通过课前收集检测数据，课中收集学习的阶段性成果、发布随堂练习，课后及时检测反馈，自动批改客观题并生成正确率，随堂快速调取数据报告，使教师及时监测学生学习动态，并挑选共性错题重点讲解，提高课堂检测效率，改变了传统的教学方式。

在南沙区的智慧课堂上，教师在课前、课中、课后利用平台发布练习和检测题，收集学习数据，及时监测学生学习动态，极大地提高了课堂教学的针对性和效率。

"双减"政策下，低年级不得留课后作业，高年级只能留较少作业，这对课堂教学实效提出了更高的要求。区内学校推行 10-20 分钟的课堂练习，使用学习分析系统进行学情数据采集，了解学生学习的优劣势并根据分析结果调整教学策略。运用学习分析系统开展课堂练习诊断（图 2-44 所示），注重学生学习的过程性管理，全方位掌握学生的知识缺口，建立班级错题本、"分层作业备选集"，便于教师精准设计作业、进行课后辅导，帮助学生提高学习质量，形成学生个性化学情分析，尤其能照顾到成绩位于班级中后段的学生。

二是运用互动平台改进教研模式。通过互动学习平台创建网络学习空间，建立教师线上校本研修空间，进一步推进教研智能化、研修数字化。例如，南沙小学教育集团 UMU 互动平台创建了研修学习项目和教研评课项目。学习项目方便教师根据自身分析选择对应的课程，提升信息化教学能力。教研评课项目主要用于学科组教师开展教研活动、进行线上线下互动反馈点评。UMU 互动平台能够全面、及时地收集教师的学习数据和教研点评，以教研数据化推动研修智能化。

在教研应用方面，教师依据"课堂观察表"开展基于 UMU 平台的"一议、二拍、三评、四思"的"问题驱动式"线上线下混合教研活动（图 2-45 所示），立足于"问题"关注自身的

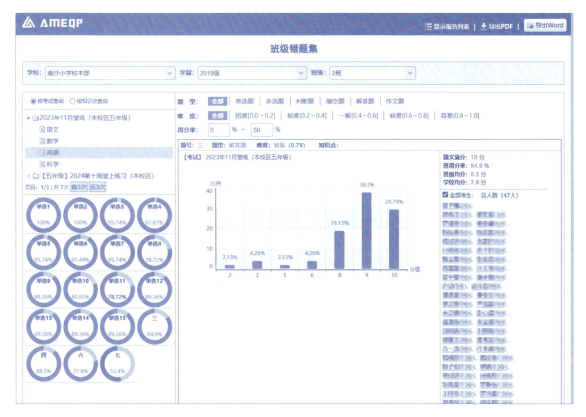

图 2-44 课堂练习诊断数据

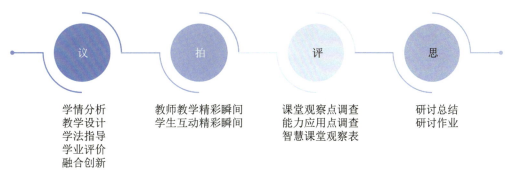

图 2-45 "一议、二拍、三评、四思"的混合型教研模式

日常教学行为，根据个体产生的实践性问题开展主题式教学研究。

（2）数字化学习——打造个性学习新样态

运用学习工具：向学生提供互动、多元的学习平台、学习工具，让学生从被动学习走向主动探究，从标准化走向个性化，真正成为学习的主人。

在南沙区的智慧课堂上，学生可以利用平板电脑的拍照、同屏等功能上传知识结构图和答题界面，在边画边讲的过程中激发创造性思维；也可以利用"智慧纸笔"系统通过抢答、投票等方式实现人机互动，从而激发积极性和创造性。智慧课堂为更好地满足教育教学需求提供了数字化、智能化、个性化的解决方案。（图 2-46 所示）

图 2-46 学生使用"智慧纸笔"系统答题

　　自选所需课程：在积极推进集团化办学，探索如何在集团成员校内辐射办学理念、管理资源、课程资源的同时，盘活教师资源，形成教师专业发展共同体，实施联合集备项目，构建优质教学资源，增进集团内部交流融合，推动教育优质均衡发展。为此，教师通过 UMU 平台提交了多种学科课程，集团校学生可根据自己的实际需要有针对性地选择适合的课程。

　　"空中课堂"成为了师生的云端学习空间，学生和家长可以扫码登录"空中课堂"选择自己需要的学习内容。教师可以就学生某个知识盲点或薄弱点选择合适的微课，点对点发送给学生进行个别辅导。家长可根据孩子的需求扫码进入"空中课堂"，选择课程供孩子自学、复习、解惑。（图 2-47 所示）

图 2-47 UMU 平台开放的"空中课堂"

探索创新技术：联合高科技企业，开展"AI+舞蹈""AI+科创""AI+书法"课程，助力学生全方面发展。（图2-48所示）同时，利用广州市人工智能教学平台开展人工智能课，利用VR虚拟仿真平台模拟科学实验、外太空探索等，调动学生学习兴趣，推动全区中小学校素质教育课程高质量普及。

联合高科技企业，将新技术、新应用带进课堂中，为学生提供更多探索创新技术的机会，提升学生的信息素养和动手能力。通过技术赋能教学全过程形成"教产融合"的区域探索实践模式。

图2-48　AI素质教育平台

（3）数字化评价——探索课堂观察新路径

过去，课堂观察所收集到的课堂信息存在经验主义和情感因素的劣势。基于数据驱动的"人机协同"课堂观察与诊断实现了从经验型评价向客观全面的数字化评价转型。（图2-49所示）

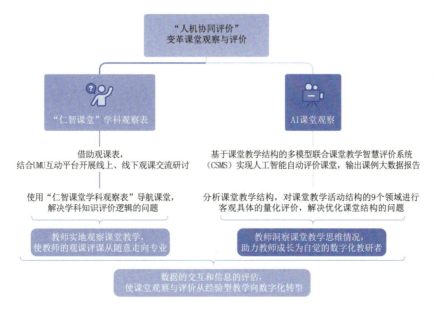

图2-49　"人机协同评价"变革课堂观察与评价模式

"人机协同"评价中的"人"的作用体现在"仁智课堂"学科观察表上。教师借助学科观察表和 UMU 平台开展线上、线下观课交流研讨，解决学科知识评价逻辑问题，使观课评课从随意走向专业。

"人机协同"评价中的"机"体现在基于课堂教学结构的多模型联合课堂教学智慧评价系统（CSMS）。该系统通过人工智能自动评价输出课例大数据分析报告，对课堂教学活动结构的 9 个领域进行客观具体的量化评价，解决优化课堂结构的问题，帮助教师洞察课堂教学思维情况，助力教师成为自觉的数字化教研者。

课堂教学结构外显为课堂形式，学科知识逻辑内化为课堂内核，两者互为补充，共同深度剖析课堂教学，改变课堂的走向。这样的课堂观察有数据采集也有现象描述，有学习知行理论支撑也有学科导航，能逐步走向专业化。

CSMS 以大数据为依托，利用课堂音频统计得到师生发言次数、发言时长等数据，结合教学设计客观分析课堂教学效果、学生课堂反应、课堂互动质量以及整体实施情况，形成近 300 项分析数据和完整而详细的分析报告。从报告的各项数据和模型图中，我们可以深入分析整节课堂，帮助教师明确需要重点关注和提升的方面。通过分析师生同一时间序列中的发言主题，可以得出师生发言相关度。通过观察学生发言时长分布图，可以判断出学生处于被动跟进还是主动思考状态。

（4）数字化管理——开启协同育人新篇章

为构建德、智、体、美、劳"五育并举"的育人体系，我区运用人工智能、大数据等科技赋能教育，建设校园德育积分系统，重构教育流程，形成有特色的"智慧校园 + 教育"管理理念。

德育积分系统可运行于手机、平板，电脑的企业微信、微信、浏览器等平台。学校结合办学理念，教职员工和学生干部根据学生在校表现，将学生的行为规范、学业成绩、养成教育、劳动教育、课外活动等方面表现进行积分化和可视化数字管理，积累大量数据，并通过数据可视化分析工具客观公正地进行三好学生、优秀班级以及奖学金等评选活动。（图 2–50、图 2–51 所示）

德育积分系统在德、智、体、美、劳五个维度 20 个质控点的基础上建立学生个人画像，自动生成学生的学期成长报告发送给家长，助推"五育并举"，使学生管理变得可见、可预测，促进我区教育在强调"终身育人""创新育人""融合育人"中走向高质量发展。

为了顺利推进"五育"并举，部分学校结合德育积分系统的质控点制定了学生、班级、班主任等层面的管理制度。（图 2–52 所示）如《优秀班级评选标准》《优秀班主任评选标准》，明

图 2-50 学生表现期末汇总

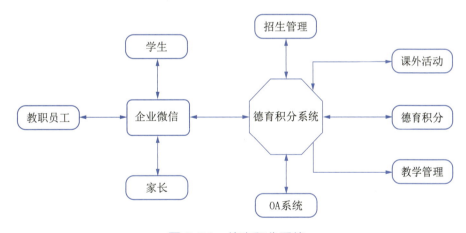

图 2-51 德育积分系统

确规范与职责，突出班主任队伍的育人主体功能，开展标准化建设，不断完善运行机制，推进"五育"工作的制度化、规范化、实效化，基本形成全员育人、全程育人、全方位育人的德育工作格局。同时在德育积分系统中，学生参与的各种活动和表现均会记录于系统，系统自动分析各种类型的学生数据、学生在各个角度产生的数据，并生成学生思维动态和行为数据，以帮助教师实时掌握学生的思想和行为，从而实现精准化管理。

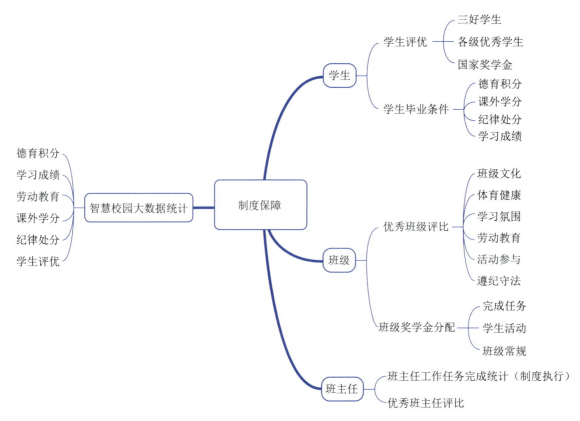

图 2-52　德育积分系统与管理制度相结合

三、主要成效

　　区内智慧课堂、UMU 互动学习平台和多模型联合评价体系等工具的使用提升了课堂教学实效。教师借助智能工具推送学习任务情景，学生即时反馈学习成果和问题，同时基于多模型联合课堂教学智慧评价体系对教师进行常态课的质量监测。师生借助智慧评价体系开展评价活动，在评价中发现问题，在智能互动中得到启发和帮助。在大数据的支持下，教师与学生的互动性加强，从而有助于精准掌握学生学情，让教师的启发更贴近学生。经区内调研发现，智慧课堂、智能工具的使用贯穿于多个教学环节，如交流讨论、学习总结、教学评价、测评练习、课堂导学等环节，应用效果良好，学生的学习兴趣和学习积极性都较传统课堂有显著提高。另外，调研数据显示，2021 年底，区内常态化使用智慧课堂的教师占比为 60%，到 2022 年底已经上升为 90.91%，一年中的增长率超过 30%。可见，越来越多教师认识到了智慧课堂、智慧工具的使用在提升教学效率和课堂质量方面的积极作用，因此，其使用率大幅度提升。

　　智慧评价体系以德育积分系统为载体，在教育过程中利用人工智能、大数据等技术对学生进行精准画像，科学评价学生特点及教育效果。通过数据采集建立长周期的数字档案，并通过数据分析实现各学科全过程纵向评价，德、智、体、美、劳全要素横向评价。另外，德育积分系统搭建家校协同育人数字化智能平台，实现家庭与学校之间主体互联、资源共享、信息流动，从而帮助家长树立科学的教育观念，与学校教育同频共振、同向同行。

南沙区对基于数智驱动的"教、学、评、管"一体化应用模式的探索和实践，不是简单把数字技术运用在已有的教育场景中，而是创新应用场景，统筹推进教学、学习、评价、管理四大应用场景的数字化进程，将数字技术深度融入教育的全方位、全过程，聚焦教育教学变革的核心区域，实现数字化教学、数字化学习、数字化评价和数字化管理，充分利用数字技术挖掘教育教学中的数据价值，改变了传统的工作思路和流程，在区内师生间牢固树立起数字化意识，实现数字思维引领的价值转型，推动数字化引领教育现代化。

数据赋能初中体育课堂学习评价的新模式探索
——以南沙区湾区实验学校初中体育与健康课程为例
陈逸健 [①]

【摘　要】随着广州中考体育考试对以耐久跑为首的测试项目的评分标准提高，初中阶段学生将面临前所未有的体育考试压力。本文旨在通过实证手段说明初中体育与健康课程教学评价改革的迫切性。本文以耐久跑课堂为切入口，探索初中体育课堂学习评价的新模式，为中小学体育教学评价工作提供参考。探索过程中使用运动负荷监测系统、耐久跑学习评价量表对43名初中生耐久跑过程中的心率等数据进行测量，融合心理测量、自然实验等方法，期望为初中体育课堂教学提质增效提出参考性模式。

【关键词】数据赋能　课堂学习评价　新模式探索

一、案例背景

2023年3月，广州市教育局正式印发《广州市初中学业水平考试体育与健康考试实施意见》，明确了2024—2026年广州中考体育考试详细内容，将以"耐力跑"为首的测试项目评分标准提升至近年来的最高，可见，初中阶段学生将面临前所未有的体育考试考学压力。2022年4月，教育部颁布《义务教育体育与健康课程标准》，提出应重视综合性学习评价，评价主要内容包括"内容多维、方法多样、主体多元"三方面。而在实际教学中，由于受到学生年龄、性别、运动习惯、身体素质等多种因素的影响，教师难以对学生的体育运动表现做出及时、精确的反馈，因此对学生个性化、科学化的教学指导需要通过新的模式或新的方式进行。现代体育课堂评价仍然存在不评价、不及时评价、评价不全面等不足，应积极探索数据赋能教学评价

---

① 广州市南沙区湾区实验学校二级教师。

的新模式，尝试将身体体能与专项运动技能、过程性与终结性评价、定性与定量评价相结合，形成以学生为中心的阶段性学习评价，帮助教师及时调整教学计划，提高体育教学的实际水平。

二、思路和做法

1. 总体思路

2020 年 10 月，中共中央、国务院印发《深化新时代教育评价改革总体方案》，提出"改进结果评价，强化过程评价，探索增值评价，健全综合评价，充分利用信息技术，提高教育评价的科学性、专业性、客观性"。初中体育与健康课程应建立日常参与、体质监测和专项运动技能测试相结合的考查机制，将是否达到国家学生体质健康标准要求作为考核的重要内容，引导学生养成良好的锻炼习惯和健康的生活方式，锤炼坚强意志，培养合作精神。

2. 具体做法

本案例选用耐久跑大单元教学中的第 10 课次，利用数据信息化技术，在课上实时掌控学生运动状态，根据实际情况动态调整教学内容及练习组织方式，课后形成最终性评价，分别对成绩较差的学生进行补差训练，对成绩较好的学生进行能力拓展训练，对中间层学生进行拔高训练，形成以学生为中心的阶段性学习评价。这样做有利于提升一线体育教师的教学评价效率与效果，积极反馈现阶段中学生的体育练习效果，也为下一阶段的体育教学工作指明了方向，为其他中小学体育教学评价工作提供借鉴与参考。（图 2-53 所示）

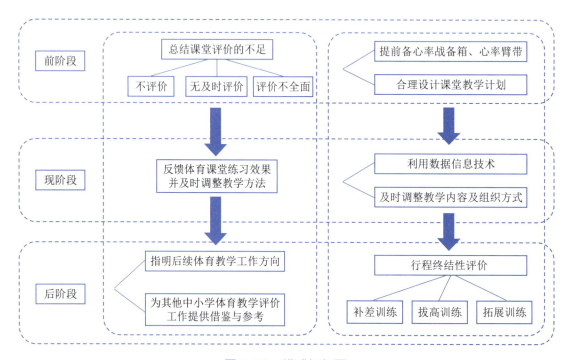

图 2-53 模式框架图

（1）教学设备

本案例主要依托中天网景公司的运动负荷检测系统 V1.21.0 进行研究。

运动负荷监测系统（图 2–54 所示）：结合心率臂带，支持 60 人实时心率监测。实时监测学生的心率情况、运动强度，一旦发现学生心率异常，臂带震动，系统将发出警报即时提示，确保学生的运动安全。

硬件：心率战备箱+臂带+教学平板

软件：体教帮APP（教师端）+智慧体育平台（学校/教育局端）

图 2–54　运动负荷检测系统

心率战备箱、臂带（图 2–55 所示）：采用 Lora 通信方式，支持 60 人心率实时采集，自带 4G 基站数据实时上传，支持 60 个臂带充电，开箱即用。一旦发现学生心率异常，臂带震动，系统将发出警报及时提示，确保学生运动安全。

型号：B01战备箱
功能：数据收集/上传
尺寸：外尺寸-484*375*178mm
无线：Lora、蓝牙、ANT+、Wi-Fi Lora/BLE&ANT+
材质：工程PP
工程防护：防水、防潮、防摔
距离：200米
LAN/Wi-Fi：30米
心率监测：实时PPG监测
运动监测：3轴加速度传感器
电池容量：20000毫安时

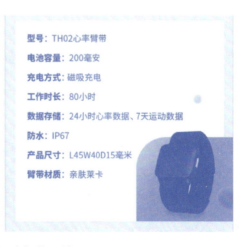

型号：TH02心率臂带
电池容量：200毫安
充电方式：磁吸充电
工作时长：80小时
数据存储：24小时心率数据、7天运动数据
防水：IP67
产品尺寸：L45W40D15毫米
臂带材质：亲肤莱卡

图 2–55　运动负荷硬件

教师端应用程序："体教帮"App，可使用教师手机号快速登录。学生可通过臂带与其绑定，具有班级切换、课程设计、心率监测、多维度课程评估报告等功能，可将运动过程数据化。运动数据精准分析功能便于教师及时了解学生运动情况，调整训练计划，提升训练质量。支持班级、年级等多维度课程比对，赋能课程评估。

（2）课程实施

现代体育课堂评价存在不评价、无及时评价、评价不全面等不足，应积极探索数据赋能教学评价的新模式，尝试通过身体体能与专项运动技能、过程性与终结性评价、定性与定量评价相结合的方式形成以学生为中心的阶段性学习评价。充分利用大数据时代下的智能产品将有助于"教、学、评"一体化的实施。

本案例以习近平新时代中国特色社会主义思想为指导，全面贯彻党的教育方针，遵循教育教学规律，旨在落实立德树人根本任务，发展素质教育。我区初中体育课堂教学以"德育为先""健康第一"为指导思想，贯彻新课程教学理念，始终坚持"学、练、赛"的基本要求。本案例以学生为本，充分考虑八年级学生现有动作技能、身心发展与认知发展规律，开展具有实效性、与社会环境相适应的教学内容，帮助学生适应社会的生存挑战，并在教学中紧扣学生的兴趣爱好，充分发挥学生的主体作用，利用数据信息化技术让学生在锻炼中掌握体育知识、技能，促进学生身心健康、强健体魄、全面发展。本案例以耐久跑为切入点，设计了18课时的大单元教学，以数字信息化赋能初中体育教学评价，充分利用运动负荷检测系统掌握学生实时状态，及时调整练习计划、组织形式、练习手段、练习次数。

（3）研究对象

随机抽取广州市南沙区某学校七年级一个班的初中生作为研究对象，其中男生20名（46.5%），女生23名（53.5%），年龄范围为12岁至14岁，平均年龄12.65+0.53岁。

（4）研究工具

运动负荷监测系统：结合心率臂带，支持60人实时心率监测。实时监测学生心率情况、运动强度，一旦发现学生心率异常，臂带震动，系统将发出警报及时提示，确保学生运动安全。

耐久跑学习评价量表：依据耐久跑大单元中的耐久跑考核标准，对体育核心素养（运动能力、健康行为、体育品德）与实际运动成绩分别评分，检验学生的学习效果。（如表2-2所示）

表 2-2　耐久跑学习评价标准

等级	优秀	良好	及格	不及格
分值	90-100 分	80-89 分	60-79 分	<60 分
女：800 米 男：1 000 米	3 分 53 秒及以下 4 分 18 秒及以下	3 分 54 秒-4 分 35 秒 4 分 19 秒-5 分 04 秒	4 分 36 秒-5 分 25 秒 5 分 05 秒-5 分 51 秒	5 分 26 秒及以上 5 分 52 秒及以上
运动能力	跑姿正确，跑速安排合理	跑姿正确，盲目跟跑	跑姿需纠正，盲目跟跑	跑姿存在明显错误
健康行为	练习欲望强烈	有惧怕心理但仍主动练习，每次都能认真完成	有惧怕心理，比较消极，不能主动参与，能完成练习	惧怕心理强烈，不能完成练习
体育品德	乐意对其他同学做出积极评价，练习中乐于鼓励其他同学	能够为其他同学加油鼓劲	只为自己的朋友加油	对其他同学有嘲讽行为

注：该表引自义务教育教科书《体育与健康教师教学用书》（七年级全一册 / 华中师范大学出版社）中的表 2-1-3。

（5）统计学方法

采用 SPSS 23.0 系统中的描述性统计、独立样本 t 检验、配对样本 t 检验等方法，选择 95% 的置信区间，bootstrap 样本量为 5 000 次，检验水准为 0.05。

（6）耐久跑大单元教学具体实施过程

学生通过耐久跑 18 课时大单元的学习，循序渐进地提高体能并学习耐久跑专项技术。教师利用数据信息化技术，在课上实时掌控学生的运动状态，根据实际情况动态调整教学内容及教学形式，课后形成终结性评价，分别对成绩较差的学生进行补差训练，对成绩较好的学生进行能力拓展训练，对中间层学生进行拔高训练。

（7）各变量的描述性统计

对耐久跑大单元教学的第 2 课时、第 18 课时分别进行耐久跑（男生 1 000 米、女生 800 米）前后测、核心素养（运动能力、健康行为、体育品德）前后测。由表 2-3 可见，全班耐久跑前后测成绩分别为 270.12 ± 37.22、237.91 ± 28.56，核心素养前后测成绩分别为 81.51 ± 6.08、83.65 ± 6.77。通过独立样本 t 检验发现，学生年龄、核心素养前测成绩、核心素养后测成绩中均未发现显著的性别差异（$P>0.05$）。由于男女生耐久跑测试距离不一致，故没有进行耐久跑前后测成绩的性别差异比较。

表 2-3 各变量的描述性统计

	全班（N=43）		男生（N=20）		女生（N=23）	
	均值	标准差	均值	标准差	均值	标准差
年龄	12.65	0.53	12.65	0.49	12.65	0.57
耐久跑前测成绩	270.12	37.22	282.10	40.88	259.70	30.93
耐久跑后测成绩	237.91	28.56	238.40	32.48	237.48	25.41
核心素养前测成绩	81.51	6.08	81.90	5.08	81.17	6.93
核心素养后测成绩	83.65	6.77	84.60	6.22	82.83	7.25

（8）耐久跑前后测成绩、核心素养前后测成绩比较

如表 2-4 所示，通过配对样本 t 检验发现，耐久跑前后测成绩以及核心素养前后测成绩均存在显著性差异（P<0.001）。通过耐久跑大单元教学及练习，学生无论是耐久跑的成绩还是核心素养成绩均有显著的提高。

表 2-4 耐久跑成绩、核心素养前后测成绩对比

	耐久跑前测成绩 – 耐久跑后测成绩	核心素养前测成绩 – 核心素养后测成绩
均值	32.21	−2.14
标准差	31.71	3.13
均值的标准误	4.84	0.48
95% 置信区间下限	22.45	−3.10
95% 置信区间上限	41.97	−1.18
t	6.66	−4.48
P	<0.001	<0.001

三、主要成效

1. 应用情况

图 2-56 与图 2-57 产生于耐久跑 18 课时大单元教学中的第 10 课时（巩固提高耐久跑技术，克服极点）。在课堂教学过程中，可根据某名学生当下的运动状态（结合心率、跑姿、途中跑策略等）及时给予一定建议或改进方法，如在热身运动练习中，某名学生心率过高，就应提醒其注意运动方式，避免过度消耗体能，以至于过早进入不良的运动状态。班级大部分学生进入体能练习后，根据他们的出汗表现、心率可判断其是否到达一定的运动量，在此基础上可

适当增加练习频率或次数。同时，在使用运动负荷检测系统的过程中应避免在某个时刻过分依赖该系统，不断地查看系统屏幕，无法很好地顾及学生实际的运动状态、动作技术等。课后形成终结性评价，分别对成绩不佳的学生进行补差训练，对成绩较好的学生进行能力拓展训练，对中间层学生进行拔高训练。通过体育课堂学习评价的定期反馈干预，学生的耐久跑成绩以及核心素养分数均有明显提升。

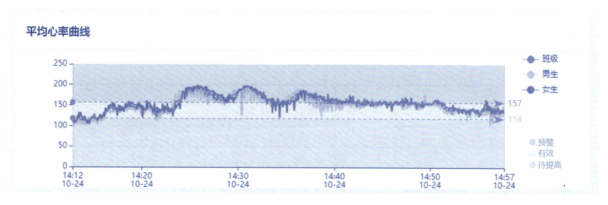

图 2-56　耐久跑第 10 课时学生平均心率曲线

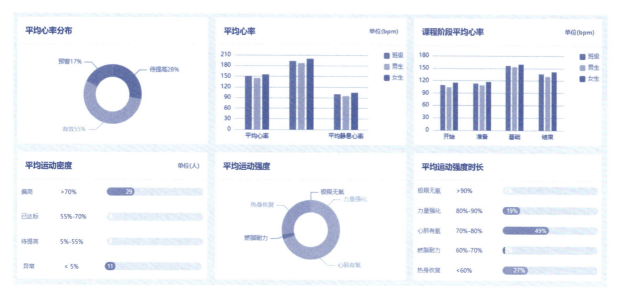

图 2-57　课后终结性评价

2. 推广情况

大数据时代背景下，充分利用信息技术带来的便利，利用运动负荷检测系统对运动数据进行精准分析有助于教师及时了解学生运动情况，调整训练计划，提升训练质量。运动负荷检测系统支持班级、年级等多维度课程比对，赋能课程评估。本案例形成以学生为中心的阶段性学习评价，有利于一线体育教师提升教学评价效率与效果，积极反馈现阶段中学生的体育练习效果，也为下一阶段的体育教学工作指明了方向，为其他中小学体育教学评价工作提供借鉴与参考。目前，数字信息化下的八年级体育与健康课程阶段性学习提高课（耐久跑）大单元教学模式已在学校全面铺开。

3. 体育课堂学习评价的新模式展望

大数据时代背景下，教育教学应摒弃以往教学过程中不评价、不及时评价、评价不全面等劣势，充分利用信息技术带来的便利，运用运动负荷检测系统对运动数据进行精准分析，便于教师及时了解学生运动情况，调整训练计划，提升训练质量；支持班级、年级等多维度课程比对，赋能课程评估。同时，应重新审视综合性学习评价中"内容多为、方法多样、主体多元"三个方面的标准，如学习态度、体育品德等隐性素养难以根据每课时的具体学习目标进行量化评价，以及不仅要评价学生，还要评价任教老师、家长等问题都是当前体育与健康课程学习评价中需要考虑的实际问题。评价时要围绕尽可能概括所有学习内容、评价方式要多样相结合、评价主体不单只有学生三方面进行充分考虑，最终形成以学生为中心的阶段性学习评价，才有利于一线体育教师提升教学评价效率与效果，体现"教、学、评"一体化的教学模式，积极反馈现阶段中学生的体育练习效果，也为下一阶段的体育教学工作指明方向，为其他中小学体育教学评价工作提供借鉴与参考。

打造数字化教研新范式，助推教育高质量发展
——南沙小学数字化教研模式探索实践
广州市南沙区南沙小学

【摘　要】南沙区作为大湾区正打造的重要创新平台，聚力创享智慧教育，赋能人才全面发展，将教育数字化作为教育高质量发展的重要生长点。南沙小学采集多模态课堂行为数据，全方位诊断教与学全过程，助力教师自我分析、反思、改进与提升，为专家开展高智高阶的专业指导提供数据基座；通过学科逻辑与人工智能双轨融合实现教师高质发展、学生核心素养提升，推进深度课堂革新，助推教育高质量发展。

【关键词】数字化　"双减"　多模态　核心素养　高质发展

一、案例背景

党的二十大报告提出"推进教育数字化"，明确了教育数字化未来发展的行动纲领。南沙区作为大湾区正打造的重要创新平台，聚力创享智慧教育，赋能人才全面发展，将教育数字化作为教育高质量发展的重要生长点。但是传统的学校课堂教学评价往往以个体经验判断为

主，对师生活动的关注面、连续性和深度、广度观察比较有限，这种方式存在以下问题：首先，评价的关注面较窄。传统的评价方式主要关注教师和学生的个体表现，忽略了他们之间的互动和合作，这使得评价结果缺乏全面性。其次，教学评价中缺乏连续性和深度、广度观察。传统的评价方式往往只关注师生某一节课的表现，而没有对教学活动进行连续性的，深度、广度的观察，这使得评价结果缺乏深度和全面性。同时，评价停留在知识和技能的浅层分析，主要关注学生知识和技能的掌握情况，忽略了对学生素养、社会交往水平等深层次方面的分析，这使得评价结果缺乏全面性。上述原因导致了传统课堂教学评价方式难以对学生的素养、社会交往水平等方面给出精准量化分析，无法深入了解学生的学习情况和综合素质。

为解决这个问题，作为广东省中小学教师校本研修示范校、广东省网络学习空间优秀学校、广东省"教师信息技术应用能力提升工程 2.0"试点校的南沙小学积极探索在"双减"政策下以科技赋能教育数字化转型的方法，打造数字化教研模式，助推教师队伍高效建设，聚焦学生核心素养培育。采集多模态学习数据和课堂行为数据，赋能课堂教学智慧评价，以精准化的数据全方位、多角度地诊断教师教学情况。

二、思路和做法

传统课堂教学评价往往以个体经验判断为主，对师生活动的关注面、连续性和深度、广度观察比较有限，往往停留在知识和技能的浅层分析，难以对学生的素养、社会交往水平等方面给出精准量化分析。我校以义务教育课程方案（2022 版）为理论指导，创新育人方式，建构新课程体系，优化课堂改革与创新，明确"培养什么人""怎样培养人""为谁培养人"，优化学校育人蓝图。聚焦教育教学增质提效，落实"双减"政策，突破传统课堂评价模式，转变育人方式，全面指向学生核心素养的培育，通过科技引领助力从知识课堂到素养课堂的转变。探索新时代新领域中人工智能赋能教学的方式，构建数字化校本研修模式。创建智慧教育支撑环境，支撑学校教育教学数字化转型的过程；依托 CSMS 平台采集多模态课堂行为数据，全方位诊断师生教与学全过程；借力 5G 数据平台，构建协同式互动智能教研，助推区域教育高质量均衡发展。

1. 创设智慧教学支撑环境，支撑学校教育教学数字化转型

一是实现校园网络宽带扩容和全覆盖。学校已实现网络 100 Mps 到校，所有教室和功能室实现网络接口及无线网络全覆盖，为智慧教育发展修好"高速公路"，满足各类终端应用对网络宽带的需求。创设网络环境、数字终端、数字化教学空间，为校园信息化应用和智慧教学提供硬件和物理场所支持。

二是创设智慧教学支撑环境。为 21 间教室配置"希沃"一体机，打造 5 间智慧教室（"天闻数媒"智慧课堂）、2 间电脑室、1 间 AI 科创室、1 间 AI 书法室；建设录播教室 2 间、创客室 1 间、智慧图书馆 2 间（主校区、时代校区），支撑智能化、情景化教学的开展。

2. 采集多模态课堂行为数据，构建数字化教研新模式

课堂教学评价改革需要把教学策略的运用放在更重要、更核心的地位。我校是广东省 5G+智慧教育实验校，5G+CSMS（课堂教学特征 A2 分析系统）平台为我校的"仁智课堂"提供多模态数据智能全面采集、教师教育教学能力精准诊断和分析服务。CSMS 平台基于知行理论开展多模态数据模型研发，形成"课堂概要""互动交流""思维激发"三大模块九大核心指数，可通过近 300 个细项大数据分析全方位、精准诊断教师的教学风格、特色特长与课堂问题。

第一，以课堂数字化画像为核心，全方位诊断课堂教学全过程。自 2022 年开始，我校依托 5G+CSMS 课堂多模态智慧评价系统，推行数字化教研模式——循证类五环节教研模式。一是教师对课堂进行录音或录像；二是利用人工智能进行课堂观察，输出分析报告；三是专家和同伴网上评课；四是组织教研活动；五是教师对新的课堂进行分析，闭环检验改进情况。到目前为止，我校共上传 85 节课例至 CSMS 平台，形成《课堂教学大数据指数 BCTI》《大数据分析专业版》《大数据分析教师版》等 255 份课堂大数据报告。

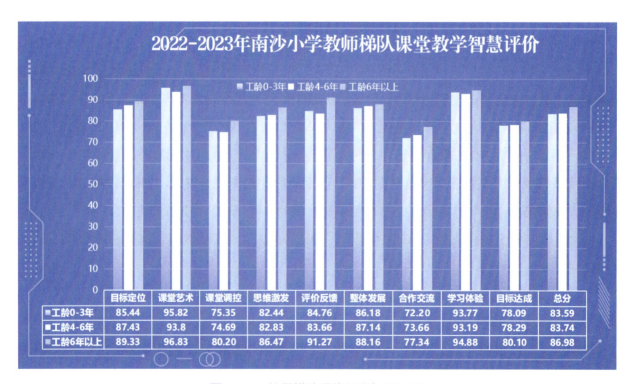

	目标定位	课堂艺术	课堂调控	思维激发	评价反馈	整体发展	合作交流	学习体验	目标达成	总分
工龄0-3年	85.44	95.82	75.35	82.44	84.76	86.18	72.20	93.77	78.09	83.59
工龄4-6年	87.43	93.8	74.69	82.83	83.66	87.14	73.66	93.19	78.29	83.74
工龄6年以上	89.33	96.83	80.20	86.47	91.27	88.16	77.34	94.88	80.10	86.98

图 2-58　教师梯队课堂教学智慧评价

表 2-5　教师课堂教学智慧评价（教师主导）

	教师主导大数据分析算法	工龄 0—3 年	工龄 4—6 年	工龄 6 年以上
教师主导	课堂信息量	100	100	100
	教师授课语速	99.68	98.84	98.34
	教师兼顾学生思维均衡	99.41	96.97	100
	教师的课堂想象力激发度	97.65	96.36	95.79
	教师正面回应学生比率（弗兰德斯分析 TRR）	81.86	85.05	92.81
	教师语言凝练度	94.41	97.58	97.37
	教师接纳和鼓励学生	97.55	96.97	100
	启发性	97.35	97.27	100
	教师积极话语频次	94.90	93.33	95.79
	教师情感饱满度	95.10	88.38	96.49
	知识点覆盖率	89.70	91.84	92.34
	课程结构设计的四维清晰度	91.96	88.46	91.03
	教师接受或延伸学生想法	86.47	89.70	97.37
	学生主动发言	85.59	86.82	92.37
	教师追问型＋思考再答型问题的提问与评价	83.33	84.34	86.84
	教师正面回应学生总量	81.86	85.05	92.81

　　从图 2-58 所示的课堂大数据九大核心指数来看，新手教师充满教学活力，他们在课堂艺术方面做得很不错，课堂中学生的学习体验度也比较高，说明学校新手教师团队的专业素养还是很不错的。教龄 4—6 年的教师总体来说还是不错的，但课堂艺术、合作交流方面的技能有待进一步提升，这一点可以向新手教师学习。教龄 6 年以上的老教师课堂大数据的九大指标很稳，在评价反馈、思维激发和目标达成方面做得很不错，专业素养扎实。从表 2-5 所示的教师主导项目的课堂大数据来看，新手教师在兼顾学生思维均衡、启发性以及课程结构设计的四维清晰度方面显示出一定优势，特别是课堂想象力激发度凸显优秀，老教师可以学习一下新教师的课堂想象力激发的策略，但新手教师在提问与评价、知识点覆盖以及正面回应学生等方面要向老教师学习。教龄 4—6 年的教师整体表现比新手教师更好，但在兼顾学生思维均衡、情感饱满度、课程结构设计的四维清晰度等方面比新手教师弱了一些；老教师整体专业素养较高，在正面回应学生比率、知识点覆盖率、接受或延伸学生的想法、追问型＋思考再答型问题的提问与评价方面都显示出较明显的优势。

针对以上教师课堂智慧评价数据,我们得到如下启示:一要让不同层面的教师进行自我分析、反思、改进。让教师探索数字化校本教研新模式,打造以学生为本的高效课堂。二要对各梯队教师开展有针对性的研训活动。对新手教师开展"课堂回音""以对话唤醒学生成长内驱力""'希沃'应用"等专题培训,强化其专业能力;对教龄4—6年的教师开展专业技能培训、课题研究培训;对骨干教师开展学校重点项目(CSMS\UMU\AI课程等)种子教师培训、专业技能培训,发挥以点带面的作用;要求专家型教师通过专题讲座、名师工程、课题项目等形式对其他教师发挥示范引领作用。

第二,聚焦对学生核心素养的培养,强化育人为本的教育走向。CSMS系统聚焦关注4大核心素养(4C),包括思维层面的创新思维、批判思维,人际交往层面的交流素养和合作素养;聚焦互动交流,关注学习过程;聚焦课堂素养导向,在课堂上呈现知识的指向和思维的指向,并分析学生思维激发的情况,有效激发学生的能力、潜力、创造力。

表 2-6 教师课堂教学智慧评价(学生主导)

	学生主体大数据分析算法	工龄 0—3 年	工龄 4—6 年	工龄 6 年以上
学生主导	学生左右脑激发的平衡度	100	100	100
	学生积极情感占比	99.41	100	100
	教师提问与评价的总量上限(IRE)	99.80	94.84	97.31
	学生表达的稳定状态比例	98.24	100	100
	教师激励学生主动参与互动的情况	97.94	96.97	100
	学生发言人次	96.15	93.93	99.85
	师生互动比率?	91.62	96.36	98.42
	课堂语言可理解度	86.03	85.61	88.42
	学生充分表达量	84.66	83.37	83.08
	课程结构设计的四维均衡度(若何/为何/如何/是何的均衡情况)	78.78	77.40	83.39
	学生发言和练习时长	79.84	84.81	80.94
	教师批评学生或维护权威的情况(弗兰德斯分析 T7)	62.06	65.45	59.47
	教师激励学生互动的效率	50.00	48.48	57.89

如表2-6所示,教师团队在学生左右脑激发的平衡度、学生积极情感占比以及学生表达的稳定状态比例方面获取的指标数据很不错,说明教师在启发学生思维以及维持学生表达的稳

定状态方面做得比较好。同时，教师团队有几个方面是需要提升的。一要变革课堂观念，坚持育人为本，构建以学生为中心的课堂。目前学生充分表达量、学生发言和练习时长指标数据较低。教师要创设真实的情境和任务，给予学生充分表达的时间和机会，激发学生学习的主动性。二要坚持课堂留白，为学生提供充足的思考时间。教师批评学生或维护权威的指标数据较低，说明教师要在课堂中凸显教师的权威性，同时也需要在课堂上给学生留白，降低教师语言的权威性，让学生有充分独立思考的时间，促进发散思维的培育。三要鼓励学生合作交流，培育合作素养和创新思维。教师激励学生互动的效率的指标数据较低，说明教师在鼓励学生合作交流方面做得不足。教师要为学生的合作交流、互动协作留出充足的时间并提供更多的机会。团队合作可以更好地促进学生合作交流，培养学生的合作素养、创新思维和实践能力。四要优化作业设计（图 2–59 所示），促进精准化个性学习。教师要结合学生在 CSMS 课例中反映的学习过程相关数据，坚持儿童立场，设计精准化的个性化作业，开展每节课 10—20 分钟的课堂练习，让学生在合作探究、实践中将知识充分内化，并运用数字化平台进行作业诊断和大数据分析。

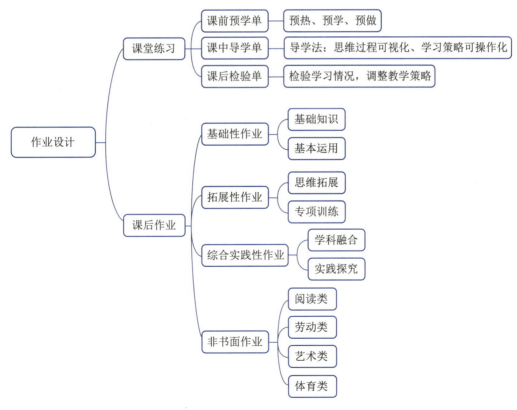

图 2-59　作业设计体系

三是深挖数据应用价值，以 CSMS 助力教师高质量成长。我校借助 CSMS，利用人工智能、大数据、云计算实现对课堂师生表现的数字画像，精准分析教与学的全过程，用数据锚定教学效果和教学目标的达成度，深度激发教师教学潜能和内驱力，为深度教研提供专业化的帮助，促进教师自我反思、复盘课堂、实践提升，助力教师高质量成长（如图 2–60 所示）。以李彤老师参加义务教育深度学习改进项目的道德与法治展示课为例。

李彤老师教龄有 5 年多，第一次试教"多姿多彩的民间艺术"一课，如表 2–7 所示，大数据显示其在教师主导的聚焦讲授与提问的比率，兼顾学生思维的均衡情况（知行教学风格），启发性、接纳和鼓励学生，教师追问型＋思考再答型的提问与评价情况方面，以及以学生为主体的师生的互动、积极情感、表达的稳定状态得分百分比都能达到 100%，说明该教师的综合素养很不错，成长非常快。该教师在课堂上能采用多种方式促进学生学习，挖掘教学内容中对学生发展最具价值的内容，注重通过有效提问培养学生思维品质，促进学生深度学习。

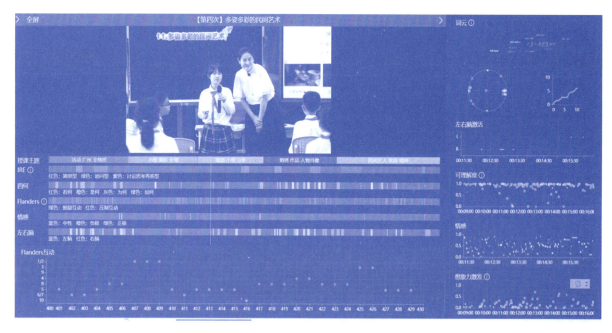

图 2-60　CSMS 数据复盘分析

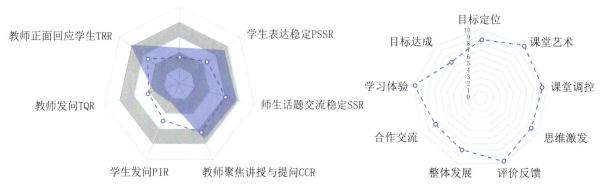

图 2-61　弗兰德斯雷达图（左）和课堂整体表现雷达图（右）

表 2-7　四次课例大数据

教师主导大数据分析算法	【第1次】试教	【第2次】试教	【第3次】试教	【第4次】课例展示
课堂信息量	100	100	100	100
教师正面回应学生的比率（弗兰德斯分析 TRR）	90.00	30.00	90.00	100
教师聚焦讲授与提问的比率（弗兰德斯分析 CCR）	100	30.00	90.00	100
教师兼顾学生思维的均衡情况（知行教学风格）	100	100	100	100
教师接受或延伸学生想法的情况（弗兰德斯分析 T3）	90.00	50.00	50.00	100
启发性（弗兰德斯分析 I/D）	100	100	100	100
课程结构设计的四维清晰度（若何 / 为何 / 如何 / 是何的总量）	64.57	91.09	97.14	98.68
教师接纳和鼓励学生的比率（弗兰德斯分析 T1 和 T2）	100	100	100	100
教师追问型 + 思考再答型的提问与评价情况（IRE）	100	100	100	100
教师提问与评价的总量下限（IRE）	50.00	73.11	98.20	99.75
教师激励学生互动的效率得分百分比	0	0	0	100
学生主体大数据分析算法	【第1次】试教	【第2次】试教	【第3次】试教	【第4次】课例展示
教师激励学生主动参与互动的情况	100	100	100	100
师生的互动比得分百分比	90.00	100	100	90.00
学生左右脑激发的平衡度	100	100	100	100
学生主动发言的次数（弗兰德斯分析 S2）	50.00	75.00	80.00	85.00
学生充分表达量	83.20	59.87	97.34	99.18
学生积极情感占比	100	100	100	100
学生表达的稳定状态比例（弗兰德斯分析 PSSR）	100	100	100	100
学生四种学习风格的激发情况	100	100	100	100
教师授课知、行风格的兼顾情况	73.75	59.42	73.95	78.59
师生的互动比	90.00	100	100	90.00

教师主导行占左侧合并单元格"教师主导"，学生主体行占左侧合并单元格"学生主体"。

同时，大数据也分析出该教师在合作交流、评价反馈、目标达成方面仍有提升的空间（图2-61所示）。该教师需要做好以下几个方面：一要进一步学习知行理论，关注有效学习的发生。根据知行理论，学习有四种发生方式，即"四何"（是何、为何、如何和若何）。课堂教学活动可按照图2-61左边的"学习发生的知行模型"依照"××—××—……"的顺序周而复始。知行理论在课堂上的有效实践能有效激发学生的思维，促进学生认识水平螺旋式上升发展。二要关注课堂生成，在教学环节中注意问题的引导性，根据学生的回答巧妙提问或追问。转换教学切入点，留给学生更多交流讨论的时间。扩大问题开发性，让学生在课堂上畅所欲言。三要在学生回答问题后及时给予评价反馈，关注每一个学生的学习动态，注意评价语言的艺术性。四是要创设情境，促进学生在课堂上进行有效的合作交流，激励学生主动探究，培养学生的合作素养、创新思维和创造能力。在最后的课例展示中，课例总分从第一次的81.42分提升到第四次的86.6分。经过 CSMS 大数据分析、专家指导、同伴引领，该教师经历了实践—复盘—反思—再实践的过程，最后课例展示数据显示该教师在评价反馈、合作交流等方面有了大幅度进步，专业素养得到了高质量发展。

3. 依托 5G 数据平台，构建协同式互动智能教研

我校有着共同数字化教研愿景的教师一起就如何使课堂提质增效做了更深入的探讨，同时开展集团校域间联动教研，以资源互补、教研互促助力区域教育高质量均衡发展。南沙学校为广东省中小学校校本研修示范校，其受授学校为平远县第三小学、平远县实验小学、广东第二师范学院附属南沙实验小学结对帮扶学校，还有新疆、贵州、梅州等地的多所小学。

如图 2-62 所示，我校基于 UMU 互动平台构建了"一议、二拍、三问、四思"的混合型教研模式。学校依托 UMU 互动平台开展线上线下混合型教研，通过"南沙小学课堂观察表"（如表 2-8 所示）与人工智能大数据平台双轨融合，专家高智高阶专业指导引领，学科逻辑、课堂结构双维视域协同研课，利用"创先泰克教育云"向外省市结对帮扶学校、集团兄弟学校

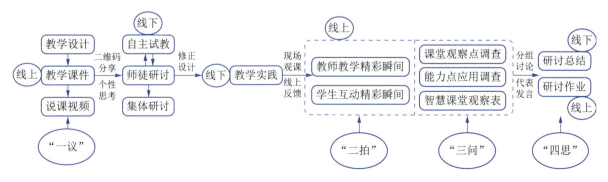

图 2-62 基于 UMU 平台应用的"一议、二拍、三问、四思"混合教研模式

表 2-8   南沙小学观察表

广州市南沙区南沙小学教育集团语文学科课堂观察表 (2023 年版)					
听课学校		听课时间		听课人	
执教教师		课题		课堂研究方向	
观察视角	观察点				
A 课堂教与学	A1. 情景创设，任务驱动。围绕单元学习主题情景，设计具有情境性、综合性和实践性的学习任务，开展识字与写字、阅读与鉴赏、表达与交流、梳理与探究等语文实践活动，激活学生学习的内驱力，发展学生的语言运用能力、思维能力、审美创造能力，帮助学生建立文化自信。				
	A2. 综合构建，思维启发。综合构建素养形成目标和大单元课程内容。设计联想、想象、分析、比较归纳等思维启发问题链，让学生在语文实践活动中领悟文化内涵和语言运用规律。				
	A3. 知识联结，学科融合。建立语文实践活动之间的内在逻辑关联、系列学习任务之间的相互关联，形成新旧知识的碰撞融合。打通课程内容与生活的关系，开展跨学科主题学习活动，加强学科之间的关联，培养学生的综合素养。				
	A4. 运用学习工具呈现学习过程。关注学生"如何学"的过程，使思维过程可视化、学习策略可操作化。整合运用现代信息技术与课程设计过程性评价和终结性评价工具，运用评价工具促进学生发展和改进教师教学；使用预学单、导学单、检验单、思维导图等学习工具支持学生学习；开发和利用多种课程资源增加学生学语文、用语文的实践机会。				
	A5. 迁移运用，价值引导。创设问题情景，引导学生运用已有知识、技能去解决问题。围绕立德树人根本任务培养学生的爱国主义、集体主义、社会主义思想道德，助其逐步形成正确的世界观、人生观、价值观。				
	A6. 课堂作业（练习）和课后作业（书面作业和非书面作业）内容精准设计。作业难度分层，作业布置有弹性，作业形式多元化。除基础性作业外，适当增加探究性、实践性、综合性作业。作业的设计、批改、讲评、辅导的形式多样，各环节相互支撑。				
	A7. 自主观察点。根据执教教师课前说课内容，听课教师自主确立的观察点是：_____ _____。				
B 实施效果	B1. 活动参与度。学生积极参与学习活动，专注度高，思维活跃。教学时间安排合理（听说读写的练习时间不少于 20 分钟）。				
	B2. 目标达成度。从学生的课堂反馈中可见教学目标达成度高。学生的语文核心素养（文化自信、语言运用、思维能力、审美创造）在课堂上有所发展。				
	B3. 学习习惯养成。学生在课堂上表现出认真聆听、积极发言、紧跟课堂节奏、合作意愿强等良好的学习行为习惯。				
课堂观察记录				思考与建议	

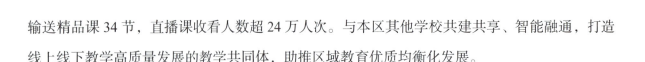

输送精品课 34 节，直播课收看人数超 24 万人次。与本区其他学校共建共享、智能融通，打造线上线下教学高质量发展的教学共同体，助推区域教育优质均衡化发展。

三、主要成效

1. 实施课堂教学评价数字化，助力教师高质量成长

CSMS 智慧课堂评测工具帮助教师进行自我观察，促进教师自我反思与提升，是实现教研数字化转型的助推器。传统的课堂评价方式以个体经验判断为主，对师生活动的关注面、深度、广度受限。CSMS 可以突破传统课堂观察方式，利用大数据分析九大核心维度 300 个观察点，全方位、多角度地分析教与学的全过程，从不同角度深度剖析教师课堂教学的优势与不足，条理清晰地诊断出课堂教学结构的合理性，直观、科学地剖析教师课堂行为的内、外因，同时为课堂教学提供了优化方向和强大可靠的数据循证，让专家能更专注地开展高智高阶专业指导工作，让教师能从专业角度分析、复盘、反思、改进课堂教学方式，助力教师高质量成长。

2. 立足学生素养本位，指向学生核心素养培育

坚持育人为本的教育理念，构建以学生为中心的课堂，指向核心素养培育，CSMS 运用人工智能、云计算等科学技术精准分析师生教与学的全过程，通过有关学生互动、合作交流、思维激发的大数据精准分析学生的学习情况，锚定关键数据指标，聚焦学生核心素养培育研究，有效激发学生的学习力、创造力和实践能力，数据赋能教师优化作业设计，精准实现学生个性化学习，实现以学定教、以学导教、以学促教。

3. 人工智能与学科逻辑双轨融合，推动课堂深度改革

在"双减"政策的大背景下，常态化开展课堂教学分析和研究是提升教学质量和教学水平的关键。学校邀请学科专家与骨干教师以《新课程标准（2022 版）》为学科核心素养研究依据，共同研制南沙小学课堂观察表，导航课堂"教、研、学"。通过 CSMS 的课堂评价工具、大数据为课堂改革提供坚实的数据基座，通过专家、教研团队、备课项目组等高阶高智的专业指导助推学校课程的深度优化与革新，实现课堂增质提效。

第六节　陕西西咸新区

智慧教育转型赋能教育均衡发展的模式探究

——以西咸新区"1+3+N"发展模式为例

李　萌[①]　马　磊[②]　张新刚[③]　张　龙[④]

【摘　要】西咸新区作为秦创原创新驱动平台总窗口，处于经济高速发展的"建设期"阶段，区域内大量新建学校与存续学校并存。新的办学模式与传统的教学理念相互交织，不可避免地形成了区域教育资源发展不均的情况。西咸新区本着"创新城市发展方式"的使命，以教育数字化转型为方向，将智慧教育作为深化教育改革的重要手段，结合区域发展实际，构建西咸新区智慧教育整体推进"1+3+N"发展模式，为促进基础教育均衡发展提供了新样态。

【关键词】教育数字化　智慧教育　教育均衡　案例研究

一、案例背景

西咸新区是首个以"创新城市发展方式"为主题的国家级新区，位于西安、咸阳两市建成区之间，设有5个新城，托管22个街镇，共有基础教育和职业教育学校371所（其中幼儿园208所、小学105所、初中42所）、在校（园）学生178 278人，教职工17 485人，专任教师12 488人。随着人才引进、招商引资、人口迁入，区域内教育均衡发展成为亟须解决的关键问题。

西咸新区围绕教育数字化转型战略，结合新区智慧城市建设整体规划，构建"1+3+N"发展模式，即"1个目标"——完成以智慧教育推进数字化转型，基于教学改革推进教育均衡发展；"3项工程"——教学提质增效工程、教师素养提升工程、学生全面发展工程；在N所"未来学校"形成全数据支撑、深应用突破的教育新环境新模式。在此基础上，西咸新区着力探索教育资源丰富、教学环境智能、教学模式创新、治理手段先进的教育新生态升级，促进新区教育高质量发展和率先高水平实现教育现代化。

---

① 陕西省西咸新区教育体育局党委书记、局长。
② 陕西省西咸新区教育体育局党委委员、副局长。
③ 陕西省西咸新区教育体育局财务规划部部长。
④ 陕西省西咸新区教育体育局教育信息化负责人、陕西省基础教育指导委员会专委会委员、陕西省教育装备专家。

二、思路和做法

1. 总体思路

西咸新区教育一直在创新中寻求突破，发展智慧教育是西咸新区教学质量升级的一次"弯道超车"尝试。围绕科技创新的区域发展总体定位，西咸新区以技术应用赋能教育建设，以理念革新真正推动教育变革。以学生的"学"为重心，摒弃对新技术的纯粹依赖，聚焦人的智慧化，从而实现学生"全人发展"的目标。

在智慧教育的建设路径上，从环境层面、教学模式层面和现代教育制度层面分步骤重点建设，从智慧学习环境建设到教学模式改革，最后开展现代教育制度的建设。以"智慧评测"为新区智慧教育发展特色，以数字化推动教育的高质量发展，建立"多维度、深层次"的教育教学质量评价提升体系，通过数据采集建立长周期的数字档案，并通过数据分析实现不同学段全过程纵向评价，德、智、体、美、劳全要素横向评价。西咸新区将智慧教育作为教育数字化转型的重要手段，以构建多元主体协同参与的教育信息化供给新模式、重塑教育评价和教育治理方式为目标，将传统的人为手段与新兴的数字技术相结合，协力推动区域基础教育高质量发展。（图 2-63 所示）

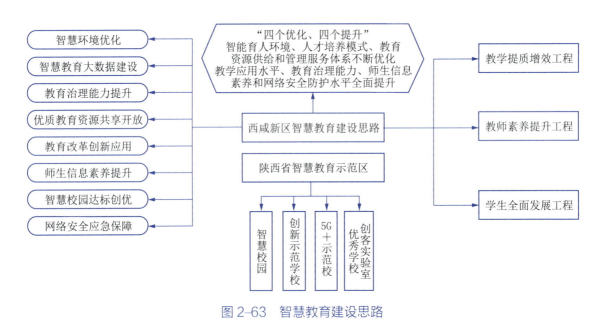

图 2-63 智慧教育建设思路

2. 具体做法

（1）加强顶层设计，夯实教育基础

① 建立健全体制机制。西咸新区以创建陕西省智慧教育示范区为契机，紧密围绕教育数字化转型要求，将智慧教育写入《西咸新区教育事业发展"十四五"规划》并进行单章部署安

排。成立西咸新区智慧教育建设工作领导小组并印发《西咸新区智慧教育整体推进三年行动计划（2020—2022 年）》，分别从智慧环境优化、智慧教育大数据平台建设、教育治理能力提升、优质教育资源共享开放、教育改革创新应用、师生信息素养提升、智慧校园达标创优、网络安全应急保障八个维度有力推进区域智慧教育快速发展。

② 扎实推进智慧教育环境提升。近年来，新区不断加大教育投入，共投资 3.4 亿元，完成了 81 个"薄改"项目。同时，坚持"建一所优一所""办一所优一所"的标准，按照《陕西省中小学智慧校园建设标准（试行）》新建西安市创新港中学、西咸新区铁一中金湾中学、高新一中西咸新区第一中学、高新一中西咸新区第一小学等 23 所数字化校园。目前，新区各学校均达到陕西省中小学数字校园评估标准，录播教室、智慧课堂满足日常跨区域教研、线上优质课、校域线上研讨课以及数据采集等基本需求。

（2）构建数字标准，打造专业队伍

① 协同联动区域一体化发展。将智慧教育建设纳入西咸新区智慧城市建设规划，制定《西咸新区智慧教育数据规范（试行）》，统一新区中小学智慧教育数据标准，在保证学校自主创建的基础上实现全区教育数据互联互通（如图 2-64 所示）。围绕教育事业统计、教育发展规划、教育督导等重点工作探索智能化决策应用创新，形成支撑教育管理、科学决策服务的新模式，提高新区教育数据汇聚能力、动态更新能力、可视分析能力和快速响应能力。

创新教育政务服务模式。优化教育管理和服务流程，形成全区政务服务"一网通办"、数据服务"一张表"、教育应用"一张网"，实现西咸新区教育政务信息系统全面整合和政务信息资源开放共享，提高网上办事比例，让"数据多跑路，群众少跑腿"成为常态。

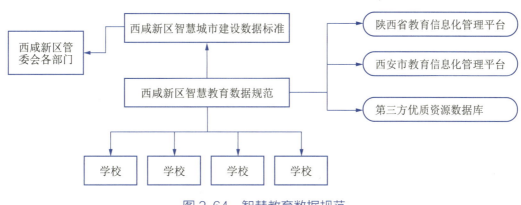

图 2-64　智慧教育数据规范

② 打造"首席信息官"（CIO）专业队伍。印发《西咸新区中小学首席信息官（CIO）制度实施方案（试行）》，在西咸新区中小学范围内实施 CIO 聘任制度，明确辖区内各学校信息化发展规划、建设决策和管理实施的专职责任人员，理顺学校信息化管理机构设置，为学校的现

代化建设和教育质量提升服务。新区教育体育局对各级 CIO 履职情况设定 95 项能力打分点，分别从基本保障、学校信息化发展、信息化教学应用、科学技术教学与课程实施、活动开展、创新项目等多个维度进行考核，确保工作落到实处。

③ 实施"西咸新区卓越教师孵化与信息素养提升工程"。举办西咸新区教育信息化应用能力大赛、西咸新区微课大赛、西咸新区创新课堂大赛等各类竞赛，累计培育教育信息化优秀教师 2 000 余人次。新区自 2020 年开始实施"卓越教师孵化与信息素养提升工程"，共培训各级各类教师 4.5 万人次。推动教师主动适应信息化、人工智能等新技术变革，实现"校长信息化领导力、教师信息化教学能力、培训团队信息化指导能力显著提升，全面促进信息技术与教育教学融合创新发展"的总体发展目标。同时，开展创新型卓越教师孵化专项。通过新区遴选筛选出具有发展潜力的骨干教师，以专家讲座、名师案例分享、名校现场观摩和交流研讨等形式，共培育 30 名创新型卓越教师，为区域教育信息化发展提供先行经验。

（3）推动协同发展，共建优质资源

① 加大智慧创新应用。按照"创新有亮点，成效可考核，经验可推广"的总体思路，紧密围绕实验区建设工作任务，推动学校向智慧教学、智慧管理、智慧教务、智慧生活、智慧环境等一个或多个领域深入探索。使学校教学和管理突破传统的概念，延伸其内涵，成为可以覆盖网络可达范围的"无围墙智慧校园"，最终实现教育资源公平化、教育手段个性化、教育过程智能化，突破校园教育的范畴。创造出可复制、可推广的信息技术与教育教学深度融合方式方法和应用成果 30 项，形成教育成果 120 件。共遴选出基础设施条件完备、师生信息素养突出、创新应用成果明显的创新示范学校 50 余所，这些示范学校现已成为推进区域教育信息化发展的标杆、创新应用的样本、引领示范的前沿阵地。

② 推进"互联网＋素质教育"建设。依托国家智慧教育公共服务平台，积极利用陕西省智慧教育大平台开展西咸新区"互联网＋素质教育"活动。按照"项目带动、兴趣导向、全员参与、全面发展"的原则，建立线下线上结合、校内校外协同、家长社会参与、统一认证表彰的活动机制，整体提升西咸新区中小学生综合素质，构建"互联网＋素质教育""五育"并举立德树人有效途径和工作模式。西咸新区沣西新城文教园第一小学依托信息技术，通过科技教育课程群的全覆盖做法发展学生综合素养。

③ 优质数字教育资源共建共享。依托国家、陕西省、西安市三级教育资源公共服务平台，推动"名师课堂""名校网络课堂"建设，形成具有区域特色的优质教育教学资源。以"名校＋"机制为依托，通过"区域结对、学校结群、教师合作"的方式分别与清华大学附属中学、西安交通大学附属中学、上海世外教育集团、西安高新一中等国内外优秀学校开展资源共建，形成优质课程资源 200 余节，推动数字资源主体多元化发展。

（4）重视安全保证，提升应急能力

新区建立完善的网络安全组织体系，各校结合实际采取"一校一策"，制定网络安全技术措施、管理策略、网络安全教育方案以及应急预案等，综合治理，确保基础教育的网络安全工作落实到位。为切实提升新区网络安全应急处置能力，制定《西咸新区教育系统网络安全应急预案》并成功嵌入管委会网络安全体系，真正做到快速响应、防患未然。在网络安全宣传方面，西咸新区多次承办省市级网络安全周系列活动，为全省各区县提供网络安全"西咸样本"。

三、主要成效

三年来，西咸新区通过超常规的投入、超常规的改革、超常规的保障推动办学条件实现从"老旧破"到"高大上"的迭代升级，教育质量实现从"低水平"到"高质量"的历史跨越，教育样态实现从"旧风貌"到"新气象"的根本转变。

1. 智慧教育打造区域发展新引擎

按照"深化应用、融合创新、重点培育、整体推进"的总体思路，以改革创新为驱动推进西咸新区智慧校园建设。开展智慧校园创新示范，共完成培育省级智慧校园 4 所、西安市级智慧校园 19 所、新区级智慧校园种子学校 50 所，推动教育理念和模式、教学方法和管理手段的改革与创新，以典型示范带动全区智慧教育发展水平整体提升。同时，依据学校实际情况，分别启动创新应用示范学校、创客实验优秀学校孵化，鼓励学校根据区域发展定位创设校本课程。

探索开展云课堂、移动学习、电子书包、慕课等教学模式，充分利用信息技术推动学习方式和教学模式变革。全区 50% 的小学、75% 的普通中学至少建有 1 个适用的创客教育实践室，共培养创新示范校 20 所、创客教室优秀学校 50 所，形成创新发展格局。

2. 师资均衡成为教育发展助推器

强国必先强师，当前新区高质量师资队伍逐渐形成规模，共有 30 名创新型卓越教师以及 1 000 名"三级三类"（省、市、区级教学名师、学科带头人、教学能手）教师成立名师工作室，通过"互联网 +"教育模式培养一批信息化教学骨干力量，使教师能够借助人工智能、虚拟现实等技术更好地理解学生需求，更有效地评估学生的学习进度和个性化需求，从而更好地指导学生学习。通过线上优质课、线下跨校交流、教师轮岗等多种形式打破区域优质师资不均衡的壁垒，实现城乡接合部和县域学校优质师资共享，各校教学质量得到质的改变。

3. 优质数字资源助力数字化转型新生态

借助教育教学信息化交流展示活动、精品课录制、线上优质课等系列活动，完成全学科数字资源线上共建共享，满足不同学科、不同层次、不同兴趣的学生需求。解决了城乡接合部学校优质教育资源不足问题，极大地调动了师生创新教学的积极性，师生信息化素养得到全面提升。西咸新区 3 年时间内共积淀优质教育资源系列课程 500 余节，打造 STEAM 系列课程 100 余套，形成具备西咸特色的劳工课程、科技课程等校本课程 2 000 余节。

4. 重构教学模式，打造教育新关系

教育的中心是学生，丰富的优质数字资源、个性化的学习诊断以及分析推送让学生能突破时间和空间的限制，及时针对自己的学习情况查漏补缺。在此基础上，"互联网 +"背景下的素质教育帮助学生在大量的优质数字课程中充分挖掘兴趣点，学生可以根据自己的兴趣和能力进行自主选择课程，从而更好地发挥学生的自主性，培养学生的自主学习能力。各学校充分利用在线协作工具和平台，强化学生、教师和家长三位一体的关系，促进学习共同体的构建，极大地提高学生的学习效果。

5. 大数据指导下的教育决策和教学诊断提供学情分析新依据

依托"西咸新区初、高中毕业年级教育教学评测提升项目"，通过在西咸新区初、高中毕业年级开展大数据指导下的学生学情精准诊断、科学预测和个性指导，帮助新区精准分析新区内各学校学情，指导新区教育部门对学校实行差异化管理，并帮助教师因材施教，助力精准教学和评估，从而更加公平公正地对学校及教师进行考评。

下一步，西咸新区将进一步发挥陕西高教大省优势，组建集大、中、小学专家为一体的智慧教育智库，为新区智慧教育创新新路径注入新力量。同时，继续以高质量发展为主线，突出创新发展方式的特点，瞄准区域教育均衡发展，持续在智慧教育上发力，努力建成高水平、均衡化的教育强区。

数字化转型背景下的教与学形态创新
——西咸新区沣西第一小学教育集团"码行天下"实践研究
龚健辉[①] 杜俊英[②]

【摘 要】在数字化转型背景下，学校需要与区域共同发力，探索学创合一、自主个性的智慧教育生态，解决教学形式单一、学生知识输出不足等问题。学校进行"码行天下"的"四个一"顶层设计，实施"码行天下"数智化教学"132"模式的教学形态创新。积极对接未来教育的基本样态——资源无边界、学习全时空、课程自主选择、全过程体验，实现"全息全人

---

① 陕西省西咸新区沣西第一小学教育集团总校长，全国"百优名师"，全国骨干校长培训班成员，陕西省首批学科带头人，陕西省校本研修先进个人，陕西省基础教育资源应用名师，陕西省第十四届人民代表大会代表。

② 陕西省西咸新区沣西第一小学副校长，陕西省教学能手，西安市"百姓学习之星"，西咸新区兼职教研员，西咸新区教育网络安全和信息化先进个人。

全成长"的学生发展目标，同时广泛辐射一批成果，助力学校与区域教育高质量发展。

【关键词】"132 模式"

一、案例背景

纵观人类社会的发展，从农业社会到工业社会，再到信息社会，每一次技术变革都推进了教育形态的发展变化。在向数字社会迈进的过程中，各领域均面临数字化转型挑战，智慧教育将成为数字时代的教育新形态，教育发展也将由"规模扩展"转向"以人为本、自主创新"。这一转型需要学校主动适应并与区域共同发力，进行"内容精准、自主个性、群智协同、学创合一"的智慧教育生态新建构，用人的智慧培养智慧的人。

西咸新区是陕西省智慧教育示范区，按照"教育信息化助推教育现代化"的工作思路，以信息化建设推动更新教育理念、变革教育方式，加快教育高质量发展，努力办好人民满意的教育。西咸新区沣西第一小学教育集团作为区域首批教育集团之一，总校沣西一小为陕西省智慧校园、陕西省教育扶智平台应用试点校，师资力量雄厚，各级各类骨干教师达 40%，具有丰富的教科研能力、研发实力和实践经验。学校基于国家及西咸新区智慧教育建设背景，积极进行教育数字化转型的实践探索，通过"码行天下"小切口进行智慧教育大建设，希望借助信息技术手段实现"弯道超车"。学校通过平台构建、空间打造、资源研发、教学实践等系列措施尝试将信息技术与学科教学深度融合，较好地解决了教与学形式单一，学生知识输出不足、学习时空受限、个性化学习支持不够、课内课外联结不够等问题，用技术的智慧与人的智慧创新教与学的形态，培养智慧的人。

二、思路和做法

1. 总体思路

结合实际，自主架构。学校结合实际自主进行"码行天下"的顶层设计，确定基本构架及实施途径，从单学科到多学科、由点及面地进行学科资源建设及教学应用的实践探索。

校企合作，共同研发。以校本研究为主，企业技术支持为辅，研发"码行天下"云平台，支持体系化、校本化数字资源的建设、管理与应用。

应用为王，指向教学。学校通过平台升级、空间打造、资源研发、实践研究等方式助力教学。用技术的智慧加人的智慧创新教与学的形态，帮助学生更好地进行输出型学习、全时空学习、个性化学习、全链条学习，发展智慧和能力。

辐射引领，助力均衡。学校通过教育集团、陕西省教育扶智平台、各级各类论坛等平台与其他学校分享实践经验，共享教学资源，加大辐射面，进一步推进学校与区域教育高质量发展，助力教育优质均衡。

2. 具体做法

（1）进行"码行天下"的顶层设计

"码行天下"是学校在国家级区域智慧教育建设的背景下利用现代信息技术，以二维码为载体所进行的一项创新教育教学改革。其基本构架为一个"码平台"、一个"码空间"、一批"码资源"，指向一系列"码应用"。

一个二维码平台：学校与陕西省微软创新中心合作研发"码行天下"云平台，通过电脑网页端和微信小程序端进行数字资源的日常管理与应用。

一个二维码空间：学校建成无边界数字化学习中心"小"空间，构建码校园"大"空间，营造"码环境"，聚合"码资源"，并配备平板电脑，为扫码学生学习提供支持。

一批二维码资源：学校打造绿色"润美课程"体系，自主研发、梳理各学科数字化学习资源，使之具备校本化、体系化等特征。

一系列二维码应用：学校实施了"智党建""智导览""云德育""云家校"等一系列应用，借力信息技术推进智慧教育，其中最核心的应用是"云教学"。

（2）实施"码行天下"的教学创新

沣西第一小学教育集团在大量实践研究的基础上进行教与学形态创新，指向智慧教育，其基本途径为构建数智化教学"132"模式，即形成一个资源库、三种新样态、两道全链条。

形成一个资源库：资源库指向数字资源的建设与应用。其基本特点如下：一是资源来源校本化。传统教学形态下学校师生的学习内容主要靠引进外部资源。而"码行天下"资源或来源于教师，或来源于学生、家长和部分社会人士，校本化程度达75%，更适应校情、学情。学生参与资源的生成打破了被动接受、单纯输入的传统学习模式边界，在知识输出的同时梳理学习的内容，思维水平向更高阶发展。二是资源建设体系化。学校打造绿色"润美课程"体系，通过系统开发、综合运用、迭代更新，逐步形成覆盖全学科、体现全学段的体系化数字资源库。"码行天下"可实现学习资源的海量选择，满足学生的个性化学习需求。

形成三种新样态：新样态指向教与学的载体所呈现出的多元化形式。样态之一是"码课本"，指贴有二维码的国家版教材通过扫描二维码能使课本"活"起来，比如，数学书会"讲题"，英语书会"发音"，音乐书会"唱歌"……样态之二是一系列"二维码书"，它们是主题性系列码资源集合而成的手册，如"码书"《红色之声》《24节气》等。相较"码课本"而言，"码书"更富有主题、更成体系、更聚合，承载了比普通书籍更丰富的形式与内涵。样态之三是"码文创"，指贴有二维码的学生文创作品，如"码魔方""码绘本""码书签""码画作""码制作"等。以《红领巾带你游沣西》画卷为例，我们除了能看到学生手绘的沣西新城地标性建筑，还能扫码跟随学生录制的视频听讲解。"码文创"能自己"讲故事"，让学生的信息素养，尤其是数字化学习与创新素养得到提升。"码行天下"能让知识立起来、厚起来、活起来，让学习样态丰富多元起来。

形成两道全链条：全链条指向学生数字化学习的全过程。一是"课堂学习"短链条，是一条打通课前、课中与课后的学习链，用于构建"PBP 码课堂"模式。课前，学生利用"码资源"开展前置性学习（Prepositional learning）。教师通过二维码发布学习资源。以语文学科为例，学生扫码听范文朗读，理解范文背景，知晓范文大意，进行自主学习、记录导学案及问题，带着自学成果或问题走进课堂。课中，学习利用"码资源"进行重难点突破（Breakthroughs in major and difficult areas）。教师在讲解的基础之上引入二维码资源。学生结合"码资源"自主学习、分组学习、合作探究、交流分享，进行重难点突破。课后，学生利用"码资源"巩固并拓展所学知识，指向个性化学习（Personalized learning）。学生借助教师发放的分层资源或"码平台"进行学习资源回看、复习巩固，或通过个性化选择进行拓展学习。二是"学生成长"长链条，是一条打通课堂教学、作业设计、课后服务与实践评价的学习链。学校的日常作业、寒暑假作业等都设计了二维码元素，让作业变成另一种形式的拓展学习。在课后服务时间，学生按课表到无边界数字化学习中心进行扫码学习。除了教师组织的扫码学习，学生还可以根据兴趣爱好或学习程度进行资源选择，开展个性化学习。第一课堂连接第二课堂、第三课堂及"红领巾争章"体系，利用"码平台"让学生体验全过程，记录自己的成长，对学习实践进行评价。"码行天下"让学生的学习时间从课堂延伸到课前与课后，学习空间从学校拓展到家庭、社会，学习内容从课本拓展到广阔的学习场域，有效连接了学习的全过程。

三、主要成效

"码行天下"创新了教与学的形态，其数智化教学"132"模式的构建创新了教与学的方式，构建了数字化、个性化的智慧学习形态，创造了人人皆学、处处能学、时时可学的学习条件，指向未来教育的基本样态。"码行天下"与其数智化教学"132"模式的主要特点如下。

1. 资源无边界

打破了纸媒与数字、输入与输出的边界，发展了学生思维，促进群智协同、学创合一，解决了学生知识输出不足的问题。传统的学习载体主要是纸质课本，而"码行天下"的学习载体主要是多元的数字化资源。"码行天下"云平台构建了体系化的校本资源库，并以"码书""码课本"等载体形式出现，如会"讲题"的数学书、会"发音"的英语书、会"唱歌"的音乐书等，打破了传统教材纸媒资源的边界，实现了纸数互动，让学习从纸质化走向数字化，让学生进入更广阔的数字世界。传统的教学方式是教师提供资源、学生接受资源，学生只经历知识输入的过程。而"码行天下"让学生也参与资源生成，如"小老师"讲题、学生英语剧场、"红领巾带你游沣西"等学习活动让学生经历知识的内化与输出过程。学生提供的优质数字资源也可以被他人使用。"教师"多元化、资源开放化打破了学生被动接受、单纯输入的传统学习模式边界，学生在知识输出的过程中梳理所学的内容，思维水平向更高阶发展。

2. 全时空学习

"码行天下"让学生的学习时间从课堂延伸到课前和课后，学习空间从学校延伸到家庭和社会，实现了时时可学、处处能学，解决了学生学习时空受限的问题。传统的学习只发生在课堂，"码行天下"构建的数字资源库打破了学生学习时空的界限。一方面，"码行天下"让学生的学习时间从课堂延伸到课前和课后。课前，学生扫码进行前置性学习；课中，学生扫码对重难点进行突破；课后，学生扫码进行知识温习或拓展性学习。另一方面，"码行天下"让学生的学习空间从学校拓展到家庭。"码平台"上丰富的课程资源为学生提供了家庭学习的开放式支架，学生可以在任何时候进行自主学习。传统的学习只发生在教室，"码行天下"借助信息技术无限延展学习空间，让教与学不止于教室、不止于校园，突破了传统教室的物理空间。"码行天下"通过无边界数字化学习中心"小"空间聚合码资源，使学生能在这个信息技术环境中借助平板电脑进行学习；码校园"大"空间使校园里的"学习码"无处不在，如安全知识二维码、植物百科二维码、自然农场养殖技巧二维码等，构建了一个沉浸式数字校园环境，学生可以在校园里随处学习。"码平台""码书""码课本"等支持学生在任何空间里开展自主学习，让知识扫码即得。

3. 课程可自主选择

"码平台"提供丰富的数字资源，学生根据自己的兴趣爱好或学习程度自主选择学习内容，指向个性，满足差异，解决了学生个性化学习支持不够的问题。"码行天下"丰富多元的资源满足了不同学生个性化的学习需求，学生可以根据自己的兴趣爱好进行资源选择，如人文、体育、科学等学科。在云端资源库，每个孩子都能找到自己喜欢的课程，持续发展特长。"码行天下"还提供了不同难易程度的分层资源，学生可以根据自己的学习程度进行资源选择。学有余力的学生可选择拓展型资源，能力尚待发展的学生可选择基础型资源。每个孩子都可以在自己的能力基础上得到提升。

4. 体验过程完整

"码行天下"促使学生全过程参与学习，打通"三个课堂"，形成学习成长全链条，解决了课内课外联结不够的问题。在"码行天下"平台上，学生既是课程资源的开发者、制作者，也是学习者。学生通过微课堂、情景剧、演示实验等形式体验知识的内化与输出，通过剪辑音频、视频体验对资源的再创作，通过扫码学习体验资源的应用经历"学习—输出—制作—应用"的全过程。"码行天下"既有基于第一课堂的知识学习，又有基于第二课堂的拓展延伸，还有基于第三课堂的实践探究，内容涉及德、智、体、美、劳各方面，让学生经历成长的全过程，实现"全息全人全成长，智慧、能力全提升"的发展目标。

"码行天下"助力教育教学质量提升，促进学校高质量发展。除了创新教与学的形态，学校各项工作也均取得了一定成效。"码行天下"云平台用户 8 000 余人，生成数字化学习资源 3 000 余个，形成各学科系列"码书" 100 余册，结题或立项在研国家级、省市级课题 40 项，形成论文 20 余篇。"码行天下"助力"双减"，推进"均衡"，用技术手段改变教与学的方式，融合线上线下，打通课内课外，让负担减下来，让学生"长"起来。同时，3 000 余项数字化资源、100 余次专递课堂、线上课堂等向外辐射、共享，覆盖教育集团成员学校，陕西省教育扶智平台结对帮扶学校，西安、咸阳、渭南等地的省内兄弟校，广东、山东、河南、云南、甘肃、新疆等地的省外交流校等，受益学校近千余所、学生 10 万余人，助力教育均衡发展。近年来，学校荣获"陕西省智慧校园"等荣誉 100 余项，获奖师生 2 000 余人次，多项成果得到媒体的广泛关注，教育部信息化专家两次进校调研并给予高度评价，受邀在第六届中国创新教育年会、中国教育网络电视台"校长说"栏目、首都师范大学教育部试验区专项培训等国家、省、市、区 100 余场次的论坛上做主题分享。

第七节　青岛西海岸新区

以创新应用统筹推进区域智慧教育新生态的模式研究

任　萌① 孙玉龙②

【摘　要】教育是城市软实力的重要内容，是城市发展的重要动力。青岛西海岸新区地域辽阔、人口众多，东西部教育差距大，优质资源分配不均衡。为加速区域城乡一体化融合，促进区域教育优质均衡发展，全面提升区域教育质量，培养创新人才，新区构建了智慧教育"五化"新生态，利用教育数字化助推教育高质量发展，提升城市形象与城市吸引力。

【关键词】智慧教育　区域统筹　优质均衡　教育新生态

一、案例背景

教育数字化是推动教育现代化发展的有效途径，是促进教育公平、提高教育质量的有力手段。青岛西海岸新区（以下称"新区"）作为第九个国家级新区（2014 年 6 月获批）由原青岛

---

① 青岛西海岸新区教育和体育科学研究院智慧教育指导中心负责人，高级教师。
② 青岛西海岸新区教育和体育科学研究院教师。

经济技术开发区和原胶南市合并而成，陆域面积 2 100 多平方公里，海域面积约 5 000 平方公里，人口 213 万。新区现有中小学、幼儿园 719 所，驻区高校 21 所，在校师生 53 万人。新区地域辽阔、人口众多，导致新区教育存在较大的城乡差异和校际差距，以及教育资源分配不均衡等问题。许多偏远地区学校缺乏课程资源、题库资源、优秀师资、硬件资源等优质的教学资源，全区教师信息素养良莠不齐，导致大量农村学生、海岛学生享受不到优质的教育。此外，基础服务平台支撑力不够、大量数据无法精准分析给新区教育数字化发展带来很多难题。学校考核评价、教师教学研究、学生学情分析等各方面数据的采集、分析与评价存在不及时、不精确、不全面的问题，导致区域教育治理能力不足，信息技术与教学融合深度不够，教师教学创新力不足，学生个性化学习实现困难，"因材施教"和"减负增效"的目标较难达成。为全面推进区域教育优质均衡发展，提升区域教育质量，探索教育教学减负增效的新路径，新区肩负着国家赋予的特殊战略使命，积极探索智慧教育发展新思路，推动构建区域发展新格局。

二、思路和做法

十八大以来，新区认真落实国家教育方针政策和战略部署，针对上述教育发展不均衡的问题，结合本地区实际情况，从管理机制、推进机制、教研机制、评价机制四个方面进行改革创新，形成政府主导、教育主体、企业参与的智慧教育融合工作机制（如图 2-65 所示）。

一是管理机制创新。以创建智慧教育示范区为契机，将智慧教育建设纳入区级重点改革项目，成立智慧教育指导中心，建设"因材施教人工智能＋"教育创新应用项目，管委分管领导定期调度智慧教育建设工作，智慧教育建设经费每年分级纳入年度财政预算。

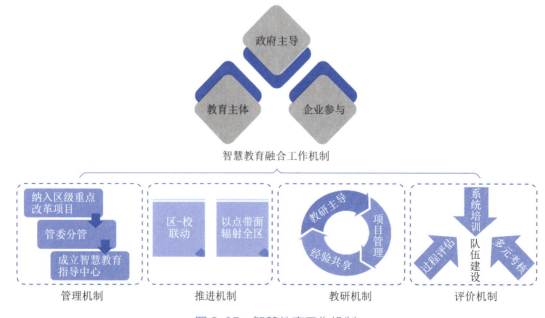

图 2-65 智慧教育工作机制

二是推进机制创新。建立区—校两级联动推进机制，区域统筹环境建设与整体规划，遴选20所基地学校开展应用模式先行探索，以点带面辐射带动全区学校。

三是教研机制创新。通过教研主导、项目管理充分调动教研员、学校和骨干名师积极性，系统推进资源开发、名师公益课堂录制、新型教与学模式研究等各项工作。同时，依托新区成熟的集团化办学体系构建多校智慧教育联合教研模式，常态化开展智慧教育联合体论坛等活动，建立高效的经验交流、成果共享平台。

四是评价机制创新。高度重视教师队伍建设，培育骨干教师团队，有计划、持续性地组织系统培训和研修工作。定期开展智慧教育应用过程评估，采用多种方式建立智慧教育教师评价考核机制。举办智慧教育评选活动，发布智慧教育专项课题，激发教师应用研究热情。

基于上述思路，新区大力实施智慧教育环境升级、优质教育资源建设、智慧教学模式创新、教师信息素养提升和教育治理能力提升五大行动，构建"五化"智慧教育新生态（如图2-66所示），全方位推进智慧教育应用。

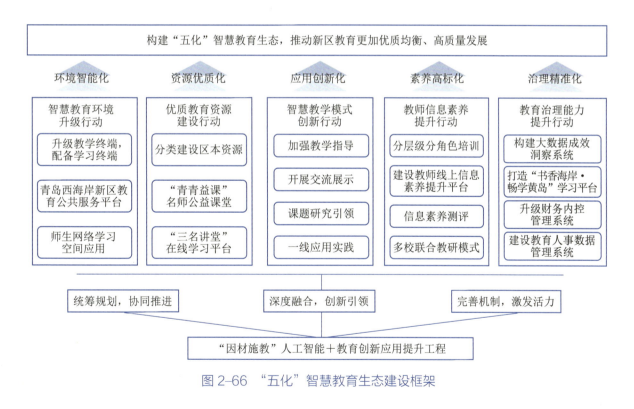

图 2-66 "五化"智慧教育生态建设框架

1. 统筹建设，推进教育环境智能化

（1）基础设施升级

新区坚持"科学规划、整体设计、分步实施、注重实效"原则，以满足教育教学需要为出发点和落脚点，提升校园信息化建设水平。加快推进智慧校园建设，全面升级"校校通""班班通"设备，实现网络万兆到学校、千兆到终端，无线网络全覆盖，为新区教育信息化发展

铺好"双网"高速公路。全面升级办公教学设备，为 13 943 名教师配备智能教学终端，为 95 275 名六年级、初中、高中学生配备智能学习终端，确保智能学习应用覆盖全体适龄学生。建成 155 所智慧学校、4 888 间智慧教室，实现智慧校园全域覆盖。

（2）智能平台建设

以满足局、校两级业务需求为出发点，打造综合性"互联网＋教育"大平台，上与国家、省、市平台互通，下与智慧教学、智慧学习、智慧评价、智慧研训等 39 个应用互联，打造"网络学习空间人人通"，实现教育系统、学校内部、班级内外管理的数字化与信息化。建设"因材施教"教学应用生态，在全体高中学校部署新高考典型场景示范应用，为初、高中学校配备英语"听说教考"系统、数理化学科个性化学习系统，科学打造智慧教育新场景，全面提升教育教学应用支撑能力。

2. 强化服务，促进教育资源优质化

（1）普及优质数字资源

2019 年以来，新区根据不同时期的需求和情况开展资源库分类建设，逐步建成了满足教师教学需求的区本资源库和满足精准评测需求的区本题库。其中，区本资源库由学科教研员牵头，建设课程社区，联动骨干教师共同进行资源建设，现已建成 2.9 万项同步课程资源，上传了 1 277 项线上点播资源，全区教师都可以调用；建有区本题库 10 783 套，试题量 185 108 道，上传电子化初、高中精品教辅 77 套。数字教学资源既可以从多终端采集、生成，也能够直接在终端访问、应用，以便灵活嵌入教师备授课，充分满足教师精准教学和学生个性化学习需求，有效支撑学校和教师开展信息化教学应用。2022 年开始，新区全面深入研究使用国家智慧教育平台资源，并加入胶东五市研究共同体，不断提升资源生成水平。

（2）扩大名师辐射效应

开设"青青益课"名师公益课堂并纳入 2022 年"区办实事"项目，扎实推进"三个课堂"（"专递课堂""名师课堂"和"名校网络课堂"），统筹区内外名师资源，向学生提供高质量专题教育资源和覆盖各年级各学科的学习资源。现开设全区公开课 400 余节，吸引中小学生上百万人次在线学习。落实"双减"政策要求，满足学生课后学习与家校共育需求，建设"三名讲堂"在线学习平台，上架小学、初中、高中三个学段全学科精品课程包 2 438 个，免费向学生提供课外专题教育资源 158 项。疫情期间特别加推家庭教育、心理健康辅导课程，学生累计在线学习 220 万余次。

3. 减负提质，助推教学应用创新化

（1）加强教学指导，提升教学应用创新能力

新区在推进智慧教育建设过程中高度重视教师在教学实践中应用信息技术。一是开展入校

培训与指导，深入学科组与办公室，和教师精雕细磨，完善教学设计和目标、策略。二是落实听评课指导，入校听课，结合课堂信息技术与教学融合情况，指导教师进一步完善教学设计。三是组织集体备课，发挥学科优秀教师带头示范作用，开展基于新技术教学模式的集体备课，广泛征求意见。四是打造精品课例，带动区域教师运用信息技术。

（2）开展交流展示，促进特色教学模式分享

新区举办"新型教与学模式"评选活动，征集评选模式案例 581 份，开展"新型教与学模式"现场观摩，获奖课例展示、研讨等 23 场活动，建立高效的成果共享机制。2022 年 11 月 30 日，新区应邀在教育部"基于教学改革，融合信息技术的新型教与学模式"实验区"信坛"第 7 次主题分享会上做经验介绍，面向全国 90 个实验区深度解读整域推进"智慧 +X"多样化新型教与学模式探索实践路径。

（3）课题研究引领，提升教师教科研能力

新区组织智慧教育专项课题研究，探索不同学科、不同学段技术与教学融合策略，鼓励教师深入研究混合式教学、移动终端教学、小组合作学习、项目式学习、跨学科学习等现代教学模式和理念。各校申报专项课题 30 多个，打造基于智慧课堂教学模式的优质课上百节。2021年出版《青岛西海岸新区智慧教育应用优秀案例集》，并依托智慧教育环境探索"123X"作业管理模式，在全省"双减"工作推进会上做典型经验介绍。

（4）一线应用实践，打造校级特色模式

新区以信息技术与学科融合、创新应用为导向，激发学校研究力，形成校级智慧教育应用特色。例如，文汇中学"问题研学，生态智慧"课堂教学模式实现课堂智慧化、生态化，让分层教学、精准施教成为现实；海王路小学构建"三段七步"自主畅学教学新模式，以学生为主体，让学习真正发生，提升学生的学习水平和综合素养；兰亭小学教育集团"1+3 同步课堂"、五台山西路小学"五步智学"与"3163 大数据分析模型"等"智慧 +X"特色模式提升教学效果，促进学生全面发展。

4. 建设队伍，保障教师信息素养高标化

（1）构建教师信息素养提升新路径

新区针对学科教师、骨干教师、教研员、校级管理者不同角色制定差异化的信息素养提升目标，开展分层级、分角色的教师研训和培训讲座，培养智慧教育百名教育管理者、千名骨干教师、万名学科教师。例如，面向全体教师提供"师德师风建设""教育理念更新""技术技能掌握""产品操作应用""学科案例分析""智慧教育探索"六大模块课程，提升教师的师德修养、理论水平、信息素养及信息技术应用能力；面向校级管理者提供"学校系统规划""教师发展引领""资源建设管理""课程教学创新""效益评估反思"五大模块课程，提升学校管理者

的信息化领导力。同时，建立教师信息素养提升线上平台，设置人工智能通识、教学模式应用等 134 门课程供教师在线自主选学，打造线上教师研修共同体，开展主题研修活动。

此外，为有效检验教师研训实效，新区自 2020 年起连续 4 年开展干部、教师信息素养测评，累计 16 850 人次参加，合格率达 96% 以上，构建起了基于课程和教学，集培训、学习、教研、测评于一体的教师信息素养提升新路径。

（2）建立多校联合教研模式

建立多校智慧教育联合教研模式，同时将智慧教育应用纳入学科教研计划，实现素养提升与教学实践双向促动。一是发挥 20 所基地学校的示范引领作用，开展智慧课堂观摩展示活动。二是依托联合体、集团校，以每两周一次的频率组织智慧教育论坛，交流各校智慧教育应用的典型做法，带动薄弱学校提升信息化质量。通过多校联合教研展示一线教师信息化教学实践成果，帮助教师提升信息技术应用能力与信息素养。

5. 数据赋能，探索教育治理精准化

（1）科学开展教学诊断

建成区、校两级大数据洞察系统，对教育教学、资源调用、检测练习等产生的数据进行快速提取、统一加工、实时分析。通过大数据平台实现大数据驱动的管理服务、教学服务，提高教育科学管理决策能力。区域层面通过大数据分析建立对学校的考核制度，每月一次对教师的班均备授课、师生互动、录制和上传微课等数据进行诊断、分析，全面了解新区智慧教育区域推进情况。学校层面可以通过记录和分析教学、考试、作业等数据向教师和学生推送个性化教情、学情报告，帮助教师调整教学目标，优化教学设计和教学方法，促进学生开展针对性、自主性学习，补齐学科知识短板。

（2）有效增强治理效能

打造"书香海岸，畅学黄岛"学习平台，集图书、期刊、绘本、讲座、音频于一体，满足每天 100 万人次线上、线下学习需求，不断丰富终身学习资源。新区入选联合国教科文组织"城市社区学习中心能力建设"试点项目。优化升级财务内控管理系统，完善预算执行、固定资产报废流程监控，对业务数据进行统计、分析，形成数据趋势，为决策调整提供有力支撑。建设教育人事数据管理系统，通过对年龄结构、专业、岗位、职称、学历等项目进行可视化分析，全方位了解新区教师队伍现状，为教师队伍建设提供数据支持。

三、主要成效

目前，新区通过构建"教育环境智能化、教育资源优质化、教学应用创新化、信息素养高标化、教育治理精准化"为主要特征的"五化"智慧教育新生态，有效提升区域教师信息素

养，强化高质量教师队伍建设，促进区域教育优质均衡发展，创设新型教与学模式，帮助教学减负增效，从而促进教育质量不断提升。

1. 提升基础设施，持续改善教育教学环境

东西双擎并行、5G 教育的应用提高了网络服务教育发展的能力，促进新区逐步完成由公共服务平台向数字基座的转型，全面推进数字化改革进程。通过改善基础设施环境全面提升了教育教学应用支撑能力，为新型教学模式探索和大规模因材施教奠定基础，同时为全场景过程性教育数据采集分析和区域教育数字化提供支撑。

2. 变革教学模式，教考结合实现灵活减负

深入实践智慧教育，结合全方位数字化记录和分析对学生学习情况进行智能评估、诊断、个性化推送学习资料，促进学校教育教学质量和服务水平进一步提升。根据认知智能国家重点实验室课题组面向新区 2 656 位教师的跟踪调研，使用系统报告功能诊断学生学情，利用智能推荐功能开展精准指导，节约教师 66.2% 的备课时间（如图 2–67 所示）。通过学生知识能力"画像"生成"一生一策"个性化学习手册，提高作业练习的针对性，真正落实因材施教，帮助学生减少 31.2% 的低效重复练习。

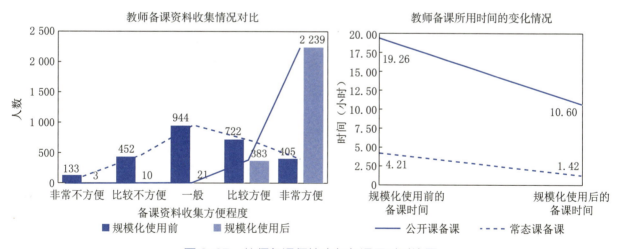

图 2–67 教师备课便捷度与备课用时对比图

3. 资源共建共享，助力区域教育优质均衡

建成满足个性化教与学的各类教育教学资源库，为全区中小学提供优质教学资源 70 万条，并提供新高考、新中考精品试题资源，有效支持新区 155 所学校，特别是薄弱学校的日常教学，促进优质教学资源直达课堂、惠及师生。深化"三个课堂"应用，发挥集团办学优势，构建教育帮扶资源、教研长效保障机制，实现城乡、校际、师生之间资源共享，促进农村教学服务质量提升，助力区域优质教育均衡发展。兰亭小学和灵山岛小学开展书法专递课堂活动、香

江路第一小学和中德生态园小学开展美术同步课堂等，让农村学生、海岛学生共享优质教学资源。

4. 提升教师信息素养，保障智慧教育应用成效

开展分类分角色的常态化教师培训，联动各类专家创新教学模式及策略，打造信息化教学创新团队，开展教育信息化相关课题研究，有效融合教研与科研，促进区域培养智能时代创新型人才。目前新区智慧课堂系统已投入大规模、常态化使用，教师的信息素养水平显著提升。从新区大数据洞察系统中可以看到使用智慧教育手段开展日常备授课的教师占 90% 左右，学生也大量参与到课前预习、课中互动讨论、课后巩固练习中（如图 2-68 所示）。

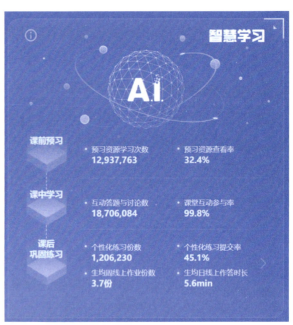

图 2-68 师生使用智慧课堂数据（截至 2023 年 11 月）

截至目前，新区教师共获信息化类课例评选国家级奖项 80 项、省级奖项 133 项，获奖数量及质量连续两年在全市排名第一，教师信息素养和应用能力不断提升。

5. 健全"五育"服务体系，促进学生能力全面发展

新区通过开展人工智能教育攻坚行动，打造出人工智能教育服务体系，构建起新区人工智能教育课程体系，激发了中小学生参与人工智能、编程的热情，2023 年共计有 86 所学校、1 595 名学生参与编程比赛并取得好成绩，其中不乏一些农村学校的学生。在 2023 年 ICode 国际青少年编程竞赛全球总决赛中，新区 45 名参赛选手获得 34 枚金牌、11 枚银牌，并在四个赛项的三个项目中均以满分的成绩获得了全球第一名，创造了赛事纪录。

新区着力完善学校课后服务体系，根据学生的不同情况帮助学生健康成长。各学校开设

了如"课程超市""多彩社团"等多种形式的课后服务，内容丰富多彩，涵盖作业辅导、体育、艺术、劳动实践等多个方面，全面满足不同兴趣爱好的学生。

6. 深化数据治理，提升师生评价科学性

进一步完善教育大数据应用，并以数据为支撑探索建立可视化教师数字画像模型，科学推进学校间编制、岗位合理化调整。2023 年新区流动教师 500 余人，进一步解决了教师分布不均、结构不合理等问题，促进了城乡义务教育的优质均衡发展。

基于"3163"大数据分析法的课堂切片化诊断与指导模型 [①]

王立新 [②]

【摘　要】随着智能时代的到来，课堂教学依据正在从基于经验判断走向基于数字实证。教师通过大数据分析精准解析课堂每一个环节、每一个阶段教学的有效性，分析课堂中出现的问题，在数据图谱中找到问题原因，从而形成科学的问题解决策略。我校基于大数据分析系统研发了独具特色的"3163 大数据分析"模型，实现了对课堂教学问题的精准解析，有利于教师发现课堂中的亮点，提出具体有效的问题解决策略，促进教师的教学能力不断提升，提高教育教学质量。

【关键词】3163 大数据分析模型　大数据分析　精准指导

一、案例背景

2021 年 3 月，青岛西海岸新区双语小学要求干部巡课时利用手机智慧巡课系统在各班级进行本地化 AI 听课、评课、析课，随时拍照并用文字记录所巡课堂的优点、亮点与问题。

在巡课过程中，我们发现在部分教师教学的过程中有学生出现走神、开小差、交头接耳等与课堂无关的行为。通过对教师课堂教学视频的研究及实地听课分析，我们发现教师在教学过程中基本能够遵守教学要求，课堂教学热情，内容设计精心，不存在敷衍或照本宣科的现象，但部分学生在此情况下依旧出现较多与课堂无关的行为。调阅这些班级的质量测评成绩时发现，尽管教师课上得精彩，但学生的测评成绩并不理想。因此，学校急需通过有效诊断与分析教师的课堂教学效果来对每位教师进行精准指导与反馈建议，从而提高课堂教学质量。于是，学校通过建设"和悦智慧校园"，关注课堂教学的精准分析与指导设计，为教师提供更为精确且具有针对性的教学帮助。

[①] "3163"大数据分析法，是指从教学、学生、课堂三个维度，分析听讲、读写、生生互动、师生互动、巡视、板书、关爱、创新等 16 个指标数据，提出这节课的亮点、问题和解决建议。

[②] 青岛西海岸新区双语小学，全国模范教师、齐鲁名师、山东省特级教师、齐鲁名师领航工作室主持人、齐鲁名师导师，山东省"中小学教师信息技术应用能力提升工程 2.0"专家组组长。

二、思路和做法

1. 总体思路

为了实现对课堂教学的精准分析，学校拟建立大数据课堂教学分析模型，组建了大数据团队，邀请专家顾问论证设计了"11135 大数据建设"框架，"11135"即一个目标、一种理论、一套体系、三个团队、五项任务。

"一个目标"是指建设大数据分析模型，为每位教师的课堂教学提供精准诊断与靶向指导，由此精准分析出课堂教学中的问题，提供科学的解决方案；"一种理论"是指通过文献研究，综合中外大数据分析理论观点，形成学校大数据分析模型的理论框架，组织专家进行框架论证，形成科学规范的分析模型；"一套体系"是指建设集硬件环境、软件系统、算法模型、问题诊断方法、靶向指导流程于一体的大数据分析链；"三个团队"是指组建环境配置团队、模型设计团队、数据分析团队，为大数据分析提供保障机制与专业人员；"五项任务"包括文献研究、方案设计、环境建设、团队培训、模型设计、课堂分析。

大数据课堂教学分析模型的具体设计过程遵循了文献研究—团队学习—环境搭建—团队培训—模型构建—案例分析—常态诊断—效果反馈的路径，充分采纳了专家的意见，进行了不同阶段的论证。

2. 具体做法

（1）文献综述。2021 年 4 月 11 日，在中国知网以"课堂教学大数据分析""大数据分析方法""大数据分析理论"为关键字查阅了 56 篇文章，了解了弗兰德斯课堂互动模型、S-T 课堂师生活动转化方法、COP 课堂观察方法，对相关理论进行了集中学习，同时学习了崔允漷的课堂观察方法与 68 个观察点，形成了对课堂教学大数据分析模型的初步思考。

（2）环境搭建。大数据分析靠的是智能化数据采集，必须有一定的硬件环境与分析平台。经过多方考察与论证，学校为 10 个教室配置了中庆智课大数据分析系统。每间教室前后部署两个智能采集摄像头，加入拾麦器，并配置了一台数据服务器。通过对每个学生进行人脸拍照、智能建模实现了 68 个表情特征的生物识别，从而可以对学生进行个性化数据采集与分析。

（3）团队培训。为了使大数据分析模型快速成为撬动课堂高质量发展的有效杠杆，学校组建了大数据分析团队，对教师进行了大数据理论讲解、原理分析、平台操作、报告解析的一系列培训，使每位教师不只知其然，还要知其所以然，带着对每种数据分析方法的理解分析每个数据背后的"秘密"。

学校建立了数据培训部，组建了 3 人核心研究培训小组，开发了"数据分析原理""三度分析程式""S-T 分析方法""RT-CH 分析原理[①]""问题抓取三步法"等培训课程。

---

① RT：教师行为占有率，是指教师上课时间占全部课堂的比率；CH：师生行为占有率，是指教师与学生行为转化的比率。

2020 年 12 月，学校召开"智课分析与课堂观察培训会"；

2021 年 3 月，学校召开"数据分析原理""三度分析程式"培训会；

2021 年 4 月，学校召开"S-T 分析方法""RT-CH 分析原理""问题抓取三步法"培训会；

2021 年 5 月，学校召开课堂大数据分析现场实战观摩会；

2021 年 6 月，学校召开全校课堂大数据分析现场"比武"；

2021 年 9 月，学校召开新学期课堂教学数据分析问题研讨会。

（4）模型构建。数据分析公司对数据的分析永远停留在"技术层面"，很难接近课堂的本质，因而容易出现"技术数据"与"课堂状态"不一致的情况，不是数据出了问题，而是数据没有关联课堂本质。数据关联课堂本质不是技术工程师能完成的，而是需要学科教师来设计实现。为此，学校自主研发了"3163"大数据分析模型，实现了数据智能化采集下的课堂教学点阵式精准分析与问题靶向萃取、诊断。

（5）模型解析。"3163"课堂教学大数据分析模型（如图 2-69 所示）从学生、教师、课堂3 个视角、15 个观察点和 3 个核心诊断点对课堂教学进行精准分析。本分析方法参考了崔允漷教授的 68 个观察点的观察视角，又考虑到每个观察点智能化数据采集技术的实现程度，依据S-T 师生活动分析方法和 C-H 师生行为分析方法，结合学生的课堂活动参与度、表现度和关注度指数，对课堂教学的问题进行精准复盘式分析。

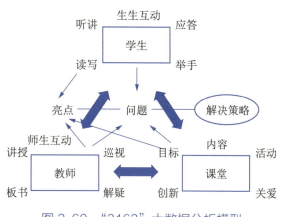

图 2-69 "3163"大数据分析模型

15 个观察点包括听讲、应答、生生互动、读写、举手、板书、讲授、巡视、师生互动、解疑、目标、内容、活动、创新、关爱等。3 个核心诊断点包括亮点、问题、解决策略。该模型为每堂课提供有效的课堂教学诊断数据，可以分析出每位教师每节课中教学策略的有效性、问题，也能分析出每个学生在课堂学习中的优点、问题，从而为学生提供一对一精准指导。

"3163"课堂教学大数据分析模型采用了三步分析、双轨抓取的方法（如图 2-70 所示）。

首先分析学生的课堂表现度、参与度与关注度，结合三度曲线数值变动、课堂复盘分析出教师教学行为与教学策略的优点和问题，再从九大教学行为时序分布中分析出教学活动在教师主导、学生主体、合作学习、师生互动、生生互动、主动学习、自主学习等方面的问题，最后通过 S-T 与 RT-CH 数据分析出教师的教学行为对学生知识内化与深度理解的影响率，从而分析出教师教学行为的有效性、内化率与教师的教学模式。

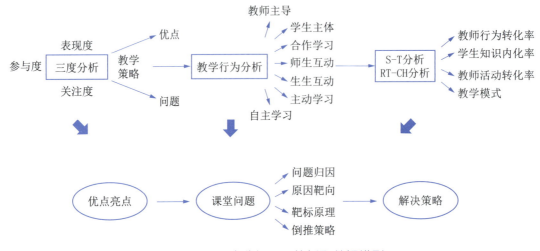

图 2-70　三步分析、双轨抓取数据模型

"3163"课堂教学大数据分析的具体操作流程如下：

首先，教师进行精心备课与授课。通过无感化智能采集系统进行课堂教学数据采集，利用人脸识别技术对学生的 68 个面部表情单元进行采集与分析，形成课堂教学的大数据。

其次，大数据系统利用弗兰德斯课堂互动模型进行算法设计，从而构建出三大数据曲线、教学行为时序图、ST 师生活动转化次数分析、RT-CH 教师行为占有率和师生行为转化率，根据数据常模确定本节课的教学模式和教学类型。

再次，根据数据进行"3163"问题分析，分析出每节课的亮点、优点、问题，为课堂提供具体的改进建议。

（6）专家论证。为了确保分析模型的科学性，我校邀请了省级教研员、中庆数据分析工程师、高校教授、全国智慧教育专家进行了不同层面的分析论证。专家组提出了有关观察维度、数据采集方法、采集维度、问题解决策略如何实现智能化等问题，在此基础上形成了目前比较实用的"3163"大数据分析模型。

（7）案例分析

案例一：课堂教学数据分析。"3163"大数据分析模型可以精准地分析出教师课堂教学的有效性、问题及其产生原因，并提供具体解决方案，也能分析出每名学生在每个时间段中的课堂表现、出现的问题以及问题原因，为教师改变课堂教学方式提供数据支撑，下面用一个案例进行说明。

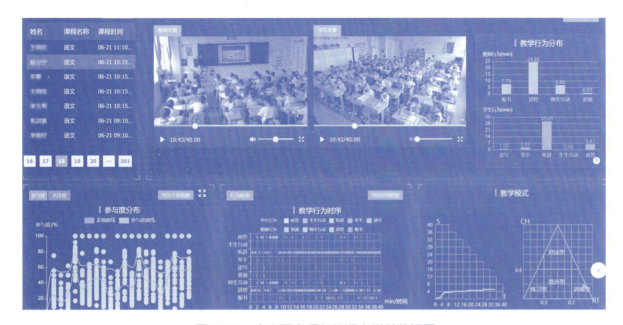

图 2-71　袁晓丽老师任教语文学科数据图

① 课堂数据曲线分析

a. 开课前 4 分钟，学生参与度曲线与表现度曲线高，说明学生全部积极参与，表现一致性高，教学对学生有较强吸引力，教师导课好。回看视频发现，教师采用了"米老鼠游戏"进行导课。

b. 第 10 分钟，学生表现度曲线低、参与度曲线高，说明学生行为不一致，但参与非常积极。回看视频发现，学生正在进行读写练习。

c. 第 18 分钟，学生表现度曲线、参与度曲线都下降。回看视频发现，教师在巡视教室并对学生进行个别指导，学生处于无序状态。——课堂出现管理盲点，建议教师采用"学生导师"一对二指导的方式。

② ST 师生活动转化率分析

从 ST 师生活动转化率可以看出：本节课师生活动转换频繁，存在大段讲授，学生活动时间较少。——建议教师设计有效的学生活动，鼓励学生对课堂内容进行深度探索与理解。

③ RT-CH 数据分析

从 RT-CH 图来看，教师行为占有率为 40%，师生行为转化率为 31%。可见这是为以讲授为主导，以活动为辅助的混合型课堂，缺少对学生思维的引导。

④ "3163" 课堂诊断

a. 课堂亮点分析

教师授课的内容是《枣核》，该篇文章是当代著名作家萧乾表现海外华人思乡之情的美文。开课前4分钟，学生参与度曲线与表现度曲线高，说明学生全部积极参与，表现一致性高，教学对学生有较强吸引力，教师导课好。整节课学生参与度曲线较高，说明学生一直积极参与，教师教学策略能持续引发学生学习兴趣。

b. 课堂问题分析

课堂讲授占比70.4%，师生互动占比14.1%，生生互动占比2.01%。可见讲授时间太长，生生互动较少。这堂课以教师讲授和生生互动为主，缺少学生合作学习，课堂前紧后松。从RT-CH图看，本节课是以讲授为主导，活动为辅助的混合型课堂，缺少对学生思维的引导。

c. 问题解决策略

首先，建议调整策略上课，激发学生间的思维碰撞，加强合作学习、深度学习。

其次，设计有效的学生活动，比如"小对子互读""小组背诵比赛"，促进学生对课堂内容进行深度探索与理解。

最后，在教学设计中充分考虑到三年级学生保持专注的时长有限，多增添一些互动、游戏和活动环节，充分调动学生学习积极性。

案例二："青蓝"教师教学数据对比分析。"3163"大数据分析可以精准地分析出新老教师同一节课不同的优点、问题、问题原因。（如图2-72所示）

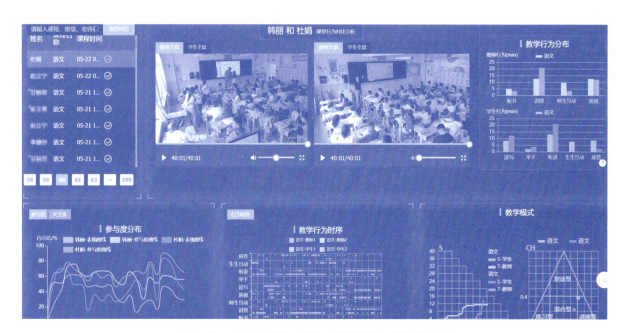

图2-72　杜娟老师与韩丽老师课堂教学数据分析

一、教师情况

1. 杜娟老师是小学语文教师，有 10 年教学经验，任教小学三年级语文，有丰富的教学经验和高水平的教学艺术，善于把握学生的学习状态，随时唤醒与调整学生的情绪。

2. 韩丽老师是小学语文老师，有 2 年教学经验，任教小学二年级语文，是杜娟老师的徒弟，对教学有热情，对学生有爱心，但教学经验不足。

二、对比分析

1. 学生表现度分析

（1）杜娟老师的课堂上，学生表现度曲线一直很高，开课 2 分钟就达到了 60% 以上，开课 8 分钟时达到了 95% 以上，说明杜老师的教学管理方法特别有效，有较好的评价措施，能快速调动学生的学习状态，课堂教学对学生有极强的吸引力。通过视频回放发现，杜老师采用了小组积分 PK 策略，把每个学生的表现情况作为评选明星小组的标准。

（2）韩丽老师的课堂上，学生表现度普遍较低，开课 2 分钟时只有 26%，开课 8 分钟时达到 45%，表现度一直处于 40% 以下，说明韩老师虽然教学很认真，但在学生管理方法和关注学生的方面出现了一些问题，导致学生行为一致性不高。通过视频回放发现，韩老师缺少有效的小组管理策略与评价方法，没有引起学生的关注。

2. 学生参与度分析

（1）杜老师的课上，学生参与度曲线一直很高，开课 2 分钟就达到了 80% 以上，整节课的学生参与度都在 80% 以上，说明杜老师的教学策略让学生特别喜欢，学生对其每一个教学指令都能积极配合。

（2）韩老师的课上，学生参与度曲线比表现度曲线高，开课 2 分钟就达到了 60% 以上，并一直持续保持在 60%，说明韩老师的教学策略也比较受学生欢迎，能调动学生的积极性，但没有杜老师的教学策略更能引发学生的积极参与。在教学策略方面，韩老师还需要向杜老师学习。

3. 教学行为时序分析

（1）杜老师课堂上的师生时间互动 18.52 分钟，韩丽老师课堂上的师生互动时间为 2.38 分钟，说明杜老师非常重视通过课堂互动培养学生的高级思维能力，韩老师缺少对学生思维的引导与培育。

（2）杜老师课堂上的生生互动时间是 1 分钟，韩老师课堂上的生生互动时间是 0.07 分钟，说明两位老师的课都缺少学生的小组合作学习时间，需要注意引导设计。

4. ST 师生行为转化率分析

杜老师课堂上的师生行为转化率为 40% 左右，说明师生活动非常充分，教师活动能有效指导学生活动。韩老师课堂上的师生行为转化率为 70% 以上，明显呈现出学生活动时间过长的特点，说明教师对学生缺乏有效引导，师生之间缺乏互动，学生自由活动较多。

5. RT-CH 数据分析

杜老师 0.3<RT<0.7，CH<0.4，说明师生行为转化率一般，可见这是堂以讲授为主导，以活动为辅助的混合型课堂。韩老师 RT=0.3，CH<0.4，说明师生行为转化率较低，可见这是练习型课堂。

三、"3163" 大数据分析结果

1. 亮点分析

杜老师对学生的管理方法与评价方法科学有效，对学生有极强的感染力，能迅速调动学生情绪、调整教学方式；韩老师对教学有热情，对学生有较大的包容心与耐心，能倾听学生的问题。

2. 问题分析

韩老师相比杜老师缺少科学有效的教学管理策略与学生评价方法，教学缺少艺术性和共情性，缺少对学生的心理分析，缺少师生互动与指导学生开展合作学习的经验。

3. 问题解决策略

韩老师要学习科学有效的小组管理方式与学生评价策略，对学生进行过程性激励评价；学习更多的教学艺术手段，随时调动学生状态，关心与关注每个学生；学习更多的活动设计技巧，用活动激发学生的思维。

三、主要成效

"3163" 大数据分析实施近三年来，学校的教育教学情况在下列方面都发生了较大的变化。

1. 课堂教学效率提高了，学生学业负担减轻了。2021 年 4 月以来，学校共分析了 102 名教师的 208 节课，发现了 8 类 321 个问题，提出 418 条课堂教学改进建议，提高了教师的教学质量。学生作业用时从原来的平均 1.2 小时减少到平均 0.81 小时，学业成绩提高了 20%。

2. 教师自信了，课堂 "亮" 了。通过 "3163" 大数据分析，任课教师掌握了课堂教学的规律与技巧，学会了调动学生积极性，懂得了如何激发学生兴趣，课堂深得学生的喜欢。在 2022 年全区优质课评选中，我校 6 个参赛科目全部获得一等奖，4 名教师获得 "青岛市教学能手" 称号，1 名教师被评为齐鲁名师建设工程人选。

3. 教学质量不断提升。学校建立了 "自主反刍式数据分析机制"，全校有 63 名教师能够对课堂进行自主分析，随时了解课堂教学效果。截至 2023 年 6 月，共有 213 人次教师完成数据化教研活动，提高了教学的精准度。学校在 2023 年、2022 年西海岸新区学科核心素养大赛中分别取得第一、第二名的好成绩。

第八节　四川天府新区

关于教师创新共享平台课后服务改革的实践与探索

晏　妮[1]　廖丽华[2]　付　静[3]

【摘　要】在"双减"政策背景下，四川天府新区采取了一系列教育改革措施。通过建立体教融合、教师共享、劳动实践、国防教育、作业设计、"订单式"课后服务等机制，实现了学校作业时间控制达标率、课后服务覆盖率、义务段学科类培训机构压减率"3 个 100%"。同时，天府资源共享平台作为全区非学科类机构入校提供课后服务的统一管理平台，通过广泛吸纳、强化准入和统一平台等措施成为育人资源整合平台。

【关键词】"双减"政策　教育减负提质　课后服务

一、案例背景

"双减"政策出台后，教育回归公益属性，学生的学习回归校园主体。学生的空余时间学什么，优质的教育资源如何进校园等问题引发了新的思考。为深入落实"立德树人"根本任务，四川天府新区坚决贯彻中央、省、市"双减"部署要求，将"双减"工作作为一项重大政治任务和重要民生工程，通过体教融合、教师共享、劳动实践、国防教育、作业设计、"订单式"课后服务等举措推进教育减负提质，实现学校作业时间控制达标率、课后服务覆盖率、义务段学科类培训机构压减率"3 个 100%"。

在课后服务方面，从建立"政府主导、学校主体、学生自愿、社会参与"的工作机制 1.0 版，到"体教融合、服务课程化、评价多元化"的 2.0 版，再升级到当前"教师共享、资源共享、平台共享"的 3.0 版。截至目前，天府资源共享平台选择、吸纳了中国科学院（成都分院）等近 400 家优质教育机构入驻，这些校外优质资源在通过学校和家长的挑选后，入校为学生提供课后服务。

二、思路与做法

1. 构建育人资源整合平台

一是广泛吸纳，打造机构资源池。创新资源共享平台，将其作为统筹全区非学科类机构入

---

① 四川天府新区大林小学副校长（跟岗四川天府新区社区治理和社事局教育处）。
② 四川天府新区南湖小学副校长（跟岗四川天府新区社区治理和社事局教育处）。
③ 四川天府新区煎茶小学德育处副主任（跟岗四川天府新区社区治理和社事局教育处）。

校提供课后服务的统一管理平台，通过媒体宣传、学校推荐、协会引荐等途径面向社会招募专业人员、征集课程资源。目前已吸纳近 100 名奥运或世界冠军等体育人才、2 000 余名非学科专业人才，开设科创、体育、艺术等 70 余门兴趣类课程。

二是强化准入，把好机构质量关。坚持"依法依规、公开公平、严格进入、动态管理"的原则，由教育行政主管部门联动科创、体育等行政审批部门对招募进来的机构资质的合法性、师资的专业性进行审核，重点审核营业执照、法人材料、教师材料、课程材料及办学成果，对证照不齐、经营范围不符合要求的一票否决，审核结果面向社会公示。

三是统一平台，把握数据准确度。将天府资源共享平台打造为面向全年龄段的教育服务平台，并作为统一的信息化智慧管理渠道。所有机构在平台上陆续完成资源接入，以便于系统化地整合、开发与运用校外资源。

2. 把牢全流程质量监管过程

一是精准赋权，落实多方监管。天府资源共享平台设立了政府、银行、机构、学校、公众等多个操作端口并赋予相应权限。政府端负责行政审批、数据监督，为决策寻求参考依据，便于校内外资源的调配；共享中心作为行政部门的授权管理端，具有入驻审批、机构和学校双选会组织、质量评价等权限；银行端参与资金协管和服务结算，保障资金安全和家长消费权益；机构端具备入驻申请、课程提交、赛事统计等功能；学校端具备选排课、收费管理、过程性巡课及考勤、家长满意度调查等功能；家长及公众端可进行海量浏览、一站选课、缴费、消课、满意度评价及申诉等。

二是专业治理，凝聚育人合力。针对入库机构课程质量不一、师资水平不齐等现状，共享中心组织分批立项组建体育、艺术、国防教育等入库机构联盟，明确盟主单位和成员职责，做好联盟单位与相关专业学术机构的对接，使活动有人牵头、问题有人解决、发展有人带领；研发《共享中心校外机构课程实施指导纲要及基地（营地）服务指导标准》，建立行业运行规范标准；搭建平台定期举办研讨会、成果展，增进学校与机构间的互动，在满足学校优质资源需求的同时带动机构主动发展。

三是全程管控，健全评价体系。实施共享中心和学校双重管理，开课前由共享中心组织区、校两级行课培训会，制订评价管理办法，学习掌握相关规章制度；行课中根据课程教学目标，由各校教师、家长组成听课、巡课小组，对机构从业人员教学情况进行抽查、巡查，并将结果纳入期末评价，成为机构评星定级重要指标；完课后每学期 1 次课程评价，结合日常监督电话反馈情况，针对外界反映的问题组建专人专班会同校方、机构及时调查处理，处理结果在机构行业联席会上通报。

三、主要成效

一是赋能管理，加大课后服务区域统筹力度。天府资源共享平台实现了信息推送发布、特色课程选课、培训机构监管、课后服务经费归口、教育资源定位筛选等功能的线上一体化统筹运行与管理，解决了先前区、校两级管理交叉，信息化程度偏低等问题，最终实现了"全区一码"，便于管理，也便于家长操作。

二是赋能执行，增强课后服务效能。天府资源共享平台实现了学校、机构"一键"排课，家长、学生"淘宝式"选课，教师"一站式"统计，师生"一体"评课。平台帮助学校、教师形成数据对接与有效整理，实现"一网通办"，让课后服务的实施流程更便捷，让教师可以有更多精力用于潜心研究教学设计和课程评价。

三是赋能"双减"，提升家长满意度。平台各类资源丰富多样，累计服务学生超过 10 万人次，大大满足了学生多样化、个性化的课程需求，让学生更乐意回归校园，也有效减轻了家长的经济负担，家长满意率上升至 99%。

数字校园 AR 情境教学在小学课堂中的应用

朱　静[①]　张　婷[②]　王芳芳[③]　杨钦岚[④]　陈　菲[⑤]

【摘　要】为探索数字化教学模式，华阳实验小学作为成都市首批引入 AR 情境教学的学校，将 AR 情境教学与科学、数学等课程以及班会融合，承办 AR 大型研讨会，申报 AR 相关课题。同时，学校也面临着新兴技术如何走进学校，如何将新兴技术与学科教学及德育相结合，如何为学生提供多元化的学习环境等困境。学校利用 AR 新技术深化教育改革，更好地打造数字校园，提升了教学质量和学生学习效率。

【关键词】AR 情境教学　学习内驱力　学生成长

一、案例背景

四川天府新区华阳实验小学始建于清嘉庆十二年（1807 年），距今已有 200 多年的历史。作为四川省智慧学校创建单位、四川省教育技术示范学校、成都市数字校园试点学校、成都市

---

①　四川天府新区华阳实验小学教务主任。
②　四川天府新区华阳实验小学课程建设项目负责人。
③　四川天府新区华阳实验小学科研课题项目负责人。
④　四川天府新区华阳实验小学教师发展项目负责人。
⑤　四川天府新区华阳实验小学 AR 专职教师。

未来学校试点单位，学校以优质资源和信息化环境建设为基础，以"智慧学校建设"和"特色课程建设"为抓手，推进信息技术与教育教学的深度融合，借助大数据、人工智能等新兴技术努力探索校园信息技术与教育教学深度融合的方向与路径。

面对日新月异的信息技术，新兴技术如何走进学校，如何将新兴技术与学科教学及德育相结合，如何为学生提供多元化的学习环境是目前学校所面临的困境。为了解决以上问题，学校以智慧课堂为抓手推进信息技术与教育教学的深度融合，扎实推进学校课堂教学改革，成为成都市首批引入 AR 情境教学的学校。学校作为两个 AR 课题组的发起者，承办过两次大型 AR 研讨会，100 多所学校现场参会，650 多个教学单位在线收看直播，受到师生、同行的一致好评。

二、思路和做法

1. AR 情境教学思路

AR 作为一种新兴技术，通过各种传感设备使用户沉浸于该环境中，把虚拟的图像、视频、文字信息与现实生活景物结合在一起，实现用户和环境直接进行自然交互，可为学生提供个性化、智能化、互动化的教学服务。学校根据 AR 技术这一特点，大力推进 AR 信息技术与课堂教学深度融合，推动教与学方式转变，并根据学生的特点和需求设计合适的教学内容和方法，实现因材施教（如图 2-73 所示）。

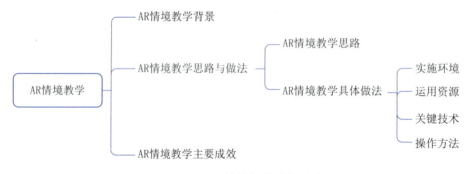

图 2-73　AR 情境教学实施路径

学生知识与品德形成的过程不仅是知、情、意、行协同发展的过程，也是"感知—体验—明理—导行"的心路历程，情感因素，特别是情感体验在这一过程中起着举足轻重的作用。学校针对传统课堂存在的诸多问题和弊端，依据"活动—体验—感悟—升华"形成心路历程规律，采取"内生外化"的自我构建策略，从活动体验、价值引领、思想激励、社会适应、团队合作和学习促进等方面出发，设计了多种 AR 情境课堂。

在课堂上，教师可以将手机或平板电脑投屏到教室的屏幕上，放大 AR 的效果，让学生沉浸式体验 AR 带来的场景。融入 AR 技术可以使课堂更具有表现力，优化课堂氛围，提升学生的专注力。

在具体实施过程中，学校注重采用角色扮演、任务挑战、场景再现等教学方式，给学生更加深入的实践和认知体验，使其最终实现知识的内化。比如在思想激励类 AR 班会主题的设计中，围绕激励学生超越自卑、跨越挫折、追求成果等目标，教师设置了蒙眼跨障、拉力比赛、杯水放物、超级模仿等系列活动，学生在 AR 增强现实技术的支持下实现了活动的亲身参与和角色的扮演，勇敢地挑战并超越自己，实现自我的突破和成长。

2. AR 情境教学具体做法

（1）实施环境

为了更好地推进课堂与 AR 技术的融合，学校打造 5G+MR 人工智能全息科创实验室、AI 硬笔书法课程以及 AI 美育舞蹈课程，成为了天府新区率先尝试将人工智能融入日常教学的学校。在 AR 之后又结识了"新朋友"VR，推动二者和各学科相融合，每学期定期开展线下上课、研讨活动，加大对 AR 课堂技术的多学科推广和渗透，丰富 AR 课例。截至目前，已经完成了 10 个课例的打磨和教学视频的录制，涵盖多个不同学科。

（2）应用资源

学校在 AR 创变课堂探索中逐步将 AR 技术与各科课堂教学相结合，打造沉浸式、互动式教学情境。通过运用元宇宙、AR 月球、AR 动物、Quiver、Flashcards、Virtuali-tee 等线上、线下方式将不同学科所需知识转化为 AR 情境模式。如 Quiver 可以通过手机扫描纸片让动物形象秒变"活"，Virtuali-tee 可以通过手机扫描骨骼图呈现人的身体结构。

（3）关键技术

AR 技术让课堂教学更加生动有趣。打造情境式、趣味性、互动式、沉浸式、游戏式的高仿真体验场景，让学生有身临其境之感，从而将抽象、复杂的知识可视化、简单化，使知识点更加清晰直观，提高了课堂教学达成度，有助于培养学生的创新思维和探究精神，增强学生学习兴趣。著名教育家蒙台梭利曾言："听过的忘记了，看过的记不住，做过的就理解了。"传统教育以讲授法为主，较少关注儿童学习规律，一味地灌输知识，然而研究表明只有亲身体验过才会印象深刻。AR 情境教学能将抽象、枯燥、晦涩的道德说教变得生动有趣，让学生身临其境。

在"遵义会议"主题班会课中，张婷老师通过播放 AR 情景课件，将遵义会议旧址"搬"进课堂，还原会议现场，让学生以"参会旁观"的方式了解遵义会议，认识到正是这次中国共产党历史上的重要会议使我党逐步形成和确立了正确的领导核心，在成熟的领导集体、科学的理论指导下，中国革命、建设、改革事业不断从一个胜利走向另一个胜利。张婷老师的 AR 课主题鲜明，对学生爱国主义精神的培育、理想信念价值观树立的引导指向非常明确。通过 AR

课件与教学深度融合，师生的共同学习更加深入，小学生也呈现出了对遵义会议精神的深刻理解。

再如科学课程"一年为什么有四季"的教学中，光是地轴、太阳斜射与直射、公转和自转这些专业名词就让人头疼。AR 情境教学技术能让学生与虚拟对象进行实时互动，轻松掌握抽象的知识，帮助教师达到教学目的。

AR 情境教学让课堂更生动，让教学更有激情，既提高了课堂效率，又激发了学生的探究欲望。不仅推动教与学方式转变，让课堂更生动、学生更专注，夯实了学生的文化知识基础，还培养了学生的高阶思维能力、社会交往与自我表达能力。

（4）操作方法

① AR 情境教学教研活动

2021 年 3 月 15 日，学校举办了 AR 情境教学研讨会暨"AR 技术应用于基础教育教学的实践研究"课题开题报告会，邀请了四川省教育科学院、四川大学、四川师范大学、成都市教育科学院的专家学者以及 100 多所学校的校长、教师近 200 人参加，赵思琦老师和五年级 5 班的学生共同为大家展示了一节生动直观的 AR 课——"一年为什么有四季"，把地球、太阳、树木"搬"到课堂里，让大家身临其境地感受了四季变化。

2022 年 3 月 22 日，为深入理解小学科学新课标理念，深化小学科学教学改革，优化科学教学过程，提高课堂教学效率，促进小学科学教师专业成长，学校科学、信息技术老师受邀到龙泉驿区大面小学开展"体验 AR 技术，提升高效课堂"的科学教研活动，就"AR 情境教学技术支持下的高效科学课堂"这一话题进行了深度交流，罗凌蔚老师利用 AR 技术进行了教科版小学科学一年级下册"观察鱼"一课的教学展示。

2022 年 4 月 26 日，"AR 多学科融合教学研讨会"在学校举行，成都市教育科学院院长罗清红、四川省教育科学院学术委员会常务副主任青春、成都市教育科学院德育教研员周玫、成都天府中学附属小学校长陆枋、原玉林中学附属小学校长危晓玲出席本次研讨会，陈菲、罗凌蔚、董晓睿三位老师分别带来了德育课"强我国防，薪火相传"、科学课"地球的形状"、数学课"确定位置"。

② AR 情境教学应用情况

目前，AR 课堂主要体现在 AR 与德育、科学、数学等学科的融合（如图 2-74 所示）。AR 与德育学科的融合如陈菲老师的"强我国防，薪火相传"，张婷老师的"遵义会议"，徐晓薇老师的"巧夺天工的奇迹——都江堰"；AR 与数学学科的融合如董晓睿老师的"确定位置"；AR 与科学学科的融合如罗凌蔚老师的"地球的形状""观察鱼"、赵思琦老师的"一年为什么有四季"。

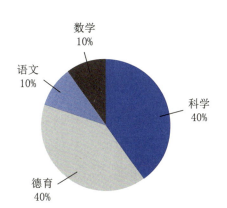

图 2-74　AR 情境教学应用领域

　　AR 与德育课堂的融合实现了全国零的突破。学校陈菲老师的德育班会课"强我国防，薪火相传"，以王伟烈士的故事缓缓展开，通过学生分小组展示课前学习成果，适时融合 AR 增强现实技术，将我国第一艘航空母舰——辽宁舰"呈现"在教室中，从舰载机的起飞巡航到发现非法入侵者时迅速精准击中目标，无不让在场师生深切感受到如今我国海军实力的日益强盛。之后，在学生讲述中国航天梦时融合 AR 技术再现"嫦娥四号"这一人类探测器首次登陆月球背面的历史性时刻，震撼了全场。那一刻，身为中国人的骄傲与自豪，先辈们不畏牺牲、艰苦奋斗、自主创新的精神感染了所有在场师生。"强我国防，薪火相传"主题班会融合 AR 技术对历史性场景的生动再现使学生深刻认识到国防建设取得的伟大成就和背后的艰辛历程，将个人命运和国家命运紧密相连，增强了国防意识，激发了爱国热情。

　　AR 技术与科学课堂的融合主要体现在罗凌蔚老师在讲授"地球的形状"时，交替使用麦哲伦航海、月食、模拟飞机航行、太阳系等四个 AR 场景，通过 AR 还原了月食的发生。在 AR 情境中，师生们跟随麦哲伦带领的 5 艘远洋海船完成了人类首次环球航行，亲自用 AR 技术模拟飞机飞行，看到飞机朝同一个方向飞行最后能回到起点。罗凌蔚老师带领学生一起"上天入海"，穿越 500 年与古人一起证明地球是圆的，提升了学生的观察、认知能力，使其感受到科学真理的探索过程是曲折漫长的。

　　小学生建立立体感、空间感比较困难，立体的图形放在平面中就会比较抽象难懂，老师往往缺乏必要的工具来进行教学。学校董晓睿老师的数学课"确定位置"别开生面，恍如电影《汽车总动员》的场景在教室重现，用 AR 技术建造了逼真的直线停车场、平面停车场和立体停车场。这堂 AR 数学课所呈现的图形由直线到平面再到立体，使学生逐步构建起空间感，体会线动成面、面动成体的思维过程。在数学课中，AR 技术让学生的思维从一维到二维，从二维到三维，很清晰、空灵，极富生成感，引发了学生更多的思考。

　　学校将 AR 技术融入学科教学，打造游戏化互动课堂，以创新的增强现实技术实施情境教学，既符合国家的课堂教学改革要求，又大大丰富了课堂教学手段，大幅提升了学生的学习兴趣，更好地激发了教师的激情与自信，让课堂变得精彩活跃。学生从被动学变为主动学，将知识融入一生的记忆，实现了精神升华和本质的蜕变。

三、主要成效

学校通过将探索 AR 技术与各学科相结合的探索与实践，除了将 AR 情景教学应用于科学学科以外，在数学学科中也有使用，应用最广泛的是班队会课（如表 2-9 所示）。其中，将 AR 与德育课堂相融合并运用于班会更是实现了全国零的突破。

表 2-9　AR 情境教学主要成效

序号	课题	执教者	领域	课型	执教时间
1	一年为什么有四季	赵思琦	科学	AR 情境教学研讨会研究课	2021.03.15
2	观察鱼	罗凌蔚	科学	龙泉驿区大面小学科学教研活动展示课	2022.03.22
3	地球的形状	罗凌蔚	科学	成都市 AR 德育课研讨活动	2022.04.26
4	强我国防薪火相传	陈 菲	德育	成都市 AR 德育课研讨活动	2022.04.26
5	确定位置	董晓睿	数学	成都市第四区域教育联盟共同体交流活动公开课	2022.04.26
6	遵义会议	张 婷	德育	成都市 AR 德育课研讨活动	2022.10.18
7	草地篝火长明不熄	陈 菲	德育	"国培"计划（2020）——甘肃省庆阳市西峰区小学教师培训团队研修展示课	2023.04.27

AR 情景教学模式充分体现了直观性、互动性、情境性和个性化，能够很好地将现实与虚拟相结合，使得教学更加直观生动，学生的学习兴趣和学习效率自然大幅提升，达到了"四高"的教学效果：

第一，高学习兴趣。抽象的知识变形象了，枯燥的课堂"动"起来了，学生沉寂的心活起来了，学习兴趣也高起来了。教学案例：巧夺天工的奇迹——都江堰。

第二，高学习效果。学生学习兴趣提高了，学习效果就提升了。AR 情境教学还可以根据学生的不同需求和兴趣，"量身定做"，提供个性化的学习内容，帮助学生更快速地掌握所学内容。教学案例：月相变化。

第三，高教学质量。AR 情境教学可以使教学更加直观、深入，从而提高教学质量。教学案例：强我国防，薪火相传。

第四，高教学效率。AR 情境教学可以使学生更快地掌握所学内容，从而提高教学效率。教学案例：飞夺泸定桥。

学生的高学习兴趣和高学习效果给课堂和教师带来的必然是高教学质量和高教学效率。

AR 情境教学在开展过程中也面临着许多困境，如何在更多的学科中合理运用 AR 情境教学是学校现今思考的重要问题之一。推动 AR 与多学科融合教学是学校正在努力实现的目标。未来，学校将从多方面深入研究，推动 AR 情境教学常规化，进一步创造高质量的教育，为学生更好地迎接未来世界打下基础，通过情境演绎或再现的方式帮助学生理解知识点，打造生动有趣的课堂，促进学生更好地学和老师更好地教。

符合学生个性化成长特点的"可触摸"式数智积分评价实践

余让丽[①]　陈秋实[②]

【摘　要】随着信息化时代的到来，科技走进了人们的生活。天府新区第八小学秉承打造数智化学校的办学理念，采用课堂教学及习惯评价与技术相融合的方式，依托人脸识别技术、二维码识别技术、数据采集与处理技术、人工智能技术，通过数智校园建设，利用积分可视化方式开发出一款多维度的、全面的、深入的、符合学生个性化特点的数智积分评价系统，激发学生内驱力，促进教师对学生进行及时、全面的评价。

【关键词】数智校园　学生评价　个性化　习惯培养　可触摸

一、案例背景

随着信息化时代的到来，天府新区第八小学（以下简称"天府八小"）秉承打造数智化学校的办学理念，采用课堂教学及习惯评价与技术相融合的方式建设数智校园。八小现阶段只有一、二年级学生，学生学段低，学习和行为习惯尚未养成。在"双减"背景下，良好的学习和行为习惯越发重要，传统评价方式的烦琐以及对学生短期和长期刺激交错运用的评价要求增加了教师的工作难度。学校秉承"学海无涯"的教育理念，借助现代科技、信息技术，力求打破学习边界，拓宽学习场域，拓展评价渠道。结合学校办学理念、目标以及对学生整体情况的分析，学校依托人脸识别技术、二维码识别技术、数据采集与处理技术、人工智能技术，从多学科、多维度采集学生学习与行为习惯数据，从而获得学生发展的过程性数据。同时，学生每一次良好的习惯表现都会以数字积分的形式保存在云数据中心并实时转化为学校自有数字货币"八小币"。多维的积分数据展现了学生的习惯养成情况，"八小币"可以用来兑换实物或精神性奖励，从而形成"良好习惯—积分—多元激励—良好习惯"的闭环，提升家庭教育品质，促进学生自我成长。

---

①　四川天府新区第八小学家校社协同工作中心副主任。
②　四川天府新区第八小学课程管理中心副主任。

二、思路和做法

1. 确定学科、德育、家校共育三方面多维度的积分标准

天府八小从数智积分卡、积分终端、积分交互平台三方面着手，建设"可触摸"的数智积分评价系统，助力学生养成良好的学习与生活习惯。天府八小属于新建学校，现阶段只有一、二两个低段年级。积分评价项目组根据校情，从低段学生最需要培养的习惯入手制订了一系列积分评价标准与措施，其中对学生最直观的个性化评价方式是开设了"我的成长积分银行"；并把习惯分为学习习惯（学科）和行为习惯（德育）两方面，分别制订积分评价的标准。具体积分评价维度见表 2–10。

表 2–10   6 个维度的评价标准

类别	维度 1	维度 2	维度 3	维度 4	维度 5	维度 6
语文	课前准备	我会倾听	我会表达	我会朗读	我会书写	我能守时
数学	课前准备	我会倾听	我会表达	我会审题	我会书写	我能守时
英语	课前准备	我会倾听	我会表达	我会朗读	我会书写	我能守时
形体	课前准备	我会倾听	我会练习	我能展示	我能鉴赏	我能守时
体育	课前准备	我会倾听	我会练习	我能展示	我能守则	我能守时
音乐	课前准备	我会倾听	我会表达	我能展示	我能鉴赏	我能守时
美术	课前准备	我会倾听	我会表达	我能展示	创意思维	我能守时
科学	课前准备	我会倾听	我会表达	我会观察	我会实验	我能思考
劳动	课前准备	我会倾听	我会操作	我会创造	我守规范	我能守时
德育	收纳整洁	积极劳动	光盘行动	安全意识	文明礼貌	团结互助
家校共育	志愿服务	家长讲师				

2. 定制"小圆片"

根据低年级学生对色彩鲜艳的物品感兴趣以及乐于收集充满设计感的卡片等特点，教师设计出了一款"小圆片"（图 2–75 所示）。

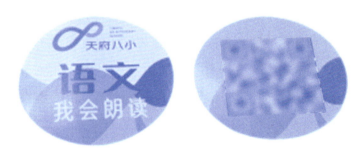

图 2–75 "小圆片"实物图

"小圆片"正面为积分维度，背面为二维码的积分卡。当学生得到"小圆片"时，看见积分维度就能明白自己在哪个类别、哪项习惯上得到了正面的鼓励。教师会根据积分标准对学生做出口头评价，如"你认真倾听了同学的发言，真是一个会倾听的孩子"。获得"小圆片"的学生和其他学生都能清楚自己的努力方向，这就让教师的评价关注到了更多的学生。"小圆片"的背面是二维码，每个二维码都是唯一的，记载了积分维度与教师信息。当学生扫描二维码时，二维码上的信息就会自动上传到数智积分平台。这个二维码赋予"小圆片"连接实际情况与评价标准的功能，方便学生、教师和家长实时了解学生在学习习惯与生活习惯上的成长情况。

3. 提供多维度、个性化的信息，拓宽积分作用

学校为了打破实物积分卡与数字积分的界限，引入了自助积分系统。校园内现有4台自助积分终端（图2-76所示），学生可以利用课间在积分终端通过人脸识别技术登录自己的"八小银行"账户，再使用积分终端扫描"小圆片"上的二维码，从而实现积分由实体积分卡到数字积分的转变。

图 2-76　自助积分终端

图 2-77　"天府八小"手机 App 界面

学生也可以在家长手机端使用账号登录"天府八小"App（图2-77所示），扫描"小圆片"背后的二维码，积分也能同步累积到个人账户中。

无论在自助积分终端还是手机端，学生都可以用直观、简单的操作方式在数智积分平台上查询自己的积分排行、积分情况、个性化的积分成长树、"八小银行"账户余额、"储蓄情况"等信息，如图2-78所示。

图 2-78　"可触摸"的数智积分系统操作流程图

4. 正向激励，赋能个性化的习惯养成

积分如果只是积分，那就只有积分榜前几名的学生能够受益。为了让所有学生都能在积分

的鼓励下养成良好的习惯，我们建立了与积分相匹配的积分使用路径。学生的数字积分会在"八小积分银行"个人账户中自动以 5∶1 的比例兑换成数字"八小币"，"八小币"账户与积分账户相连接但独立计算。"八小币"的增减不影响学生的积分总量，从而避免了对习惯评价的数据影响。有了"八小币"，学生就可以选择自己喜欢的方式使用积分。

"八小无人超市"是学生最喜欢的使用积分的地方（图 2-79 所示），他们可以在此"选购"自己心仪的学校文创产品。这些文创产品中有铅笔、橡皮、明信片、太阳帽、雨伞等价值不一的实物产品，也有合影券、换座位券、微笑券等精神奖励。学生使用八小币"购买"奖品十分便捷，只需要利用人脸识别技术登录账户，就可以在自助购物机或自助收银机进行选择兑换。

图 2-79 "八小无人超市"

兑换自助餐券也是受学生喜欢的使用方式，天府八小的自助餐券是双人餐券。学生可以单独购买，邀请自己的好朋友，甚至家长一同用餐，也可以双人合购一张餐券（图 2-80 所示）。

学生也可以在"八小银行"自由兑换数字与纸质"八小币"（图 2-81 所示），完成数字与现实的转变。"八小银行"也提供"储蓄业务"，学生可以选择一周、两周、一个月等不同周期的"定存储蓄"。

 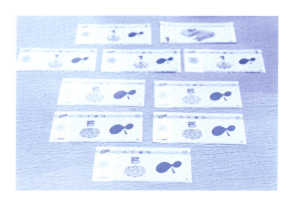

图 2-80 天府八小自助餐时光　　　　　　　　图 2-81 "八小币"

学生还可以使用"八小币""承包"学校的一些项目，如跳蚤市场摊位、云朵电影院等。天府八小师生不断地拓宽积分的使用路径，让数智积分"可触摸"，激励学生自主养成学习、生活的良好习惯，实现积分的个性化定制。

5. 积分情况实时可视化

依托互联网技术，只要学生在自助终端扫描二维码，积分就会实时上传到数据库，呈现在积分交互平台上。家长可以使用"天府八小"App实时查看积分情况，了解学生在校表现，及时调整家庭教育的发力点。教师能定期登录平台，从折线趋势图、柱状图、环状图、雷达图等多样态图表中查阅分析班级学生各维度积分情况，了解班级的整体习惯养成情况，以便及时调整教学策略，设计开展对应的活动课程，促进班级整体全方位成长。教师也能聚焦一位学生的习惯养成数据，在科学的数据分析中为学生打造个性化的成长方案（图2-82所示）。

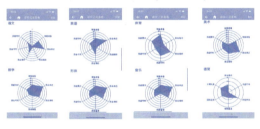

图2-82　学生各维度积分情况

6. 积分评价主体多元化

根据不同的维度评价特点，教师可以把"小圆片"发放权限给到学生、家长和校工等，让更多主体参与到对学生的评价中。如德育的"光盘行动"与"收纳整洁"维度，可以由学生小助手在午餐后根据评价标准发放；"文明礼貌"维度，除将"小圆片"分发给教师外，还给到了校警与保洁阿姨，每天早晨入校时分和课间，他们也会对学生进行评价；"积极劳动"维度，评价时间不能局限于校园，班主任会在跟家长约定评价标准后给到家长一定数量的"小圆片"，当孩子在家达到评价标准后由家长奖励给孩子，并用手机 App 扫描二维码完成积分上传；"家校共育"维度，则会在家长参与学校志愿服务，进校给学生带来"家长课堂""妈妈课堂"后把"小圆片"奖励给家长，并把积分合并计入学生总积分之中，从而促进家庭、学校、社会合作育人工作的推进。

7. 积分交互终端链接个性化的数智成长树

天府八小的自助积分终端不仅可以扫码积分，还是一台交互式的数据终端。学生可以通过触屏的方式打开积分榜，查看学校或班级积分前 10 名的同学姓名；打开自己的"成长树"界面，了解自己的"成长树"生长情况（图 2–83 所示）。每棵"成长树"以一学期为栽种周期，随着学生积分的增多，"成长树"会由一棵小树苗逐步发芽、长叶、开花、结果，学生每一次积分上传都是对"成长树"的照顾与浇灌。当一张张"小圆片"化作一次次对"成长树"的浇灌，"成长树"也将抽象的积分数字转化成形象的大树样貌，让学生直观地感受到自己的成长。

图 2-83　学生的"成长树"

三、主要成效

1. 丰富的积分维度促进教师及时、全面评价学生

早晨入校时，学生向护岗志愿者、校警、校医、教师主动问好，就能及时获得"文明礼貌"的"小圆片"。课堂上，学生把获得的"小圆片"摆放在课桌的右上角，教师便可以清楚观察到全体学生的课堂学习情况，及时调整教学策略，公平地把发言机会给到更多的学生，调配精力关心状态不佳的学生。午餐时，用餐有序、不浪费餐食的学生能及时获得"光盘行动"的"小圆片"。大扫除时，用心、认真劳动的学生能及时获得"积极劳动"的"小圆片"。"可触摸"的积分帮助教师全方位、多角度地育人。

2. 让积分可视化、直观化

相比一串串数字，实物"小圆片"让学生更容易了解自己的积分数量，引导学生形成对所

学事物、过程的清晰表象，丰富他们对事物的感性认识，将所得到的感性知识与实际事物密切联系起来，因此有利于激发学生的学习兴趣，调动学生的学习积极性，在实际生活中能很快地发挥作用，符合低段学生直观思维模式的发展水平。

3. 激活学生内驱力

内驱力是在需求的基础上产生的一种内部唤醒状态或紧张状态，表现为推动有机体活动以达到满足需求的内部动力。教师的赞赏与肯定能够增加学生的内驱力。学生喜欢受到表扬，一枚"小圆片"代表着他们在成长道路上更进了一步，"小圆片"越多代表学生学习、成长参与度越高。长此以往，他们会认为学习、成长是自己的事情、自己的责任，因此会自觉自愿地投入，使好的行为习惯更持久。

4."可触摸"的激励促进学生养成好习惯

天府八小的数智积分会自动以 5 ：1 的比例兑换为"八小币"（消费积分），这是学生在学校购买奖励的"货币"。数智积分与消费积分双系统并行运行，数智积分逐步累计，不会扣减，消费积分随兑换和存取实时增减。消费积分兑换的奖励，无论是实物形式的文创产品，还是精神奖励形式的奖券，其奖品的属性都能给学生带来安全感与满足感，激励学生自发向好习惯靠近，逐步养成好习惯。

天府八小将继续优化、调整积分评价维度，增加积分方法，拓宽积分使用路径，让"可触摸"的数智积分评价系统不仅能助力学生学习与生活习惯养成，还能为 PBL 项目制课程的实施奠定基础，提升学校的综合育人能力，全面赋能学生成长，让学生拥有无限可能。

第九节　南京江北新区

基于智能研修平台的区域精准教研行动

周　强[1]　沈乃飞[2]　李成铭[3]

【摘　要】随着新区教育规模的急速扩大和智慧教育应用的深入推进，基于新时代的高质量教师队伍建设需求极为迫切。为了解决这个问题，南京江北新区充分利用人工智能、大数据等信息技术优势，利用中央电教馆智能研修平台区域试点的机会，开展"精准、协同、融合"

---

① 南京江北新区教育发展中心党总支书记。
② 南京江北新区教育发展中心信息资源部副部长。
③ 南京江北新区教育发展中心信息资源部专家组成员。

为特点的教师智能研修活动。经过多校应用试点，逐渐形成了基于智能研修平台的"一体三线四备五环节"区校协同教研模式，为新区教师成长探索出了一条新路径。

【关键词】智能研修　精准　融合　区校协同

一、案例背景

南京江北新区是国务院 2015 年 7 月正式批复的国家级新区，"十三五"期间教育资源供给迈上新台阶，新增学位约 4.37 万个（如图 2–84 所示），实施教育新建项目 67 个，总投资达 118 亿元，总建筑面积约 133 万平方米。

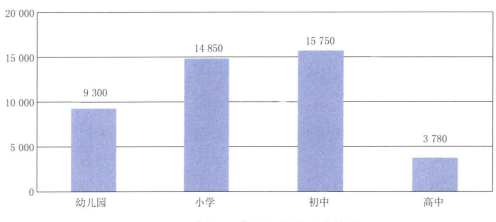

图 2–84　"十三五"期间新增学位数量

随着新区教育的快速发展，教师队伍建设的短板日益凸显，为此新区出台了《南京江北新区中小学教师专项奖励实施办法》《南京江北新区备案制教师管理办法》等系列政策，加大新教师和优秀骨干教师选聘力度，全面推进义务教育学校教师"区管校聘"改革，增强了教师流动的计划性和实效性，新区教师数量不断增加（如图 2–85 所示）。

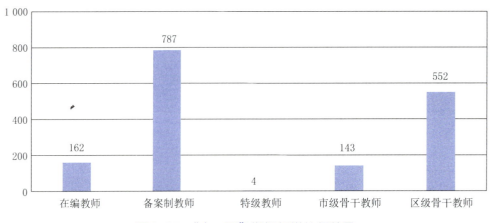

图 2–85　"十三五"期间新增教师数量

从新区教育区情看，随着教育规模扩大和人民群众对教育的需求更加多样，教育公共服务供给还不能完全适应人口爆发式增长的新趋势，优质教育资源配置不够均衡，教师队伍数量、质量尚不能满足需要，新区人民群众"上好学"的教育诉求与目前教育资源供给不足的矛盾益发突出。基于高质量教育与教师队伍建设的迫切要求，江北新区教育和社会保障局不断思索寻找教师发展的新路径。江北新区于2021年9月成功申报教育部第二批"人工智能助推教师队伍建设"行动试点区，2021年底通过了江苏省"十四五"重大规划课题"人工智能与教育变革研究"的申报。

2022年3月，江北新区成功申报了央馆第二批智能研修平台应用试点区，将该项目作为新区人工智能助推教师队伍建设行动试点工作的重要抓手和切入点，充分利用信息技术的优势开展教师智能研修，建设与应用教师大数据，助推教师管理与评价改革、教育教学创新，促进薄弱学校教师专业发展。

二、思路和做法

根据教育部、省市区教育发展规划等文件中对新时代教师队伍建设要求和创新培养方式探索的指导意见，2022年3月，江北新区教育发展中心以顶层规划、区校协同为央馆智能研修平台应用试点工作原则，秉持试点带动区域、学科骨干带动团队的工作思路，以试点应用展示推进区校协同教研数字化转型，用实际试点研修案例引导区域教研和学校校本教研走向精准、协同和融合，启动央馆智能研修平台应用试点工作行动计划，全面推进区域教研数字化转型工作部署。

1. 精准定位区域问题

新区教育发展中心对区校研修情况进行全面问卷调研，发现如下主要问题：活动时间难统一，磨课、评课数据难共享，专题培训缺乏统一管理和评价，课题研究过程难汇总，优质教学课程资源难共享，培训学时认定难度大，缺乏教师专业成长评价常模等。

新区教育发展中心对上述问题进行了归因与分析：首先，传统研修方式无法解决集体研修时空限制问题。其次，传统教研缺乏统一管理平台，导致了备课、授课、评课、研课的数据资源闭环管理和教学设计迭代优化方面的问题。再次，传统教研大多采用解释主义、批评主义教研范式，受限于新教师队伍庞大，很难做到教研主体平等化和教研参与全员化，无法对每名教师的专业成长进行全面、精准的指导和数据画像。

2. 区校协同解决问题

（1）择校试点，优化环境，构建区域智能研修空间

新区教育发展中心选择了9所学校作为智能研修平台应用试点实验校，做到小学、初中、高中全覆盖，签订项目试点协议，明确责任与义务，加大经费倾斜力度，根据试点学校情况开展了智能研修平台应用环境建设，对录播教室系统进行了智能化升级改造。配合技术公司本地

化部署了智能研修平台区级版本，由技术支持团队配合技术公司完成全区试点中小学网络录播教室系统或智能研修设备的对接工作，完成联通测试。

新区教研发展中心正在建设区级智能研修中心，为提升教师智能教学能力和智能研修提供必要培训条件；开展全区教师发展大数据系统建设，为教师培训、应用指导、课堂教学诊断研究与服务、教师数字画像研究与服务等提供平台支撑。

（2）种子孵化，骨干引领，推进区域智能研修应用

2022年下半年，新区教研发展中心开展了试点学校管理员、试点学科骨干教师和新区教育发展中心研训员的系列培训，培训内容涵盖智能研修理论和应用平台实际操作，确保培训的实效性。

2023年3月初，基于"沉下去、请进来、走出去"的工作理念，新区教研发展中心邀请了央馆技术支持公司的讲师用两周时间深入每所试点学校与试点学科教师进行面对面的应用培训指导，也与学校领导和教研管理层进行了深入沟通，结合学校实际和平台功能共同探讨智能研修平台落地到校实施途径。3月中旬，新区邀请了央馆智能研修平台专家刘阳博士对智能研修平台应用与推进工作进行了专业指导，全区智能研修平台试点学校全部参加推进工作会并进行了汇报和交流，在专家引领下提问题找方案，为后续工作开展指明了方向。4月中旬，为了向成功案例学习取经，新区教育发展中心领导带队组织试点学校项目负责人和试点学科教研组参加徐州泉山区智能研修平台应用展示活动，通过参观学习为新区智能研修平台应用试点工作确立了目标和样板。

2023年上半年，新区教研发展中心在三次区域智能研修应用展示活动中邀请了省市区专家领导对教研数字化转型工作进行专业点评和指导。

（3）顶层规划，构建区校一体化教研平台

新区通过建设区智能研修中心和将试点学校传统录播室改造为智能研修室，部署区级智能研修平台，为提升教师数字化教学和智能研修能力提供了必要条件。目前已经完成5所试点学校录播室改造，全区学科教师都可以基于线上线下混合模式参加大规模教研活动，完成"备、授、研、评、思"一体化研修。区校一体化平台打破时空限制，解决磨课、评课数据难共享，无法实现教研闭环管理的困难，大大提升了教研活动的时效性、共享性。

（4）聚焦教学，建设跨校学科教研共同体

新区教研部门基于专家指导角度，组织试点学校教研骨干和教研团队；基于课堂教学高质量要求，结合研修内容和方式探索智能研修平台创新应用。目前，已有18个学校教研组在区教育发展中心研训员的指导下，区校合力推进跨校学科教研共同体建设，多门主学科区校教研共同体已形成。教研部门从72个备课组中选出一批信息化应用能力较强的骨干教师，形成了

一批引领各学段学科智能研修试验的"种子"，通过陆续开展的智能研修示范教学、模拟教学和虚拟教研等培训研修活动，提升了教师的现代化教学能力。

（5）加强研究，构建教师专业成长轨迹数字画像，创新教师培训模式

央馆智能研修平台应用试点推进过程中，江北新区教育发展中心秉持分层推进、重点研究的方法，从基础教研的磨课到大规模教研的听、评课，再到基于数据分析的智能精准教研，指导试点学校基于智能研修应用开展融合实证主义、人文主义、批判主义研究方法的混合式教研模式研究，形成了多篇应用案例：《基于智能研修平台的课堂教学改进与教研创新》（江北新区高新实验小学）、《基于全域数据开展实证教研的校本实践》（江北新区浦口外国语学校）等。

智能研修平台试点应用展示活动中，新区教研团队基于动态多维度数据分析和教师技能评价标准，不间断地开展教师专业能力的智能诊断和评价，通过不断打磨形成了展现教师专业能力的课堂报告。

新区教育发展中心也将持续开展区域教师专业发展常模分析研究，形成区域教师成长评价标准，建设教师成长数字档案和教师专业成长规划系统，为教师培训、应用指导、课堂教学诊断研究与服务、教师数字画像研究与服务等提供平台支撑，推动教师培养模式创新。

（6）区校协同，构建区域研修精品资源库

基于央馆智能研修平台，学科教师、学科教研组和区学科研训员可跨越时空限制进行教研互动，推动了区校间教研资源共享，通过应用展示活动收集了一批新课改优秀课例、新时代教学评价范例等优质区域研训内容与资源。随着智能研修平台的深入应用，优质教研课例将极大促进薄弱学校提升教研能力，全面推进从优质课程资源系统建设到教师研修大数据资源系统建设。

三、主要成效

近一年来，已有9所试点学校、18个教研组、72个备课组参与试点应用江北新区智能研修平台，820人次参与磨课，集体备课104次，形成了100多节课例，其中经过反复打磨的精品展示课例10节，3所试点学校基本形成智能研修平台使用常态化，实现了以点带面、先行先试的工作计划，为试点学科教师提供了高效、快速的专业成长通道，切实促进了试点学校传统教研模式变革。

2023年上半年，新区教研发展中心分别开展了校本课例研修、区域主题研修和区域大规模精准教研三场数字化教研应用展示活动，应用培训、研修实操、展示交流和汇报总结循环递进。试点学校和学科教研团队通过智能研修平台"基础教研""大规模在线教研""智能精准教研"模块的应用深切感受了智能研修平台应用赋能精准化教研、促进教师专业能力提升的极大优势。

2023 年 2 月，经过认真准备，新区教研发展中心在高新实验小学开展了主题为"智能研修平台助力青年教师成长"的第一次智能研修平台应用区级展示活动，通过两节现场课例和应用经验汇报展示了"定位问题—解析主题—认知飞跃—磨课共建—实践推广"五步教研的"1234"智能研修模式（如图 2-86 所示）。

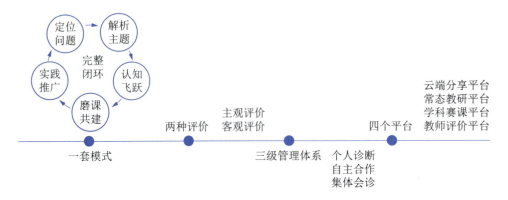

图 2-86 "1234"智能研修校本行动

学校学科教研组根据"五步教研"（如图 2-87 所示）开展组内前置学习，邀请区学科教研员开展主题解析和认知飞跃的专业指导，再通过集体备课和集中观课、议课达到磨课共建，最终形成具有校本特色、可推广的优质课例。

图 2-87 校本主题研修磨课全流程

2023 年 4 月，新区教研发展中心开展了主题为"基于数据分析的精准教研"区级第二次智能研修平台应用展示活动，三所学校联袂展示了 4 节精彩研修课例。其中浦口外国语学校重点介绍了学校依托平台人工智能技术赋能"幸福成长"课堂改革，采集课前、课中、课后全流程数据，以"四步五环节"（如图 2-88 所示）智能研修模式开展数据支撑下的"教学评研一致性"实证教研，同时邀请了央馆智能研修平台指导团队专家孙发勤教授面向全区试点学校做了"基于数据分析的教学策略优化"主题讲座，江苏省电教馆和南京市电教馆领导专家也对活动进行了点评，给予了充分的认可。

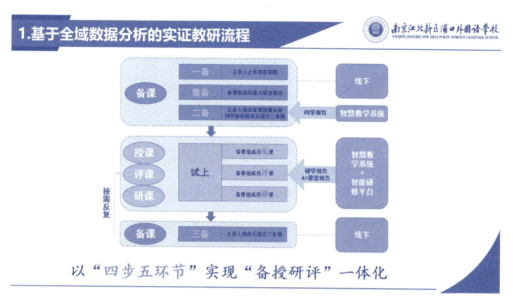

图 2-88　浦口外国语学校"四步五环节"智能研修模式

浦口外国语学校的英语研修案例基于新课标的课程育人理念，结合英语学习活动观和"教学评一体化"，整体设计体现了差异性、层次性与核心素养导向。教师结合"问学"结果对教学内容和课后补充内容进行调整，试教后结合智能研修平台数据开展评课、研课，基于实证分析、定位问题，进行教学优化。经过教学优化，学生自主活动时间较长，学习兴趣高涨，学习参与面广。研学环节借助 AI 听说课堂设置跟读单词、课文训练、投票评价等互动环节，人工智能系统自动评分，教师针对全班反映的难点及时调整训练与巩固内容，查看实时生成的评价，现场表扬优秀同学，此时学生活跃度、参与度和专注度持续走高。课后，教师根据数据、评价量表、评语对课堂教学进行反思，结合本节课的学习目标和课中研学结果设计课后固学内容，检测学生本节课的学习效果。

2023 年 6 月，在南京市电化教育馆的支持下，新区教研发展中心举办了智能研修平台应用市级展示和试点阶段总结活动，以"对比循证、精准施教"同课异构课例研修为主题，通过 4 节精心研磨的展示课例，指导试点学科教研走向智能精准教研，试点学校基于展示课例进行了智能研修平台应用工作现场汇报。

半年的多校智能研修平台应用试点逐渐形成了基于平台的"一体三线四备五环节"区校协

同教研模式（如图 2-89 所示），精准、协同、融合是新区智能研修平台试点工作的基本特点。

图 2-89　南京江北新区智能研修模式

以三次智能研修平台应用展示活动为例，区校协同教研的"一体三线四备五环节"是指在教研工作中借助教学、研究、实践和理论相结合的央馆智能研修一体化平台，利用线上线下教研时空融合，强化教师个体、学校教研团队、区教研专家三线互动协同，形成教研合力；区、校学科教研团队基于 AI 课堂行为分析数据和评课量表数据，结合切片教学视频，对"四备"课堂教学设计最终实施效果进行精准分析；教师基于"备、授、评、研、思"五个教研环节，通过循证辨伪不断优化教学设计，助推专业能力成长。

以数据驱动传统教研转向精准化智能研修，以区校统一平台融合教研时空和教研内容，协同促进区域跨校教研共同体建设，江北新区数字化教研转型正在发生。

智慧教学的探索与实践

——数字赋能促进师生幸福成长

陈桂萍[1]　杨美玲[2]

【摘　要】为落实教育数字化战略行动，深入研究智慧教学，完善教学模式和教研机制，利用数字技术推动教育发展，南京江北新区浦口外国语学校针对超大规模学校的巨大管理压力与办学困难，以"数字赋能、数据驱动、幸福成长"理念为指引，在课堂教学、教研改进、作业设计、校本研修等方面开展了一系列教育教学实践，探索基于智慧教学系统的"三学"教学模式、基于数据分析的教学改进模型以及"数据＋实证"教研课例研修模式，形成了以研促教的良好氛围、行之有效的教学模式与教研机制以及数字赋能的研修生态。

【关键词】数字赋能　智慧教学　智能研修

---

[1]　南京江北新区浦口外国语学校正高级教师。

[2]　南京江北新区浦口外国语学校高级教师。

一、案例背景

南京江北新区浦口外国语学校于 2012 年 8 月成立，是一所九年一贯制的公办外语特色学校，占地面积 77 605 平方米，建筑面积 46 407.6 平方米，绿化面积 31 131 平方米。学校现有 169 个班级、7 366 名学生、505 名专任教师，其中省特级教师、市区学科带头人、市区优秀青年教师等骨干教师 116 人，教师平均年龄 32 岁。

学校创办 10 余年来，以"构筑师生共同成长的幸福家园"为办学理念，以"做积极的生活者"为校训，创新实施"三层级两平台"扁平化管理模式，管理精细、精致、精心，倡导"奋斗者为本"的浦外精神，构建"五自"德育体系，探索"幸福成长"课堂，开发"幸福·三叶草"系列校本课程，形成了"书声琅琅、歌声朗朗、笑声朗朗"的幸福校园。

学校规模持续扩大，超大规模带来了巨大的管理压力与办学困难。

第一，学校的教师水平参差不齐，骨干教师少，教师年龄结构不合理，年轻教师急需成长，中年教师出现职业倦怠现象。

第二，学校年轻教师多，年轻教师很难准确把握学生学情和课堂教学重点。

第三，教研组内教师数量较多，听课时难以聚齐，教学研讨时泛泛而谈者居多，提出有针对性意见的较少。

针对以上问题，学校借助江苏省智慧校园示范校创建契机，以"数字赋能、数据驱动、幸福成长"理念为指引，在课堂教学、教研改进、作业设计、校本研修等方面开展了一系列教育教学实践，探索基于智慧教学系统的"三学"教学模式、基于数据分析的教学改进模型以及"数据+实证"教研课例研修模式，形成了以研促教的良好氛围、行之有效的教学模式与教研机制以及数字赋能的研修生态。

二、思路和做法

学校自创办以来，经历了超大规模带来的巨大管理压力与办学困难。每年新进教师数量在 40—60 人之间，教师水平参差不齐，对学校办学质量构成了巨大的考验。为了提升新进教师教学水平，学校多管齐下，既开设了新教师诊断课，也实施了师徒结对项目，帮助青年教师成长。然而，新教师的成长需求远远大于学校提供的帮助，在这种情况下，学校决定开展课堂教学改革，用技术推动教师成长，用数据支持教学决策，促进教与学方式变革，实现师生共同成长。

学校从课堂教学、教研改进、作业设计、校本研修等方面着手，开展了一系列教育教学实践，探索基于智慧教学系统的"三学"教学模式、基于数据分析的教学改进模型以及"数据+实证"教研课例研修模式，具体做法如下：

1. 顶层设计，空间融合，营造幸福成长"新校园"

学校始终注重信息化环境建设，秉承"构筑师生共同成长的幸福家园"这一办学理念，遵循"顶层设计、分步实施、螺旋上升"的原则,逐步营造从注重教师课堂展示走向师生互动的智慧教学空间,最终实现以学习者为中心的时空融合"新校园"。

2017 年,学校开展了教学空间设施及网络环境升级建设,配备了 55 个移动学习终端、1间智慧教室和 2 台多功能电子阅读器等公用终端。教室新增加无线 AP,无线网络信号能够覆盖办公区域和教学区域,为智慧校园建设准备好线下学习空间环境。2018 年开始二期建设,全校推进智慧课堂建设与常态应用。每个班配备"平板 + 智慧卡",实现师生有效互动与信息即时反馈,通过线下和线上双线融合开展学习空间融合的探索研究。2019—2021 年进行三期建设,以学习者为中心,依托网络学习空间实现资源个性化推送,助力自主学习,实现个性化、泛在化学习空间建设,辅以线下测评辅导,营造以学习空间融合为特色的幸福成长"新校园"。其中"幸福三叶草"英语学习系统无缝对接江苏省语音学习平台,充分发挥省平台的资源优势,有利于学生开展听说训练、提升口语能力。利用校内机房 PC 端或家长移动终端让网络学习空间与实体学习空间融合,实现了泛在学习,不仅丰富了学习渠道与途径,还为学生提供了更多学习与分享的机会,让学生在幸福的环境中体验成长的快乐。2022 年至今,学校开展"人工智能 + 教育"的探索与实践,以数据驱动教学决策为突破口,深耕"幸福成长"课堂;建设人工智能研修室、新增 AI 听说课堂,以人工智能辅助教研,通过人工智能与学科融合助推教研方式与学习方式的转变;优化人工智能实验室,构建人工智能课程,促进学生智能素养的提升。

学校同步开展"智慧浦外新校园"系统的建设与应用(如图 2–90 所示),覆盖学校"教学""学习""管理""评价"和"监测"五大管理全场景,实现了校园教育教学管理和师生生活的智能化场景全覆盖,依托数据中心实现各应用间的彼此融合,为学校教育信息化可持续发展奠定基础。

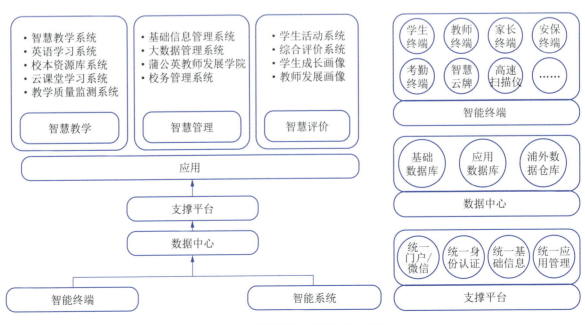

图 2–90 "智慧浦外新校园"系统

2. 数据驱动，双线融合，创新"幸福成长"课堂

学校的每间教室都是智慧课堂，基于智慧教学系统实现备授课云端一体化，用平板电脑、智慧卡进行教学，采集教学信息，实现即时反馈，推进精准化教学；放大数据的累积效应，通过数据读懂每一堂课，了解每一个学生，使教学中所做的每一项决策都更加科学，具有数据基础和决策依据。

（1）开展基于智慧教学系统的"三学"教学模式实践

在"双减"的教育大背景下，基于智慧教学系统开展线下课堂"三学"教学模式的实践研究（如图 2-91 所示），即课前问学、课中研学与课后评学有效衔接，以数据驱动实现"教、学、测、评、辅"一体化精准教学，切实做到减负增效，提升师生幸福感，打造有生命力的"幸福成长"课堂。

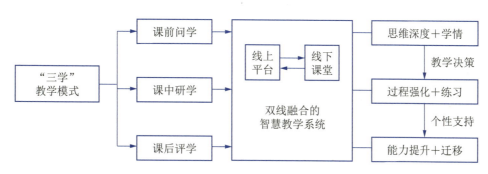

图 2-91　基于智慧教学系统的"三学"教学模式

（2）开展基于数据分析的教学改进模型设计与应用

以年级组为单位，依托学情数据分析系统，凭借科学数据分析模型（如图 2-92 所示），以问题为导向，探索学科教研及教学改进的智慧路径。

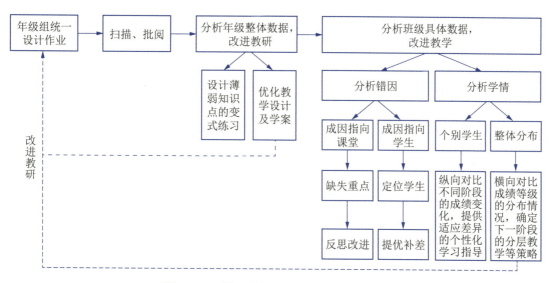

图 2-92　基于数据分析的教学改进模型

年级组统一设计作业，运用学情系统采集并批阅学生的作业。教研活动时组长依据年级整体数据分析提出教学设计及学案设计的优化方案，同时设计薄弱知识点的变式练习，全面巩固提高学生对知识点的掌握程度，有效提升教研效果。教师查看班级数据分析，重点分析学情及错因，反思改进下一阶段教学。在此过程中，教师形成了一定的数据意识和数据分析能力，从而可以进行更深入的教学分析与研究，促进师生个性化成长与共同进步。

（3）开展数据驱动下的校本作业改革

在"双减"政策背景下，通过常态化作业数据采集分析，从数据中动态了解学生的变化，制订符合校情、教情和学情的校本作业，减少重复作业，帮助全体学生达成学习目标。同时，兼顾学生之间的个性化差异，面向不同群体布置分层作业。

① 开发校本作业：各学科备课组利用寒暑假设计贴合学生实际情况的校本作业，采用活页夹形式分章节装订成"题卡合一"模式的练习册，方便单次作业的批改与扫描。

② 常态作业采集：学生在"题卡合一"的纸质练习册上答题，教师用普通水笔批阅，批阅完成后将作业放入高速扫描仪中扫描，数据自动上传至平台。系统支持客观题的自动批改，可以减轻教师工作量，提升教师工作效率。

③ 作业数据应用：数据采集完成后，教师根据学情报告和学生个人情况分析来解决学生分层的问题，并对学生开展个性化的辅导。

作业数据应用之分层教学设计：以"二元一次方程组"一课为例，授新课前教师通过对"课前问学"得出的数据进行分析来定位班级学生层次，制订"课中研学"的教学方案。其中问题2设计得较为开放，目的是培养学生的发散性思维，为班级中层次较高的学生提供思考的载体，帮助层次较低的学生整理课堂笔记、深化新知理解，并用以题固点的方法检测学生对知识点的掌握情况。

作业数据应用之精准个性化辅导：教师根据"课后评学"的数据分析每名学生的知识薄弱点，进行精准个性化辅导，为师生减负。

作业数据应用之优化校本学案：教研组内教师在假期分工协作，优化校本学案，采取"谁主备谁修订谁示范"的基本原则不断更新迭代校本学案，为"高效作业"提供基本保障。

（4）培养教师数据素养

在智慧校园建设过程中，我们认识到数据的重要性，其中伴随教学活动产生的过程性数据更是支持教学与管理决策的重要依据。无论是教师还是管理者，都要有数据收集、提取、分析、应用的能力以及运用数据提升教育教学管理效率的思维方式。

因此，我们组建了数据素养小组。小组成员涵盖各学科教研组长，每月开展一次活动，着力提升小组成员的数据素养，使其能在各自教研组中发挥作用，引领教研组开展数据驱动教学的研究（如表2-11所示）。

表 2-11　数据素养小组活动一览表

时间	内　　容
9 月	组建小组，明确意义，推荐自主学习书本《中小学教师数据素养》与中国大学慕课课程
10 月	结合自主学习内容开展读书交流活动，布置数据驱动下"三学"教学模式的实践
11 月	开展数据驱动下"三学"教学模式的案例交流与研讨
12 月	"双减"现场会，各教研组以展示课的形式汇报研究成果
3 月	集体备课，以数据驱动为准则，对"二元一次方程组"单元展开集中研讨并形成教学设计、学生学案、观察量表等一整套材料
4 月	教学实施，试点组教师开展听、评课，有针对性地进行研讨
5 月	邀请专家指导，整理过程性资料，形成典型案例
6 月	梳理研究成果，形成一般路径

3. 智能应用，研评融合，助推教师"幸福成长"

为了突破教研瓶颈，帮助年轻教师快速成长，学校依托央馆智能研修平台探索"幸福成长"课堂"三学"教学模式与智能研修融合，推进基于全域教学数据分析的实证教研，实现"教、学、评、研一致性"的闭环。

学校依托央馆智能研修平台，在智能录播教室环境下利用平台中"量表评分+AI 教学行为分析"的功能对教学者和课堂教学情境数据进行测量、收集、分析，并形成报告，开展"数据+实证"的课例研磨。基于此，教师优化了原有线下备课流程，形成线上线下相结合的"四步五环节"课例研修模式（如图 2-93 所示），实现"备授评研"一体化，助力"幸福成长"课堂。

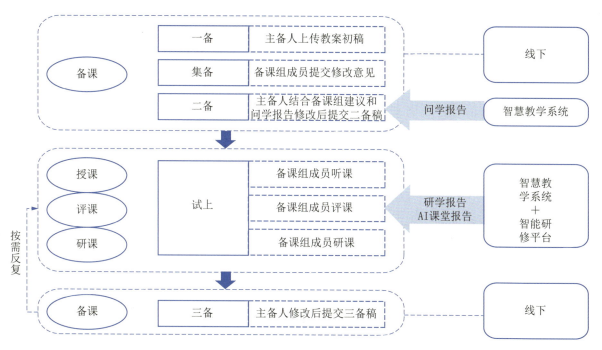

图 2-93　"四步五环节"课例研修模式

三、主要成效

1. 形成以研促教的良好氛围

在智慧校园建设的基础上，学校抓住了项目研究的契机，以研究促进发展。年轻教师敢于借技术的东风开展实践与探索，为个人发展奠定基础。例如，数学组的高凯亮老师，在五年的时间里发表了与数据驱动相关的四篇文章，还开展了一项个人课题研究。以他为代表的青年教师正在迅速成长。

这种以研促教氛围的形成不仅提升了教师的研究能力，还促进了他们的教学实践。教师们通过研究不断探索新的教学方法和策略，从而提高了教学质量和效果。同时，以研促教的氛围也激发了教师的创新精神和进取心，使他们更加积极地参与到教学改革和研究中来。

2. 形成行之有效的教学模式与教研机制

面对学校年轻教师数量多、新教师很难准确把握学生学情和课堂教学重难点的问题，学校首先从教学模式入手，构建了课前问学、课中研学和课后评学的"三学"教学模式。这一模式为新教师提供了一个"脚手架"，帮助他们快速"站稳"课堂。其次，从教研活动入手，引导青年教师透过数据看本质，从常态作业数据分析教师行为与学生学情，制订改进措施。这一教研机制的形成能够帮助青年教师更有效地掌握学生的学习情况，及时调整教学策略和方法，从而提高教学效果。

3. 形成数字赋能的研修生态

我校 500 位教师中，小学语文组有 111 位教师，大组教研根本无法聚齐，教学研讨时基本是泛泛而谈者居多，提出针对性意见的很少，为了解决这个问题，学校引入了智能研修平台。

智能研修平台不仅帮助学校解决了大组教研的研讨难题，也为校本研修提供了更多可能。成熟教师在智能研修室内上课，对他们来说是一大挑战。他们的课程会被青年教师仔细观摩，因此，原本有所懈怠的成熟教师在智能研修室内的时候一定会打起十二分精神，把最好的状态展示出来。对青年教师来说，在智能研修室内上课是一次次磨砺的过程，他们可以反复回看自己的教学视频，对体态、语言、动作等做分析，从而快速提升课堂教学能力。同时，学校也可以积累许多优秀课例，形成宝贵的资源库，为教育教学研究和实践提供强大的支持。

学校通过不断的努力与实践形成了以研促教的良好氛围、行之有效的教学模式与教研机制以及数字赋能的研修生态。今后，学校将继续深化教育教学研究，完善教学模式和教研机制，利用数字技术推动教育教学的发展。

第十节　云南滇中新区

依托智慧城市打造智慧教育生态

——云南滇中新区智慧教育实践

金　雄[①]　李　婷[②]　孙连选[③]

【摘　要】智慧教育推进过程中，滇中新区面临新区各学校基础设施建设尚不完善、智慧教育管理标准尚不明晰、技术与教育融合尚不深入等问题。为此，学校开展了"示范校引导改建，新建校全面布局"的"两步走"行动计划与"一建设、二管理、三创新"的"三步走"战略规划，创新机制建设、人才支撑、基础应用、教育教学、教学管理、教育评价，取得了新区智慧教育发展的阶段性成果。

【关键词】数字云南　智慧城市　智慧教育生态

一、案例背景

1. 发展背景

2015 年 9 月，国务院批复同意设立云南滇中新区（以下简称"新区"），明确提出要把新区打造成面向南亚、东南亚辐射中心的重要支点、云南桥头堡建设重要经济增长极、西部地区新型城镇化建设综合试验区和改革创新先行区。

自 2020 年起，新区进入重要的风险挑战期与战略发展机遇期。国家级新区政策红利优势逐步下降，传统要素优势减弱，市场、资源、技术等高端要素资源争夺更趋激烈，传统人才难以匹配市场需求，人才与市场的结构性失衡成为新区发展的重大风险挑战；全球新一轮科技革命和产业变革正在孕育兴起，智能经济、健康经济、平台经济、共享经济等新经济形态蓬勃发展，产业不断深度跨界融合，对人才构成提出了新要求。新区作为我国面向南亚、东南亚开放的大通道、大窗口、大平台的地位日益突出，发展迎来难得的历史机遇。面对以上不容忽视的风险挑战与历史机遇，新区必须创新举措、积极应对，以顺利度过这一特殊时期。

因此，新区乘着机遇应对挑战，依托《云南省"十四五"教育事业发展规划（2021—2025）》，围绕建设"数字云南"战略措施发展智慧教育，根据昆明市智慧城市"一盘棋、一

① 云南省滇中新区社会事务管理局局长。
② 云南省滇中新区社会事务管理局教育科负责人。
③ 云南省滇中新区西冲小学校长。

张网"的思路采取系列举措,推进新区智慧城市建设进程,加大智慧教育基础设施投入,构建智慧教育体系:建设智慧校园基础设施,搭建新区网络教育资源平台与智慧教育数据平台,建设平安校园基础设施设备;规范智慧教育管理标准,制订出台教育数据管理办法,建设智慧教育综合管理平台,依托核心数据优化教育管理方法,创建智慧教学,服务、治理新生态。以智慧教育生态体系为抓手,明确人才培养方向,创新人才培养模式,以适应产业结构转型升级带来的人才需求变化,为新区未来稳步发展提供有力的队伍支撑。

2. 发展概述

新区整体正处于智慧教育转型升级关键期,各学校智慧教育探索步伐参差不齐。新区现共有各类中小学、幼儿园 42 所。在国家教育信息化的相关政策、文件的指引和推动下,新区各学校都在智慧教育的道路上进行着不同程度的探索,但在机制建设、人才支撑、基础应用、教育教学、教学管理、教育评价等方面都有不同的侧重,探索进度快慢不一。

(1) 机制建设方面

目前有 30% 的中小学在基础设施建设、校园安全、教育教学、日常管理、教学评价、家校共育、教师发展等多个方面提出了适配学校实际情况的顶层设计方案,70% 的学校还处于初步探索阶段。

(2) 人才支撑方面

有 60% 的学校开展过智慧教育、信息化装备使用与维护等相关内容的培训活动,但在培训数量和频率、教师覆盖面以及内容的深度和广度上差异较大,培训效果也有不同程度的参差。人才培训以散点式为主,超过 90% 的学校尚未形成完备的智慧教育人才队伍建设机制。

(3) 基础应用方面

新区内所有学校均已基本实现校园局域网全覆盖,各学校基本配备符合自身需求的智能办公设备、智能终端等,并且有超过 50% 的学校在过去 3 年中加快配置智慧教育技术设备,推进智慧教育基础环境建设进程,对智慧教育的投入呈逐年上涨趋势。但纵观全局,有超过 90% 的学校在技术设备方面还需全面升级换代,以适应智慧教育发展需求。

(4) 教育教学方面

有 10% 的学校真正实现了智慧课堂,还有 90% 的学校仅停留在信息技术辅助传统教学的层面,急需进一步深化智慧教育观念,探索信息技术与教育教学的深度融合的方法,创建全新的智慧教育生态,以辅助学生个性化、自主、高效学习。

(5) 教学管理方面

有 10% 的学校开发了专门的教学管理平台。90% 的学校利用企业微信等 App 的预设功能进行教学管理，利用"腾讯会议"召开线上工作会议，利用微信群等网络社群实时沟通或者召开线上家长会进行家校沟通，暂未形成系统、完备的教学管理模式。

（6）教学评价方面

仅有1—2所学校建立了专门的课堂评价管理平台，5—10所学校基于网络教学资源积极探索数字化的教学评价体系，其余学校暂未开展相关工作。

综合来看，受客观环境及发展要素的限制，新区目前的智慧教育实践呈现出基础设施建设尚不完善、管理标准尚不明晰、技术与教育融合尚不深入的总体现状。

二、主要做法

1."两步走"行动计划

基于新区智慧教育总体现状，采用了"示范校引导改建，新建校全面布局"的"两步走"行动计划，优先投入改造示范校，重点投入布局新建校，先进学校引领后进学校，重点学校带动周边学校，进而带动新区所有学校开展智慧教育工作。

（1）示范校引导改建

新区优先投入改造示范校，采取先进学校带动后进学校、后进学校效仿先进学校的方法，学习本土智慧教育建设发展的成功案例，吸收全国智慧教育示范校的先进经验，在学校原有设施设备、体系架构基础上进行优化改建。近年来，新区推进基础教育扩容提质，投入约19.96亿元积极谋划建设西冲小学改扩建（一期）、C3地块幼儿园、杉松园片区K12学校，投入了约1亿元对辖区内公办学校进行基础设施修缮、提升、改造及添置教学设备，提高教育硬件设施水平。

西冲小学从2015年起围绕新区政策，依托政府投入，基于信息技术探索智慧校园管理模式，开展智慧教育相关实践：建立智能化教学环境，开展多样化创新教学，促进学生个性化自主学习；基于多维度数据分析实现科学化教学管理；基于常态化应用提高师生信息素养；基于技术服务支撑打通了家校沟通渠道，形成校企合作模式、顶层设计依据、学校管理体系、教师发展支撑、学生发展支撑等板块合力的未来学校生态系统。

在此基础上，学校继续升级改造，建设西冲小学教育信息化2.0数字校园：搭建移动物联的校园网、智慧学习环境、数字教学空间、创新学习空间、文化生活空间，构筑智能安防校园；构建知识共享服务体系、个性化网络学习空间、协作学习社群，提供体系化优质数字教育资源服务；开展以模式创新为核心的智慧应用，包括智慧教学应用、智慧教研应用、智慧教育管理应用、智慧评价应用、智慧服务应用等。以西冲小学为新区智慧教育的排头兵，指导其他学校建设各自的智慧教育生态，由点到线，集线成面，逐步提高新区整体智慧教育水平。

（2）新建校全面布局

重点投入布局新建校，依托新区加快发展基础教育的政策背景，支持基础教育重大项目建设，加大资金投入。在投资建设伊始，将智慧教育纳入学校总体建设目标、基础设施建设规划及顶层设计架构，让智慧教育与学校同步发展。

新区对 2022 年 8 月 30 日揭牌成立的昆明市第一中学空港校区总投资额达 15.88 亿元，可满足 3 780 名学生就学。学校建校初期，新区还投入台式电脑 1 100 台、笔记本电脑 35 台，以满足首批入学学生的智慧教育需求。与此同时，学校设计了智慧教育顶层架构：教育教学方面，教师合理使用信息技术，利用课程网络资源、音视频播放、图片展示等促进学生自主学习和主动学习，从而有效提高课堂质量；队伍建设方面，学校积极开展师生信息素养提升实践活动，推进信息技术与教育教学融合创新，形成了"课堂用、经常用、普遍用"的信息化教学新常态；学业测评方面，引入校企合作模式，借助平台完成学生英语听力、口语测试；校园管理方面，利用学校门禁系统记录学生出入校园时间，保证学生日常安全。学校将智慧教育融入基础教育建设的设计规划层面，逐步推进新区智慧教育大力发展。

2. "三步走" 战略规划

在"两步走"行动计划初见成效的基础上，新区应《云南滇中新区直管区智慧城市建设规划（2023—2030 年）》文件要求，加快推进滇中新区直管区智慧教育工程坐稳坐实，着力实施"一建设、二管理、三创新"的"三步走"智慧教育战略规划（如图 2-94 所示），完善基础设施建设，明晰智慧教育管理标准，深度融合技术与教育，总体推动新区智慧教育向前迈步。

（1）夯实基础建设，形成基础支撑力

开展智慧校园基础设施建设，优化升级新区校园网络基础设施，推动教育宽带建设向 IPv6 升级，加快推进新区局域网标准化改造，逐步实现中小学千兆光纤进校、百兆光纤进班，无线网络与 5G 网络校园全覆盖。加快建设新区数字实验室、数字化学科教室、虚拟仿真实验室等物理学习空间，鼓励学校开展机器人实训、3D 打印等课程，推动人工智能与 5G 网络的深度融合，加强师生智能化教学终端推广应用，实现场景化交互教学，打造沉浸式课堂体验。积极建设新区网络教育资源平台，通过网络联校、网络课堂、名师课堂、远程同步智能课堂等方式联合所有社区学校精准推送优质教育资源，促进新区与校际教育联合发展。集约搭建新区智慧教育数据平台，利用大数据分析技术分析学龄人口信息，合理布局教学设施，高效分配教育资源，依托数据挖掘与学习分析工具开展线上阅卷及批改作业，同步存储、统计学生学习行为与成果，实现教育教学全过程数据支撑。建设智慧校园综合管理平台，通过数据融合构建智慧教学、服务、治理新生态。加快推进新区平安校园基础建设，推广部署人脸识别门禁、高清网络摄像机、一键式报警装置等，推动校园视频监控、紧急报警等系统与公安部门系统对接，强化警校联动。

（2）完善教育管理，形成推进凝聚力

制定出台教育数据管理办法，规范数据的采集、存储、处理、使用、共享等全生命周期管理，保证数据的真实、完整、准确、安全及可用，有序实现教育基础数据开放共享。建设智慧教育综合管理平台，实现对校园管理、学生学籍管理、综合素质评价、考试情况、财务系统等项目的线上管理和科学分析；依托数据收集、数据分析等新一代信息技术实现教育智能决策、可视化管控、安全预警、多维评价、生涯规划等服务，促进教学互动，为学生提供个性化、多样化、高质量的教育服务。通过数据融合构建智慧教学、服务、治理新生态。依托核心数据提升教育管理水平，依托智慧教育数据平台的教师、学生、资产等核心数据开展教育态势感知、校园环境监控、教学质量监测、学校创新能力测评、教师教学特征分析、学生学情诊断、教育精准扶贫等数据分析，为提高教育管理水平和治理能力提供决策支撑。

（3）创新教育样态，形成发展推动力

探索智慧教育融合创新样态，更新迭代优质数字教育资源，引入汇集校企、国内外优质资源，开发制作特色基础教育课程，开设普通高中网络选修课程，优化新区教育资源平台。持续开展"一师一优课、一课一名师"等信息化教学推广活动，激发教师队伍教育智慧不断生成和共享优质资源。创新融合智慧校园建设工程，基于人工智能技术建设以学习者为中心的智能化

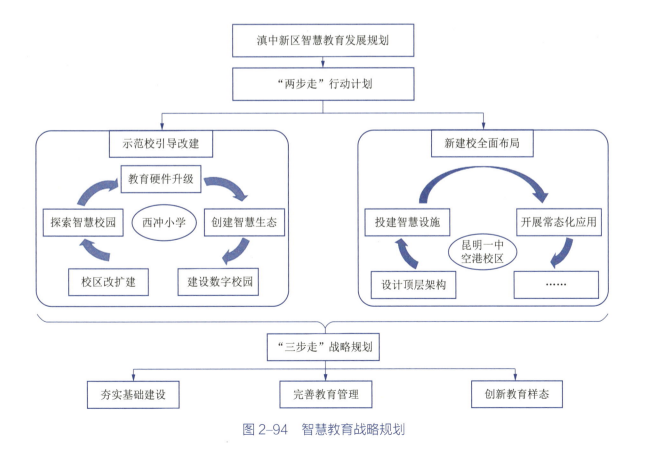

图 2-94　智慧教育战略规划

教学支持环境，推动人工智能在教学、管理等方面的全流程应用。利用 5G+VR 技术服务全时域、全空域、全受众的智能学习新要求，以精品在线开放课程、示范性虚拟仿真实验教学项目建设为载体，加强大容量智能教学资源建设，加快建设在线智能教室、智能实验室、智能多媒体教室、数字图书馆等智能学习空间。基于区块链、大数据技术等新技术的智能学习效果记录、转移、交换、认证等有效方式建设数字校园区块链平台，形成泛在化、智能化学习体系。创新教育大数据应用，汇聚融通教育领域的大数据资源，依法依规推动教育领域与其他公共领域数据交换互通。打通全区教育数据壁垒，夯实教育服务供给的数据"大动脉"。

三、主要成效

新区经过"示范校引导改建，新建校全面布局"的"两步走"行动计划的初步探索与"一建设、二管理、三创新"的"三步走"智慧教育战略规划的全面布局，取得了推动教育"逆风"发展的阶段性成果，创造了智慧教育"六新"。

一是机制建设新起色。直管区所有学校跟随区域步伐先后推进校际智慧教育建设工程，新区管委会进一步确定了直管区智慧教育的推进路径，先后为西冲小学、昆明市区第一中学空港学校、西南联大研究院附属学校、依云小学等校提供约 3.3 亿元资金支持。

二是人才支撑新进展。新区转换培训思维、调整培训重点、优化培训内容，大力开展新区智慧教育师资队伍建设，迄今已完成 78 场培训，覆盖约 3 万人次，以人才支撑推动智慧教育落地实施。

三是基础应用新突破。近年来，新区管委会累计在教育装备方面投入 22.7 亿元，实现智慧教育运用新发展。

四是教育教学新成果。新区在积极推进智慧教育硬件建设的同时把智慧教育常态化应用放在首位，推进线上线下混合式教学，开展信息技术与学科深度融合的综合课程，通过辅导培训、观摩研讨、网络交流、展评总结、课题引领等形式推进智慧教育课堂融合创新。

五是教学管理新渠道。新区依托信息技术平台拓宽教学管理渠道，围绕学校管理、教育教学、家校互动等需求搭建信息管理平台，实现学校环境、资源、设备数据的收集、汇总、交互，为各校管理提供有效的数据支持。

六是教育评价新驱动。目前，新区常态化实施教育质量综合评价，开展学生综合素质评价创新，探索各年级学生学习情况全过程纵向评价，德、智、体、美、劳全要素横向评价，提高教育评价的深度与广度，通过数据分析优化教育质量综合评价标准，通过数据采集支撑教育治理。

滇中新区智慧教育的"西冲范式"

金 雄[①] 李 婷[②] 孙连选[③]

【摘 要】西冲小学在探索智慧教育的道路上遭遇了家长协同度低与教师观念转变困难两大现实阻碍，面临着智慧教育发展进程推动受阻、教师智慧教育能力普遍偏低、学生自主学习能力发展较弱和教育教学质量提升较慢的问题。学校基于探索智慧教育的总体思路推行多项特色举措，包括建立多方协同的智慧教育体系，优化西冲特色教学范式，探索多种智慧学习模式，开展智慧课堂教学教研，最终实现了"人人都会上智慧课堂"的西冲智慧教育生态。

【关键词】生态系统 特色举措 多方协同

一、案例背景

西冲小学于1913年建校，至今已有110年的办学历史，近十年办学水平一直稳居区域前列。随着互联网、大数据、云计算、物联网、人工智能、虚拟现实等信息技术逐步发展，数字时代正在到来，社会结构正在发生重大变化，对教育与人才的要求也随之转变。学校在做好做优传统教育教学工作的基础上精益求精，应承教育数字化转型的时代使命，于2015年开始探索智慧校园及智慧课堂，为培养出更符合时代需求的人才打好基础。

学校在智慧教育进程中遇到了两大阻碍：一是家长协同度低导致智慧教育推进受阻。由于西冲小学所在的西冲社区人口构成的特殊性，学校学生中随迁子女占比近80%，学生家长中外来务工人员占大多数。家长学历普遍偏低，其中初中学历占比60%，高中学历占比30%，大学学历、小学学历及文盲分别占比5%，家庭构成差异较大，生源质量处于落后水平。因此，家长和学生对智慧教育缺乏认知，协同度低，智慧教育工作开展举步维艰。二是教师观念难以扭转导致教师队伍智慧教育能力不足。西冲小学作为区域乃至全国智慧教育发展的"先遣队"，缺少本土现成经验，教师队伍作为学校智慧教育改革建设的"排头兵"，缺乏学习提升的途径和抓手。

两大现实阻碍催生出学校推行智慧教育的四个难题：一是如何顺利且高质高效地推进智慧教育，让西冲小学的每个学生家庭都能跟上学校改革的步伐，享受到智慧教育的成果；二是如何更新教师的教育观念，改变其教学习惯、提升其信息素养，提高教师队伍的智慧教育能力；三是如何使学生适应多种智慧学习情境，运用个性化学习工具，发展自主学习能力；四是如何

[①] 云南省滇中新区社会事务管理局局长。
[②] 云南省滇中新区社会事务管理局教育科负责人。
[③] 云南省滇中新区西冲小学校长。

优化智慧课堂，建立课堂生态，提升教学质量。

二、思路和做法

1. 总体思路

基于西冲小学发展智慧教育的总体目标，学校以新兴信息技术和优质教学资源为基础，以数据海量汇聚和数据多维分析为核心，多方共进，全面开启智慧教育探索之路。

首先，基于信息技术建立智能教学环境。采用"云、班、端"的设计理念，并通过多种终端设备的无缝连接和智能化运用打破传统教室的时空概念，为教师开展多样化创新教学提供支撑，真正创建"处处能学、时时可学"的泛在化智慧学习环境。其次，基于常态化应用提高师生信息素养。让教师与学生在泛在化的智慧教学环境中将信息化工具融入日常教学之中，推进信息化教与学的常态化应用，最终实现师生信息素养的提高。再次，基于智慧教研开展多样化创新教学。通过提高教师信息素养带动其智慧教育科研能力提升，以教研活动促进教师教学观念、教学内容、教学方式和教学流程的优化和创新。另外，基于智慧课堂共建共享促进学生个性化自主学习。以优质资源为基础，以智慧课堂为抓手进行学习重构，将知识传授型学习转变为知识生成型学习，提升学生学习的自主性，促进学生全面而有个性地发展。同时，基于多维度数据分析实现科学化教学管理。通过大数据分析和动态学习评价构建基于数据收集、汇聚、挖掘和分析的全过程教学分析与评价体系，提供涵盖"教、学、管、评、练"等教育教学主要环节的多维度数据分析。基于技术服务支撑打通家校沟通渠道。通过搭建家校互动平台加强家校沟通，宣传家庭教育理念，普及家庭教育知识，提升家长素质和家庭教育质量，促进学校、家庭、社会协同育人。

2. 特色做法

（1）创建智慧教育生态，推进智慧教育进程

学校创建了政府支持、校企合作、家庭协同的智慧教育生态，以高质高效推进智慧教育。2016 年，西冲小学在区政府的支持下引入校企合作新模式，与教育科技企业建立合作，成立试点校。学校与企业结合发展实际，集中全校教师智慧，参考优秀学校经验，经过多次论证及梳理、修正、完善，共同搭建未来学校体系。该体系以"西冲未来学校"为中心，以学生和教师为主体，以学校、家庭、社会、企业协同为助力，将学校设备、资源、平台、规划、制度、评价机制、工作流程、技术测量等进行科学的全方位整合。该体系共有五大板块，包括一个依据，即顶层设计依据；一个范式，即"西冲教学范式"；三个支撑，即育人环境支撑、校园安全支撑和公共服务支撑。（如图 2-95 所示）

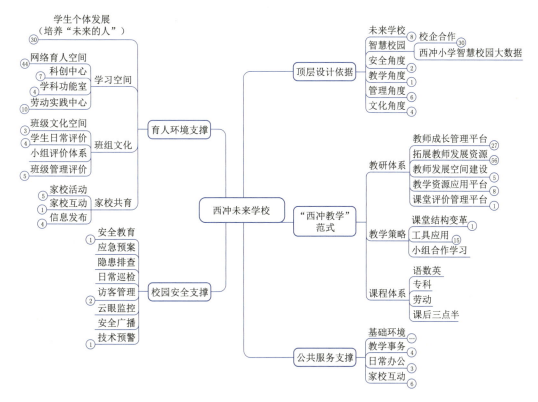

图 2-95 "西冲未来学校"体系

（2）优化西冲特色教学范式，提高教师智慧教育能力

面对提高教师队伍智慧教育能力这一难点，学校设计了西冲教学范式模块，模块分为三个支系，包括课程体系、教学策略、教研体系，其中教研体系包括教师成长管理平台建设、教师发展资源拓展、教师发展空间建设、教学资源应用平台建设以及课堂评价管理平台建设五个维度，为教师专业发展提供了切实支撑。

教师成长管理平台建设：围绕师德师风、专业发展、教学工作、教学研究、教学管理等方面探索教师成长管理平台的搭建。

教师发展资源拓展：通过学科课堂教学工具、移动听评课工具、校本在线课程建设、区域在线课程联盟建设促进教师专业发展；通过构建教师发展资源平台驱动教师研修学习，辅助教师教学教研，依托翻转课堂、智慧课堂、集体备课、常态化公开课、基地示范课、名师精品课等手段推动教师更新教育教学理念，实现教师终身学习；结合每周一次的常态化教师培训，围绕学科知识体系、教师课堂技能、骨干教师能力提升等专题培训为教师队伍发展增效提质。

教师专业发展空间建设：建设专业教研室、学科磨课室、公共录播教室、微课制作室；改造原有报告厅，学校、企业共同建立教师发展空间，保障公开课、示范课、精品课展示交流常态化。

教学资源应用平台建设：建立校本资源数据库，包括校本视频资源平台、校本教学资源平台等。视频资源平台用于教师课后反思、集体磨课，教学资源平台围绕教材，按章节提供课件、教案、导学案、微视频、试题习题、教学借鉴、教学反思等内容存储板块；采用云端部署模式，结合电子书包，方便教师制作课前预习、课中授课、课后检测内容。除此之外，学校引进名校名师优质资源供教师参考借鉴。

课堂评价管理平台建设：以企业微信手机端为入口，依据《昆明市课堂评价标准》《官渡区课堂评价标准》《西冲小学智慧课堂评价标准》等评价标准，任课教师课前上传微课、教材、教学设计、PPT、导学案等资料，旁听教师手机评分，上传听课记录，填写评语，再由后台分析处理数据，为学校教学管理、教师自主提升提供参考。（如图 2-96 所示）

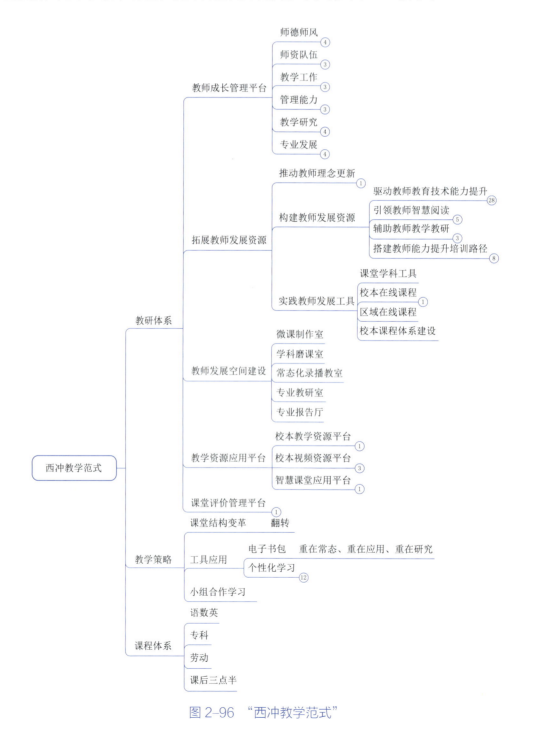

图 2-96 "西冲教学范式"

（3）探索多种智慧学习模式，提高学生自主学习能力

在做好师资培养与教学资源开发的基础上，学校建设多样化混合学习空间、提供个性化学习工具、搭建智慧课堂平台、变革课堂结构以助力学生提高自主学习能力。

建设多样化混合学习空间：作为学生学习的重要环境支撑，围绕学生成长发展规律与新课标要求建设音、体、美、劳专用教室，阅览室、少先队室、各类社团活动室等实体空间。建设78个智慧教室、校园科普E站，78个班级电子班牌等作为网络学习空间，为学生提供多样化的混合学习空间。

提供个性化学习工具：通过设计学习策略、开发学习工具、搭建学习"脚手架"的建设思路，利用信息化的优势，以电子书包为载体，在学校强制技术管控下提供适合学校的在线App工具及实体学科工具。

搭建智慧课堂平台：实施纸笔互动智慧课堂，在保留学生原有书写习惯的前提下，通过点阵笔将学生答题过程实时传输到智慧课堂系统，还原学生的解题过程、答题思路。同时，智慧课堂还可以将学生的答题情况以大数据的方式呈现，让教师更直观、更清晰地了解班级学生的整体水平，从而突破教学难点，实现精准教学。

变革课堂结构：在教学模式方面，全校采取翻转课堂教学，并细化到每一个课时的翻转。课前，教师将录制好的导学案上传到课堂云平台，学生通过智能平板电脑内置的在线学习App进行预习。课中，教师会带领学生开展深层次学习，学生学习之后利用平板电脑提交课堂作业，教师在电脑端展开精准分析。课后，学生继续利用智能平板电脑完成部分家庭作业。经过课堂结构的变革，学生从被动获取知识转向主动生成知识，自主学习能力逐渐提高。

（4）建立智慧课堂生态，提高教育教学质量

在未来学校生态系统之下，西冲小学建立了教学主体、教学活动、服务系统及基础环境共同构成且相互联系的有机整体——智慧课堂生态，并着力于智慧课堂的教学教研以提高学校教育教学质量。学校从提升教师教学水平、培养学生学习能力以及提高教育教学质量三个方面开展工作。

一是提升教师教学水平。学校以智慧课堂建设为抓手，推动教师更新教学理念、创新教学方法，从而提升教学水平。智慧课堂的建设将为教师带来全新的教学体验，为教师提供多样化的课堂互动、课堂协作、课堂展示等工具，支持课堂情景全过程录制、学生信息即时反馈、教学资源共建共享等。一方面，通过智慧课堂可以高效组织课堂活动，有效促进课堂互动；另一方面，课堂的全过程录制便于教师复盘课堂情况，帮助教师诊断课堂存在的问题，探讨优化课堂的方案，有利于促进教师专业发展。此外，智慧课堂的建设还能在一定程度上推动教师进一步思考如何将课程内容与智慧教室应用相互融合，探索课堂创新的方向和路径，有助于教师教

学水平的提升。

二是提升学生学习能力。智慧课堂的建设应从为学生带来良好的学习体验出发，支持学生与教师以及同伴之间的深度交互，支持学生便捷地获取优质教育资源，支持学生便捷地了解自己的学习成效，为学生进行个性化学习、知识内化和知识构建提供全方位的支持。

三是提高教育教学质量。教育教学质量的提升应从提高学生学习积极性、丰富学习活动的形式、科学诊断学生学习成效、为学生提供个性化的辅导、智能化地推送学习资源、全过程记录学生的学习数据等方面入手。由此，智慧课堂的建设不仅要考虑物理环境的建设，即依托物联网技术和智能感知技术为师生提供舒适的学习环境，还需要考虑智慧课堂系统的部署，为便于师生开展课堂互动、教学诊断、学习反馈等教学活动提供支持。智慧课堂能通过智能终端将学生连接起来，为师生深度交互、活跃课堂气氛提供支持，并全过程、全阶段地记录下学生相关信息和数据，让教师能够迅速全面地了解每一名学生的学习情况，从而及时调整教学节奏，为学生提供个性化的指导，最终实现教学质量的提升。

通过创建智慧教学环境、搭建智慧教育服务系统，教师运用智慧教学工具创新教学活动的理念、模式、方法与技巧，学生在泛在化智能环境中沉浸式完成学习任务，教师的智慧教育能力、学生的自主学习能力、师生的信息素养以及教育教学质量都能获得全面提升。

三、主要成效

2015 年至今，西冲小学在智慧教育建设上取得了丰厚的成果。2016 年，学校采用校企合作模式，同年被评为昆明市信息化示范学校；2018 年，学校引入智慧课堂平台，打造翻转课堂教学模式；2021 年，滇中新区着力优化教育资源配置，改善办学条件，签署西冲小学改扩建教学配套系统一期、二期工程项目；2022 年，滇中新区聚焦重点项目建设，推动改善民生福祉，有序推进西冲小学改扩建一期工程，如今学校占地面积达到 67 837 平方米，学生人数达到 2 230 人，教师 150 名，信息化设备配备齐全；2023 年，学校智慧教育培训覆盖人次达到 165 人，智慧教育管理模式已初见成效，建成了智慧安全管理、智慧教研管理、智慧德育管理等管理模式，智慧课堂教学模式已呈常态化，实现了"人人都会上智慧课堂"。

今后，西冲小学将依托《云南省教育高质量发展三年行动计划（2023—2025 年）》，进一步提高教育信息化、教学智慧化、管理数据化水平，进一步推进智慧校园建设，实现数字化教学设备覆盖每个教室，并保障必要的设备迭代更新。到 2025 年，计划实现学校人人拥有便携式移动学习终端；进一步创新教育大数据应用，建立校园综合素质评价信息系统，实现多维度数据的伴随式采集，提升教育考试信息化管理水平，实现全区考试、质量监测工作数字化、智能化；进一步推进人工智能技术应用，探索人工智能技术与"教、学、测、评、管"等教育教学主要环节的融合创新；继续建设智慧教育示范校，突出学校特色，注重实际应用，着力解决教育管理和课堂教学中的难点、痛点问题。围绕差异化教学、个性化学习、精准化管理、智能化服务四大方向进行智慧教育建设和应用，在现有基础上总结经验、完善方案，逐步扩大建设及应用范围。

第三部分

PART 3
国家级新区智慧教育指数表征

第一节　国家级新区智慧教育评估体系

在对智慧教育核心特征进行分析以及国家级新区智慧教育实践场景进行梳理的基础上构建区域智慧教育发展评估体系，从教育理念、教学空间、数据资源、教育形态和教育治理五个维度表征区域智慧教育发展水平（如表 3-1）。该评估框架经过三年的迭代检验，能够较为全面地展现区域智慧教育发展现状，其生成的"指数"可以为区域智慧教育建设提供方向指引。

表 3-1　智慧教育区域发展评估体系

教育理念	发展关注	与智慧教育理念的适切性、区域差异
教学空间	物理环境	学校教室智慧化程度
		校园智能化程度
	线上空间	网络接入性
		网络空间成熟度
		云服务能力
数据资源	教学资源	教学资源建设应用可持续生态
		教学资源形态
		教学资源服务水平
	管理信息	管理信息资源建设水平
		管理信息资源服务能力
教育形态	教师发展	教师发展智能化程度
	教育新业态	学校推动的新模式
教育治理	教育治理业务	学校智能治理业务分布

一、教育理念

评估一个区域的教育理念是否符合智慧教育的要求，是否重视并投入智慧教育，包含发展关注和工作计划两个方面。

评估指标 1：智慧教育投入

从以下几个角度分析评估指标中的"智慧教育投入"指标。

（1）各区域班级平均获得智慧教育投入比值：主要考察各区域班级平均获得的智慧教育投入情况。通过比较不同区域班级获得智慧教育投入的比值，可以了解各区域在智慧教育投入方面的均衡程度和差异情况。一般来说，一个区域的班级平均获得智慧教育投入比值越高，说明该区域在智慧教育投入方面相对较为充足，能够满足更多班级的教学需求。

（2）各区域教师平均获得智慧教育投入比值：主要考察各区域教师平均获得的智慧教育投入情况。教师是智慧教育的实施者，他们的教学水平和能力直接影响着智慧教育的质量和效果。通过比较不同区域教师获得智慧教育投入的比值，可以了解各区域在教师智慧教育培训和支持方面的投入情况，以及教师对智慧教育的参与度和满意度。

（3）各区域生均智慧教育投入比值：主要考察各区域学生平均获得的智慧教育投入情况。生均智慧教育投入比值能够反映一个区域在满足学生个性化学习需求方面的投入力度。通过比较不同区域生均投入比值，可以了解各区域在满足学生学习需求方面的差异情况，以及各区域在教育公平方面的表现。

（4）各区域智慧教育投入占总投入比值：主要考察各区域智慧教育投入占总投入的比例情况。智慧教育是当前教育发展的重要方向，它需要相应的资源和资金支持。通过比较不同区域智慧教育投入占总投入的比值可以了解各区域对智慧教育的重视程度和投入力度，以及各区域在教育现代化方面的进展情况。

评估指标中的"智慧教育"投入指标从各区域班级平均获得智慧教育投入比值、各区域教师平均获得智慧教育投入比值、各区域生均智慧教育投入比值、各区域智慧教育投入占总投入比值等多个角度综合考察一个区域在智慧教育方面的投入情况。通过对这些指标的评估和分析，可以全面了解各区域在智慧教育发展方面的差异和问题，为进一步推动智慧教育的均衡发展提供参考依据。

评估指标 2：工作规划

在智慧教育的背景下，从分析各区域工作计划文本关键词的角度来看，"教育理念"指标中的"工作规划"指标在智慧教育评估中的内涵可以进一步理解为对智慧教育发展的整体认识和规划，包括以下几个方面。

（1）智慧教育发展目标：是否在区域工作计划中明确提出智慧教育发展的目标，如提升学生信息化素养、提高教育信息化水平等，以及这些目标是否结合区域实际情况，同时考虑到智慧教育发展的趋势和需求。

（2）智慧教育价值观：是否在区域工作计划中强调尊重和培养学生的信息素养、创新思维、自主学习能力，以及这些价值观是否体现了智慧教育的核心理念，即以学生为中心，培养学生的创新能力和自主学习能力。

（3）智慧教育质量标准：是否在区域工作计划中明确提出智慧教育质量的评判标准和评价机制，如衡量学生信息化素养水平、教师信息化教学能力的指标等，以及这些标准是否能够全面衡量智慧教育的实施效果和学生的学习成果。

（4）智慧教育改革与创新：是否在区域工作计划中明确提出智慧教育改革和创新的重点和路径，如推进在线课程建设、实施信息化教学等，以及这些改革和创新是否能够促进智慧教育质量的提升和人才培养模式的创新。

（5）智慧教育教师专业发展：在区域工作计划中是否明确提出促进教师专业发展的措施和路径，如开展信息化教育培训、提高教师信息化教学能力等，以及这些措施是否能够提升教师的信息化素养和教育教学能力。

通过对各区域工作计划文本中的关键词进行分析，可以深入理解工作规划指标在智慧教育评估中的内涵，从而评估各区域智慧教育工作规划和实施情况。上述关键词可以作为评估指标的一部分，用于量化评估各区域发展智慧教育的努力程度和效果。

二、教学空间

评估一个区域的教学空间是否满足智慧教育的要求，包括评估物理环境和线上空间两个方面。在物理环境方面，学校教室智慧化程度和校园智能化程度是重要的评估指标，要考察的是学校教室和校园是否具备了先进的智能化设备和设施，是否能够支持智慧教育的开展；在线上空间方面，网络接入性、网络空间成熟度和云服务能力是关键的评估指标，要考察的是该区域的网络设施是否完善，是否有稳定、高速的网络环境，以及是否具备云存储、云计算等云服务能力，是否能够提供充足的在线学习资源和教学支持。

1. 物理环境

评估指标 3：学校教室智慧化程度

学校教室的智慧化程度包含互动性指标、个性化学习指标、实时评估与反馈指标、高效管理指标、灵活的布局和环境控制指标。

（1）互动性指标

智能设备使用率：考察学校教室中智能设备的使用情况，包括智能设备的数量、类型和使用频率等。

互动教学平台覆盖率：考察学校教室是否拥有互动教学平台，以及互动教学平台覆盖的班级数量和使用的频率。

在线协作学习开展情况：考察学校教室中是否开展在线协作学习，以及学生在线协作学习参与度和学习成果等。

（2）个性化学习指标

个性化学习计划制订与实施情况：考察学校教师是否为学生制订个性化学习计划及计划的

实施效果。

自带智能化学习设备与个人电脑普及率：考察学生自带智能化学习设备或个人电脑在学校中的普及程度。

在线学习资源丰富度：考察学校教室中在线学习资源的数量和质量，以及在线学习资源是否能满足学生的个性化学习需求。

（3）实时评估与反馈指标

在线测验与反馈系统使用情况：考察学校教室是否使用在线测验与反馈系统，以及使用频率和效果等。

学生学业评估报告质量：考察学校教师为学生提供的学业评估报告的质量，包括报告内容的准确性、全面性和及时性等。

教师反馈及时性与有效性：考察学校教师是否及时给予学生有效反馈，并针对学生的学习问题提出改进建议。

（4）高效管理指标

教室设备管理效率：考察学校教室设备的维护和管理效率，包括设备故障率、维修响应速度等。

教学资源整合与共享程度：考察学校教室中各类教学资源整合和共享的情况，以及教师对资源的应用情况。

空间利用与布局优化度：考察学校教室的空间布局优化程度，包括空间利用效率、舒适度和美观度等。

（5）灵活的布局和环境控制指标

教室布局调整频率：考察学校教室布局调整的频率，以及调整的灵活性和适应性。

环境控制智能化程度：考察学校教室环境控制的智能化程度，包括温度、湿度、光照等自动调节功能的应用情况。

设备与设施兼容性：考察学校教室中的设备与设施是否具有良好的兼容性，以及是否相互干扰或造成不良影响。

学校认为迫切需要的教室功能可以反映出教室的智慧化程度。这些指标不仅关注智能设备与设施的使用情况，还关注学生的学习效果和教师的教育教学水平，从而为提高学校教学质量和信息化发展水平提供参考依据。

评估指标 4：校园智能化程度

从"十四五"规划中对智慧校园的规划占比情况来看，校园智能化程度的评价指标包含以下几个方面。

智慧校园建设规划占比：在学校的整体发展规划中，智慧校园建设规划所占比重是衡量校园智能化程度的重要指标之一。智慧校园建设规划占比越高，说明学校对智慧校园建设的重视程度越高，同时也意味着学校将投入更多的资源来推动智慧校园的发展。

智慧教室建设情况：智慧校园的核心组成部分是智慧教室。因此，评估校园智能化程度还需要关注智慧教室的建设情况，包括智慧教室的数量、覆盖率、设备配备情况以及使用频率等。智慧教室的数量越多、覆盖面越广，说明学校的智能化程度越高。

信息技术应用情况：在智慧校园中，信息技术的应用是推动智能化发展的重要支撑。因此，评估校园智能化程度还需要关注学校信息技术应用，包括师生信息素养、信息技术与教育教学的融合程度、在线教育资源建设等情况。信息技术应用越广泛、越深入，说明学校的智能化程度越高。

数据治理与应用情况：智慧校园的建设离不开数据治理与应用。因此，评估校园智能化程度还需要关注学校的数据治理与应用，包括数据标准、数据共享、数据分析与决策支持等方面的情况。数据治理与应用越完善、越充分，说明学校的智能化程度越高。

安全保障与风险管理：智慧校园的建设面临着诸多安全保障和风险管理方面的挑战。因此，评估校园智能化程度还需要关注学校在安全保障和风险管理方面，包括网络安全、数据安全、设备安全等的措施和成效。安全保障与风险管理越到位、越完善，说明学校的智能化程度越高。

2. 线上空间

评估指标 5：网络接入性

从学校网络建设的需求角度来看，网络接入性指标可以从以下几个方面来设置。

网络覆盖范围：学校的网络覆盖范围应该涵盖校园内的各个区域，包括教学楼、实验室、图书馆、宿舍、办公室等。同时，网络信号应该稳定，不会出现断线或信号弱的情况。

网络带宽：学校网络应该具备足够的带宽以满足师生的网络使用需求，使高速下载、上传、在线视频、远程会议等功能都能流畅地运行。

网络速度：学校的网络速度应该足够快，能够满足让大量用户同时在线的需求。这样，学生和教师才能在需要时快速地获取和分享资源。

网络安全性：学校的网络应该具备高度的安全性，以保护师生的个人信息和数据，包括数据加密、防火墙、入侵检测等安全措施都应该到位。

网络管理：学校应该建立完善的网络管理体系，以保证网络的稳定性和可用性。网络设备管理、用户管理、流量管理等都应该纳入网络管理体系中。

从学校网络建设的需求角度来看，网络接入性指标应该考虑网络覆盖范围、带宽、速度、安全性和管理等多个方面。通过优化这些指标可以提高学校的网络性能和用户体验。

评估指标 6：网络空间成熟度

网络空间成熟度指标应该包括门户成熟度、移动端支持能力、PC 端支持能力和自助服务终端支持能力等。通过综合评估这些指标可以全面了解学校的网络空间成熟度，并为提升学校的信息化水平提供参考依据。

门户成熟度：一站式统一门户可以整合各个部门的信息系统，实现信息的集中管理和共享。通过一站式统一门户，用户可以方便地获取学校的各类信息，如课程信息、成绩信息等。门户的成熟度可以通过考察门户的稳定性、可扩展性、安全性等因素来确定。

移动端支持能力：支持移动端占比是指学校的信息系统能够支持移动设备访问的比例。随着移动设备的普及，移动端支持能力已成为衡量网络空间成熟度的重要指标之一。移动端支持能力可以通过考察移动端访问速度、稳定性、兼容性等因素来确定。

PC 端支持能力：支持 PC 端占比是指学校的信息系统能够支持 PC 端访问的比例。PC 端支持能力可以通过考察 PC 端访问速度、稳定性、兼容性等因素来确定。

自助服务终端支持能力：支持自助服务终端占比是指学校的信息系统能够支持自助服务终端访问的比例。自助服务终端支持能力可以通过考察终端设备的易用性、稳定性、安全性等因素来确定。

评估指标 7：云服务能力

从已通过门户在线上开展的业务和活动情况、软件平台建设模式、软件平台承载方式角度分析，云服务能力指标应该考虑业务和活动支持能力、软件平台建设模式和软件平台承载方式等。通过优化这些指标，可以提高校园云服务能力和用户体验。

业务和活动支持能力：已通过门户在线上开展的业务和活动情况可以反映云服务的实际应用效果。云服务应能够支持各种不同的业务和活动，包括但不限于教学、管理、服务等。同时，云服务应具备高可用性、可扩展性和容错能力，以确保业务的连续性和稳定性。

软件平台建设模式：软件平台建设模式决定了云服务的开发、部署和管理方式。先进的软件平台建设模式可以提高开发效率、降低维护成本并支持业务创新。评估云服务能力指标时，应关注平台是否采用微服务架构、容器化等技术，以及是否具备自动化部署、监控和治理能力。

软件平台承载方式：软件平台承载方式直接影响到云服务的性能和可靠性。软件平台承载方式包括公有云、私有云、混合云等，不同的承载方式具有不同的优势和局限性。评估云服务能力指标时，应关注平台是否采用合适的承载方式以支持业务需求，并考虑安全性、稳定性、灵活性等因素。

三、数据资源

数据资源是评估一个区域是否有效地利用数据资源开展智慧教育的重要指标之一。在教学资源方面，考察的是该区域是否具备丰富的教学资源库，是否能够为教师提供便捷的教学资源应用工具，如智能教学助手、在线课程等；在管理信息方面，考察的是该区域是否建立了完善的学生信息管理系统，是否能够为学校提供智能化的管理服务，如学生学业分析、管理效率提升等。

1. 教学资源

评估指标 8：教学资源建设应用可持续生态

从学校建设和主推的教学资源平台、学校和教师常用的其他互联网平台、资源平台资源来源角度分析，教学资源建设应用可持续生态指标应该包括教学资源平台建设情况、其他互联网平台应用情况、资源平台资源来源和可持续生态建设情况等。通过优化这些指标可以促进教学资源的建设与应用，提高学校的教育教学质量和水平。

教学资源平台建设情况：学校建设和主推的教学资源平台应该具备丰富的资源，包括课程资源、题库资源、素材资源等，能够满足学校师生的教学需求。同时，该平台还应该具备资源共享和互动功能，促进教师之间的合作和交流。

其他互联网平台应用情况：学校和教师常用的其他互联网平台包括社交媒体、在线会议、在线教育等。这些平台的应用可以为教学资源建设提供支持，如通过社交媒体获取最新的教育资讯和教学方法，通过在线会议进行远程协作和交流等。

资源平台资源来源：教学资源平台的资源应该是多元化的，包括教师自制资源、网络共享资源、合作伙伴资源等。同时，平台应该具备资源筛选和优化功能，确保资源的优质性和有效性。

可持续生态建设情况：教学资源建设应用可持续生态指标还包括可持续生态建设情况，如学校对教学资源建设的投入、教师对教学资源建设的参与度、资源的更新和维护情况等。

评估指标 9：教学资源形态

从常用的资源形态角度分析，教学资源形态指标包括以下几类。

文档资源：文档资源是最常见的教学资源形态，包括 PPT、Word、PDF 等多媒体文档资源。在分析教学资源形态指标时，需要考虑文本资源的数量、质量和适用性等要素。

图像资源：图像资源包括图片、图表、视频等，能够直观地展示教学内容和过程。图像资源的应用可以增强学生的理解和记忆效果，提高教学质量。在分析教学资源形态指标时，需要考虑图像资源的多样性、清晰度和相关性等要素。

音频资源：音频资源包括录音、播客等，具有提供语音解说和背景音乐等功能。音频资源的应用可以帮助学生更好地理解口头表达的知识和技能，提高学习效果。在分析教学资源形态指标时，需要考虑音频资源的音质、语速和内容等要素。

视频资源：视频资源包括教学录像、专题片、纪录片等，能够动态展示教学内容和过程。视频资源的应用可以提供更为真实和生动的教学体验，提高学生的学习参与度和学习效果。在分析教学资源形态指标时，需要考虑视频资源的时长、清晰度和内容等要素。

其他形态资源：除了上述常见的资源形态外，还有其他一些特殊形态的教学资源，如增强现实（AR）资源、三维模型资源等。这些资源的应用可以提供更为新颖和多样化的教学体验，促进学生的创新思维和实践能力的发展。在分析教学资源形态指标时，需要考虑这些资源的适用性、稳定性和安全性等要素。

评估指标 10：教学资源服务水平

从各种常用资源形态占比情况的角度来看，教学资源服务水平指标设置应该考虑资源种类多样性、资源质量可靠性、资源使用便捷性和资源整合共享性等方面。通过综合评估这些指标，可以全面了解教学资源的整体服务水平，为提升教学质量和水平提供参考依据。

资源种类多样性：各种常用资源形态的占比情况可以反映教学资源的多样性和丰富性。设置教学资源服务水平指标应该考虑不同资源形态，包括文档、图片、音频、视频、数字仿真等资源的种类和数量。

资源质量可靠性：各种常用资源形态的占比情况还可以反映教学资源的整体质量。设置教学资源服务水平指标应该考虑不同形态资源的质量可靠性，包括准确性、完整性、时效性等要素。

资源使用便捷性：各种常用资源形态的占比情况还可以反映教学资源的使用便捷程度。设置教学资源服务水平指标应该考虑不同资源形态的获取方式、使用方法、交互性等方面，以评估其可访问性和易用性。

资源整合共享性：各种常用资源形态的占比情况还可以反映教学资源的整合共享程度。设置教学资源服务水平指标应该考虑不同资源形态之间的互操作性和兼容性，以评估其整合共享的能力和效果。

2. 管理信息资源

评估指标 11：信息资源建设水平

设置信息资源建设水平指标应该考虑特色资源建设比例和已有资源支持个性化自主学习比例等要素。通过综合评估这些指标，可以全面了解学校或机构的管理信息资源建设水平和能力，为提升教学质量和水平提供参考依据。

特色资源建设比例：特色资源是指具有独特性、创新性的信息资源，能够满足特定用户的需求。在管理信息资源建设中，特色资源的建设比例可以反映学校或机构在特定领域或专业的资源投入和建设能力。评估特色资源建设比例时，可以考虑学校或机构特定领域或专业的资源数量、质量和更新频率等要素。

已有资源支持个性化自主学习比例：个性化自主学习是指根据个人需求和兴趣进行自我学习的一种方式。在管理信息资源建设中，已有资源支持个性化自主学习的比例可以反映学校或机构满足学生或员工个性化学习需求的能力和效果。评估已有资源支持个性化自主学习比例时，可以考虑学校或机构在特定领域或专业的资源个性化配置、学习推荐、在线学习平台等要素的建设和应用情况。

评估指标 12：管理信息资源服务能力

管理信息资源服务能力指标应结合题库建设情况和校级题库自建比例等要素来设置，通过该指标可以全面了解学校或机构管理信息资源的服务能力和水平，为提升信息管理质量和水平提供参考依据。

题库建设情况：题库是管理信息资源服务的重要组成部分，包括各种类型的练习题目和测试题目。题库的建设情况可以反映学校或机构信息管理的能力和水平。评估题库建设情况时，可以考虑题库的题目类型、数量、质量以及更新频率等要素。

校级题库自建比例：校级题库是指学校或机构自行建设和维护的题库。校级题库自建比例可以反映学校或机构在信息管理方面的自主性和创新能力。评估校级题库自建比例时，可以考虑学校或机构在自行开发、更新和维护题库方面的投入和成果。

四、教育形态

从教师发展角度来看，教育形态评价指标主要包括教师队伍的素质和水平、教师培训和进修的机制和效果、教师考核和评价的标准，以及执行情况等。这些指标可以反映一所学校或一个地区教师队伍的整体素质和教学能力，以及学校或地区对教师发展的重视程度和投入情况。

从教育新业态角度来看，教育形态评价指标主要包括在线教育、移动学习、虚拟实验室等新兴教育模式的应用和发展情况，以及学校或地区对新兴教育模式的投入和推广情况。这些指标可以反映一所学校或一个地区在适应和引领教育信息化、数字化和智能化等方面的能力和水平。

综合来看，教育形态评价指标是用来衡量一所学校或地区教育发展水平的重要工具，可以反映学校或地区的整体教育形态及其发展趋势。这些指标可以帮助学校或地区了解自身教育方面的优势和不足，为未来的教育发展提供参考和指导。

1. 教师发展

评估指标 13：教师发展智能化程度

从教师了解的概念或关注的事物角度来看，教师发展智能化程度指标可以从以下几个方面进行分析。

智能化教育理念：教师是否具备智能化教育理念，即是否能够理解和应用智能化教育的核心理念和价值观，如个性化学习、自主学习、数据驱动学习等。

智能化教育技术：教师是否掌握和应用智能化教育技术，如人工智能、大数据、云计算、物联网等技术，以及是否能够将这些技术应用到教育教学实践中。

智能化教学资源：教师是否能够开发和利用智能化教学资源，如数字化教材、在线课程、虚拟实验等，以及是否能够将这些资源应用到教学中，提高教学质量和效果。

智能化教学管理：教师是否能够应用智能化教学管理工具，如智能排课、智能评估、智能反馈等，以及是否能够通过这些工具实现教学的精细化管理。

智能化学生辅导：教师是否能够利用智能化工具对学生进行个性化辅导，如通过人工智能对学生进行学习诊断和推荐学习资源，以及是否能够通过大数据分析学生的学习行为和成绩表现，为每个学生提供有针对性的学习建议。

2. 教育新业态

评估指标 14：学校推动的新模式

从智慧教育的角度来看，学校推动的新模式评价指标主要涉及数字化环境建设、教育信息化应用、智能化教学管理、个性化学习模式、协同式学习环境、教师信息化素养以及教育大数据应用等方面。通过评估这些指标，可以了解学校在智慧教育方面的实践情况和成效，为进一步推动智慧教育的发展提供参考依据。

数字化环境建设：学校是否具备完善的数字化环境，包括多媒体教室、计算机房、网络设施等，以支持智慧教育的发展。

教育信息化应用：学校是否积极推广和应用教育信息化技术，如在线课程、数字化资源、虚拟实验室等，以提高学生的信息技术应用能力和创新能力。

智能化教学管理：学校是否采用智能化教学管理方式，如智能排课、学生学业智能分析、教师教学质量智能评估等，以提高教学管理的效率和精准度。

个性化学习模式：学校是否积极推动个性化学习模式，根据学生的兴趣、特长和需求为其提供定制化的学习资源和指导，以促进学生的个性发展和创新能力培养。

协同式学习环境：学校是否构建协同式学习环境，鼓励学生之间、学生与教师之间的合作与交流，培养学生的团队协作能力和社会交往能力。

教师信息化素养：学校是否注重教师的信息化素养培养，提高教师在智慧教育环境下的教学能力和创新教育素养，推动教师在教学中应用信息技术和智能化教育手段。

教育大数据应用：学校是否充分利用教育大数据对学生的学习行为、成绩表现和教师教学质量进行分析和挖掘，为教学和管理工作提供数据支持和优化建议。

五、教育治理

评估一个区域的教育治理体系是否满足智慧教育的发展要求可以从学校智能治理业务分布和区域教育智能治理业务分布两方面进行考察。在学校智能治理业务分布方面，考察的是学校是否能够自主开展智能化的教育教学管理，如智能化排课、学生管理、教学质量监控等；在区域教育智能治理业务分布方面，考察的是区域是否建立了完善的教育信息化管理制度和标准体系，是否能够为学校提供智能化的管理和服务支持，如教育数据共享、教育信息化评价等。

教育治理业务分布

评估指标 15：学校智能治理业务分布

从智慧教育的角度来看，学校智能治理业务分布指标主要涉及行政办公智能化、教学管理智能化、学生服务智能化、校园安全智能化、资产设备管理智能化、财务管理智能化及人力资源管理智能化等方面。通过评估这些指标，可以了解学校智能治理实践情况和成效，为进一步推动智慧教育的发展提供参考依据。

行政办公智能化：了解学校是否实现了行政办公智能化，包括自动化办公、数字化文档管理、智能会议等，以提高行政办公效率和决策水平。

教学管理智能化：了解学校是否实现了教学管理智能化，包括智能排课、学生学业智能分析、教学质量智能评估等，以提高教学管理的精准度和效率。

学生服务智能化：了解学校是否实现了学生服务智能化，包括学生事务智能化处理，学生生活、心理健康智能化服务等，以满足学生的多元化需求并提高服务质量。

校园安全智能化：了解学校是否实现了校园安全智能化，包括智能化安防监控、人员智能定位、智能紧急报警等，以提高校园安全保障水平。

资产设备管理智能化：了解学校是否实现了资产设备管理智能化，包括智能化资产盘点、设备维护管理、报废智能预警等，以提高资产管理效率和设备使用效益。

财务管理智能化：了解学校是否实现了财务管理智能化，包括智能预算、收支智能管理、报表智能生成等，以提高财务管理效率和准确性。

人力资源管理智能化：了解学校是否实现了人力资源管理智能化，包括采用智能化的方式进行招聘管理、员工信息管理、绩效考核等，以优化人力资源配置和提高管理效率。

第二节　国家级新区智慧教育发展特征

调研问卷涉及区域、学校、教师三个版本，分别对各区域教育主管单位、学校信息化负责人以及普通教师进行网络发放，收到区域有效问卷 9 份、学校有效问卷 402 份、教师有效问卷 3 558 份。

一、国家级新区智慧教育工作热点

对国家级新区工作计划的核心词汇进行词频分析（如图 3-1），从统计数据可以看出，智慧课堂、智慧校园、智慧教育、人工智能、智慧管理、安全等关键词出现的频率较高，说明国家级新区在推进智慧教育方面有一定的规划和投入。

图 3-1　新区工作计划词云

从智慧教育应用场景来看，智慧课堂和智慧校园是推进智慧教育的重要抓手。智慧课堂强调的是教学方法和技术的智能化，通过智能化教学和个性化学习等方式提高课堂教学效果和学习体验。智慧校园则是在校园管理、安全保障、资源共享等方面实现智能化，提高学校的管理效率和资源利用效率。

在推进智慧教育的过程中，需要重视数字化和信息化的基础建设。数字化教学资源的建设和共享可以提高教学质量和效率，同时也可以促进教育公平和优质资源共享。信息化管理则可以提高学校的管理效率和决策水平，促进学校各项工作的现代化和科学化。在推进智慧教育的过程中，也需要重视"五育"并举、德育为首等教育理念。智慧教育不仅仅是技术和设备的升级，更是教育理念和方式的更新和提高。要注重学生的全面发展，注重德育教育，注重培养学生的实践能力，注重科学管理和安全管理。

二、国家级新区教学空间建设

从校园智慧化程度方面来看，教师对校园智慧化发展有较高的期待。通过词频分析（如图3-2）发现，教师期待的校园智慧化关键词包括高清直播录播、仿真实验、常态化行为分析录播、智慧管理、可视化、智能安防、自助终端、互动反馈等。区域需要充分认识到智慧校园建设的重要性和紧迫性，加大投入力度，加强与相关企业、机构和专家合作，引进先进的技术和解决方案，提高学校的信息化管理和教育教学管理水平，倡导教师积极参与到智慧校园建设中来，提出自己的意见和建议，共同推动智慧校园建设的进程。

图 3-2　校园智慧化发展期待词云

新区网络接入性需求（如图3-3）为网络提速（占49.42%）、无线网络稳定（占21.41%）、建设无线网（占9%）、网络到班（占8%）和城域网建设（占4%）。教师对网络的需求主要集中在提速、稳定、无线网和城域网建设等方面。区域需要制定相应的规划和发展策略，重点关注网络提速和网络稳定性，深入开展网络基础设施 IPv6 改造，增强网络互联互通能力，提升

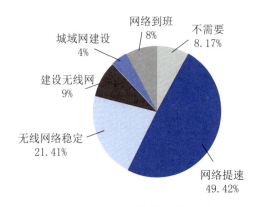

图 3-3　新区网络接入性需求

基础设施业务承载能力和终端支持能力，瞄准传感器、区块链等战略性、前瞻性领域，增强关键技术创新能力。

对比分析新区建成统一门户占比情况（如图 3-4）可知，广州南沙新区、天津滨海新区、西安西咸新区建成统一门户的占比相对较低（均在 50% 及以下）。南京江北新区建成统一门户的占比最高（占比 100%）。这表明南京江北新区已经建成了统一门户，具有一定的示范和引领作用，其他区域在统一门户建设方面都还有很大的提升空间。对于尚未建成统一门户的区域，应积极推进数字化转型，加强信息资源的整合和共享，提高政府服务效率；对于已经建成统一门户的区域，则可以进一步优化和完善现有平台，提升用户体验和服务质量。同时，各区域之间也可以相互学习和借鉴，共同推动数字化转型和发展。

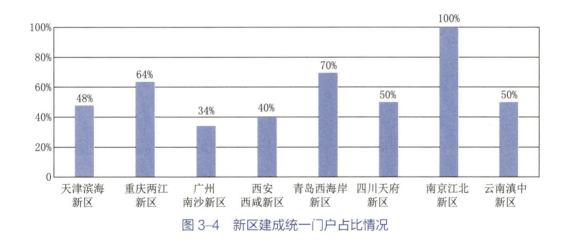

图 3-4　新区建成统一门户占比情况

三、国家级新区数据资源使用与建设

从各区域教学资源师均使用次数来看（如图 3-5），不同地区的教学资源使用情况存在较大差异（极差值为 138.79）。在广州南沙新区、天津滨海新区、西安西咸新区、青岛西海岸新区、南京江北新区、重庆两江新区和四川天府新区，教学资源师均使用次数相对较低，只有云南滇中新区教学资源丰富，使用频率非常高，这也是各维度指标中差异性最大的指标。

从整体趋势来看，部分地区的教学资源师均使用次数相对较多，例如，西安西咸新区、青岛西海岸新区和云南滇中新区的教学资源非常丰富，教师的使用频率也较高，可见这些地区的教学资源得到了相对有效的利用和发展。对于一些教学资源师均使用次数较低的地区，需要加强对教学资源的投入和分配。准确把握不同地域、学段对资源的需求，统筹城区学校和农村学校，以科学配置为原则，确保数字化教学资源建设的合理性与规范性。对于一些教学资源师均使用次数较低的地区，需要加强对教学资源的投入和分配。要充分发挥数据要素作用，减少陈旧、重复、冗余的数字化资源，以契合教师专业发展的多元化、个性化学习需求。不断改进和

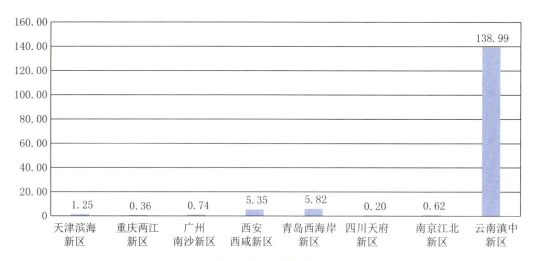

图 3-5   新区教学资源师均使用次数

完善国家中小学智慧教育平台，赋能教师教学、专业发展、学校治理和教育创新，以健全管理机制为牵引，进一步优化教学资源的利用效率。

从各区域自建教学资源比例（图 3-6）来看，各区域的自建资源占比在 38% 到 62% 之间，说明各区域在自建资源方面都有一定的投入和积累。重庆两江新区、四川天府新区、天津滨海新区、西安西咸新区、云南滇中新区的自建资源占比都在 50% 左右，南京江北新区和广州市南沙区的自建资源占比相对较低，青岛西海岸新区自建资源占比相对较高。

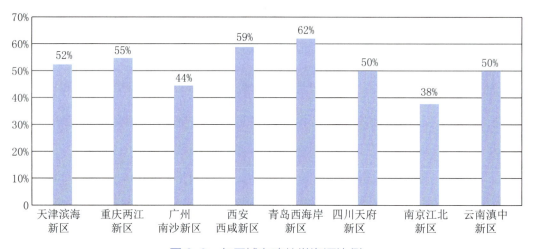

图 3-6   各区域自建教学资源比例

从各区域使用教学资源形式的比例（如图 3-7）来看，PPT、Word、PDF 等多媒体文档资源在智慧教育中仍然占据重要比例，为教育提供了基础且重要的资源共享和信息传递手段。其次是国家中小学智慧教育平台（占比 15%）、微课（占比 6%）、在线课程（占比 6%）、题库（占比 5%）、名师空间（占比 3%）、智学网（占比 2%）与学科网（占比 1%）。伴随媒体形态的日新月异，数字资源的特性与优势日益突出，但从区域实践来看，国家智慧教育公共服务平台距离常态化使用还有一定差距，新形态、全场景数字媒体的利用与整合还有较大不足。今后需要围绕课程教学、作业设计、课后服务、教师研修等功能强化国家中小学智慧教育平台应用部署和培训，健全激励机制，进一步推动新型资源常态化应用。

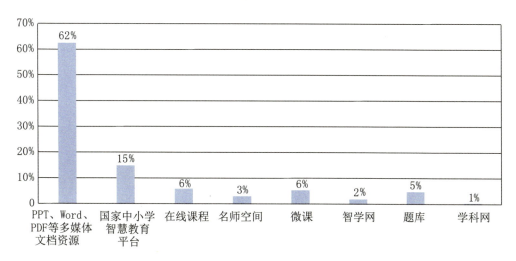

图 3-7　各区域使用教学资源形式所占比例

四、国家级新区教育形态

教师发展智能化形态的热词（如图 3-8）表明，教师对"多媒体教学""互联网学习""个性化教学""在线教学""学业评价""综合素质评价""智慧课堂"和"智慧教育"等概念的掌握

图 3-8　各区域教师发展智能化程度词云

与关注程度较高。同时，教师对"知识图谱""虚拟现实""人工智能教育互联网学习""混合式教学学业评价"等概念的掌握程度偏低。这些概念更多体现出交叉性、复杂性与高技术性，需要教师与时俱进地进行知识更新，教师在契合的环境下才能有效掌握。

智慧教育的发展离不开教学模式的创新，从现阶段各区域教学模式的分析（如图 3-9）来看，教师采用的教学模式呈现出多样化趋势，涵盖了讲授式、任务驱动、创新教育、学科融合、翻转课堂、微课应用等多种形式。

图 3-9　各区域教学模式词云

学科交叉融合是当前科学技术发展的重大特征，也是培养创新型人才的有效路径。教师普遍关注跨学科教学的重要性，积极探索不同学科之间的交叉和融合，培养学生的跨学科知识和综合能力，这有利于提高学生的综合素质和社会适应能力。对先进教学模式的推广和实践表明教师对新兴技术的关注和应用能力正在不断提高。在智慧教育模式中，传统课堂的时空限制被打破，开放式的无边界学习渐入主流。为达成高阶目标，提升学生的主体性和参与感，讨论式、生成式、问题导向式、翻转课堂等成为未来教育发展的主要方向。新趋势下，教师主动迎接角色转变，技术支撑、问题为导向、真实案例、引发思考、促进交流的课堂导向推动了师生间、学生间的有效互动及充分交流与理解。

五、国家级新区智能治理

借助数字授权推动区域主体相互协调，依托数字赋能促进区域公共服务精准高效开始成为区域治理的新形态。从新区学校智能治理业务的开发和应用情况（如图 3-10）来看，智能治理业务在教育领域中的应用较为丰富，涵盖教师管理、课堂教学、学业评价、学生成长记录等多个方面。尽管如此，关于新区学校智能治理业务的调研中选择"无智能治理业务"的占比最高，达到71%，这意味着当前很多学校或地区尚未开展智能治理业务，或者正在探索破除数据壁垒、推动数据共享和部门协同相关机制。开展较多的智能治理业务是教师管理（占27%）、智慧课堂（占20%）、学业评价（占19%）、成长档案（占16%）、精品课程（占15%）和综合素质评价（占13%）。可见，新区对智能治理方面的理解和定位存在较大差异，一些重要的智能治理业务如政务服务、教学监管、数据决策、学生心理健康、劳动教育等还未在调研中体现，表明智能治理业务的开发和应用还有很大的提升空间，亟待从国家级新区的现实需求出发定位"区域智慧治理能力"的核心特征，在机制设计、服务供给与运营管理、体验创新方面实现新的分工和优化。

图 3-10 各区域智能治理业务词云

数据要素正在成为创新推动区域治理的决定性力量，而基于开源平台、开放接口的平台生态建设的智能工具供给也为推动基层治理创新提供了数字能量。在此背景下，提高智能化程度和覆盖面，建立统一的标准和规范，加强信息安全和隐私保护等方面的工作，可以集聚、吸引和激发更多的社会创新主体，充分整合更广泛的社会力量，形成更大的网络效应，推动治理创新的试点、示范、借鉴与扩散。进一步明确政府与区域在智能治理过程中的角色、定位与价值，发挥数字赋能背景下"人机协同"治理协作效应已成为区域智能治理能力建设亟须突破的重要方向。

第三节　国家级新区智慧教育发展指数

一、智慧教育投入指数

根据各区域班级平均获得智慧教育投入比值、教师平均获得智慧教育投入比值、生均智慧教育投入比值和智慧教育占总投入比值情况进行指数计算，得到各区域智慧教育投入指数，如表 3–2 所示。从数值上看，各区域智慧教育投入存在较大差异（极差值为 0.77），反映出各区域对于智慧教育的理解及重视程度存在一定的差距。智慧教育投入指数排名前三的区域为青岛西海岸新区、四川天府新区与南京江北新区。

表 3–2　新区智慧教育投入指数

天津滨海新区	0.26	青岛西海岸新区	0.77
重庆两江新区	0.08	四川天府新区	0.73
广州南沙新区	0.64	南京江北新区	0.7
西安西咸新区	0.63	云南滇中新区	4.21×10^{-6}

国家级新区智慧教育投入与区域分布、教育信息化定位以及政策延续性等密切相关。从"十三五"规划纲要正式将"数字中国"上升为国家战略开始，数字技术逐渐全面应用于中国各领域的建设。国家级新区教育数字化转换工作在基础设施、数字资源、信息平台、应用探索等方面取得了阶段性的成就，智慧教育日益成为区域和学校发展的战略支点，经费投入比例增大，但信息化人力投入仍然不足，不同区域投入发展不平衡的问题突出。国家级新区发展智慧教育需要建立持续关注与投入的机制，统筹规划建设，树立信息化可持续发展理念，同时推动组织和学校提高持续改进的意识。

二、教育智能化规划发展指数

教育智能化规划发展指数如表 3–3 所示。从数值上看，大部分区域智慧校园的规划发展指数都比较高，在 0.7 至 1 之间。这充分体现了中小学智慧校园作为承载教育数字化转型与智能升级发展的主阵地，已成为促进学校现代化发展、推动教育高质量提升的关键抓手。其中，南京江北新区、重庆两江新区、四川天府新区、云南滇中新区占比为 1，青岛西海岸新区、天津滨海新区、西安西咸新区的规划发展指数在 0.8 至 1 之间，体现出上述区域高度重视智慧校园建设，并尝试通过制度创新和管理创新推进学校业务流程再造，升级改造学校育人环境，打造智慧教育空间的规划诉求。

表 3-3　新区教育智能化规划发展指数

天津滨海新区	0.96	青岛西海岸新区	0.98
重庆两江新区	1.00	四川天府新区	1.00
广州南沙新区	0.70	南京江北新区	1.00
西安西咸新区	0.80	云南滇中新区	1.00

三、教育智能化基础网络发展指数

教育智能化基础网络发展情况涉及网络速度、稳定性、覆盖范围、安全性等方面。新区基础网络发展指数如表 3-4 所示。从数值上看，分布偏低且较为集中（极差值为 0.17），只有重庆两江新区、青岛西海岸新区、四川天府新区超过 0.1。调研同时发现，大部分区域认为有必要进一步提升网络速度与覆盖范围。

表 3-4　新区基础网络发展指数

天津滨海新区	0.03	青岛西海岸新区	0.13
重庆两江新区	0.11	四川天府新区	0.17
广州南沙新区	0.07	南京江北新区	0.06
西安西咸新区	0.05	云南滇中新区	0

融合基础设施是新型基础设施的重要组成部分。建设融合基础设施需要有序布局国家级新区应用基础设施，按照全国一体化大数据中心体系的整体布局合理布局算力服务，探索构建区域内的共享型边缘云节点，打造集网络、计算、存储、智能、应用等核心能力为一体的开放平台；需要大力培育基于云网基础设施的融合应用，结合国家级新区的地理分布与实际需求加快研发各类基于云和高带宽的应用产品，协同部署工业无源光网络、5G 基站、边缘计算等终端措施，构建高速、可靠、安全、弹性的"网络＋平台＋应用"服务体系，进一步强化产业发展和社会治理数字化转型支撑能力。

四、网络空间成熟度发展指数

网络空间成熟度发展指数是根据是否建成统一门户占比、支持移动端占比、支持 PC 端占比、支持自助服务终端占比情况来反映网络空间成熟度的指标，通过支持不同终端的占比来反映网络空间对不同用户需求的覆盖程度；通过统一门户占比来反映网络空间对信息资源的整合程度和集中管理程度；通过支持移动端占比和 PC 端占比来反映网络空间对不同用户终端的适应性和灵活性；通过支持自助服务终端占比来反映网络空间的自动化和智能化程度。各区域的网络空间成熟度发展指标如表 3-5 所示。从数值上看，各区域网络空间成熟度差距不大（极差值为 0.17），网络空间成熟度排名前三的区域为南京江北新区、青岛西海岸新区和重庆两江新区。

表 3-5 新区网络空间成熟度发展指数

天津滨海新区	0.37	青岛西海岸新区	0.42
重庆两江新区	0.41	四川天府新区	0.38
广州南沙新区	0.33	南京江北新区	0.50
西安西咸新区	0.35	云南滇中新区	0.38

在智慧教育泛终端时代，需要加强对跨终端系统化的解决方案与应用研究，关注智能学习终端，传承智慧教育应用生态，聚合教育数字化管理平台，打造具备无感联通、云端协同、无缝流转、交互便捷、系统级安全核心能力的数字教育底座，构建万物智联泛终端智能教育生态圈，加强多终端的协同、整合和教学模式创新，如支持跨域全媒体互动、跨域互动研讨，以及对课堂教学、场馆教学、课后服务、家校共育等多教学场景的有效支持。

五、教学资源可持续发展指数

可以从各区域教学资源师均使用次数和教学资源自建比例两个角度来分析教学资源可持续发展。教学资源师均使用次数是指每个教师平均使用教学资源的次数，这个指标可以反映一个区域的教学资源使用效率。教学资源自建比例是指一个区域的教学资源中由本区域自建的教学资源所占的比例，这个指标可以反映一个区域的自我创新能力。区域教学资源可持续发展指数如表 3-6 所示。从数值上看，区域教学资源可持续发展存在较大差异（极差值为 0.56）。

表 3-6 新区教学资源可持续发展指数

天津滨海新区	0.26	青岛西海岸新区	0.33
重庆两江新区	0.27	四川天府新区	0.25
广州南沙新区	0.22	南京江北新区	0.19
西安西咸新区	0.31	云南滇中新区	0.75

广州南沙新区、重庆两江新区、青岛西海岸新区、四川天府新区、天津滨海新区、西安西咸新区的数据在 0.2 至 0.4 之间，说明这些区域的教学资源使用效率适中，可见这些区域已经具备了一定的教学资源，但仍有进一步优化和提升的空间。云南滇中新区的数据高达 0.75，远高于其他区域，说明该区域在教学资源较为丰富，自我创新能力很强。鉴于教学资源的使用效率和自建比例之间需要保持一定的平衡，数据的合理性有待进一步分析。

当前，我国义务教育已经实现县域基本均衡发展，优质均衡成为新的发展目标。面对各项智慧教育发展指标差异显著的国家级新区，我们应清楚地意识到以数字化推进优化区域教育资源配置的必要性和紧迫性，重点落实《关于大力加强中小学线上教育教学资源建设与应用的意见》[①]，充分考虑不同年级学生学习特点，遵循线上学习规律，系统化、体系化建设课程教学资源库，积极建设其他学习活动资源，以集成创新破除资源分配不均的问题，健全资源质量标准，完善资源开发选择、开放共享机制。

六、非传统教学资源服务指数

非传统教学资源区别于传统 PPT、Word、PDF 等多媒体文档资源等传统教育资源，其常见形式包括虚拟实验室、科学动画、网络资源和智能设备等。这些资源的使用可以拓宽学生的学习渠道，提高学生的学习兴趣和学习效果。这类教学资源的应用需要一定的技术支持和设施支持。利用非传统教学资源占比情况表征区域教学资源服务水平，如表 3–7 所示。从数值上看，各区域非传统教学资源服务存在差异（极差值为 0.26），非传统教学资源服务水平排名前三的为天津滨海新区、重庆两江新区和西安西咸新区。

表 3–7 新区非传统教学资源服务指数

天津滨海新区	0.53	青岛西海岸新区	0.41
重庆两江新区	0.45	四川天府新区	0.27
广州南沙新区	0.30	南京江北新区	0.39
西安西咸新区	0.42	云南滇中新区	0.40

从数据来看，各区域非传统教学资源服务水平整体偏低。区域应该注重将信息技术在教育教学中的融合应用作为推进智慧教育、加快推进教育现代化的战略工程，加强系统谋划。积极推进教育服务供给方式变革，围绕服务教师教学、服务学生自主学习、服务边远地区教育质量提升、服务师生有效交流，积极推动线上线下混合教学，促进教学组织方式重构和教学方法创新。积极开发智能形态的资源，充分利用大数据技术赋能教师因材施教，促进差异化、交互性教学和个别化指导。加大农村地区特别是边远贫困地区学校对平台资源的使用力度，为薄弱学校、乡村学校和教学点提供"专递课堂""同步课堂"服务，兼顾双边或多边课堂学生学情，积极探索利用人工智能技术，增强各级平台互动交流、智能答疑和个性化学习资源推送服务。

七、管理信息资源建设与服务指数

管理信息资源建设水平可以从已有资源能否支持个性化自主学习比例和资源建设应用有特

---

① 教育部等五部门关于大力加强中小学线上教育教学资源建设与应用的意见［EB/OL］.（2021-01-28）
［2023-12-28］. http://www.moe.gov.cn/srcsite/A06/s3325/202102/t20210207_512888.html

色比例两方面进行分析。已有资源能否支持个性化自主学习比例可以反映管理信息资源建设的质量和适用性，资源建设应用有特色比例可以反映管理信息资源建设的特色和创新性。各区域的管理信息资源建设指数如表3-8所示。从数值上看，新区管理信息资源建设水平存在差异（极差值为0.44），管理信息资源建设水平排名前三的区域为南京江北新区、青岛西海岸新区、四川天府新区和云南滇中新区（并列）。

表 3-8　新区管理信息资源建设指数

天津滨海新区	0.26	青岛西海岸新区	0.58
重庆两江新区	0.45	四川天府新区	0.50
广州南沙新区	0.19	南京江北新区	0.63
西安西咸新区	0.26	云南滇中新区	0.50

管理信息资源服务是指组织或机构利用信息资源向用户提供各种形式的服务，以满足用户的需求和促进组织或机构的发展。校级题库自建比例表征学校或地区在管理信息资源服务方面的自主创新能力和服务质量。各区域管理信息资源服务能力指数如表3-9所示。从数值上看，新区管理信息资源服务能力存在较大差异（极差值为0.52），管理资源服务能力排名前三的区域为四川天府新区、南京江北新区、青岛西海岸新区和重庆两江新区（并列）。

表 3-9　新区管理信息资源服务能力指数

天津滨海新区	0.30	青岛西海岸新区	0.55
重庆两江新区	0.55	四川天府新区	0.75
广州南沙新区	0.23	南京江北新区	0.63
西安西咸新区	0.27	云南滇中新区	0.25

新区管理信息资源建设水平与服务能力存在较为明显的分化现象，南京江北新区、青岛西海岸新区、四川天府新区的管理信息资源建设水平与服务能力均较高，反映出这些区域在管理信息资源建设方面已经具备了较为完善的体系和较高的质量，能够满足不同领域的需求，并且具有一定的创新性和独特性。另有部分区域则是延续教学资源可持续发展的思路，借助外部资源力量进行管理信息资源的建设。教育管理信息化是智慧教育良性发展的基石，国家级新区需要积极利用信息技术转变管理理念、创新管理方式、提高管理效率，进一步提升其信息资源的适用性和特色性。特别是在资源建设应用有特色比例方面，需要进一步加大投入和创新，推动资源公共服务平台和管理公共服务平台的互通与开放，尽快建立"政府引导、社会参与、用户选用"的应用服务供给机制。

第四部分

PART 4

国家级新区智慧教育现状与发展策略

区域智慧教育协同发展是实现国家教育数字化战略目标的前提，也是当前迫切需要完成的任务。国家级新区智慧教育撬动增量的机理在于使各类资源在特定阶段和有限空间内实现高度聚集，在行政手段和市场机制的共同作用下实现迅速崛起。由于国家级新区的空间规模明显高于一般开发区，其对区域尤其是所在城市内部治理资源与社会资源的吸附强度远非一般开发区可比。面对如此大的空间体量，如何在较短时间内平衡区域发展的资源和财力，使之承担起智慧教育发展的支点功能，又能在创新应用与机制体制等制度建构等维度有所突破，是明确未来发展思路和突破信息化瓶颈的关键。

第一节　国家级新区智慧教育现状

一、呈现整体规划、融合创新、多元参与的发展态势

过去十年，中国教育信息化发展驶入"快车道"。国家从顶层设计、政策部署、基础设施、数字资源、应用创新等方面布局教育信息化建设，大力推动国家教育数字化战略行动。随着"四梁八柱"全面搭建完成，教育信息化已由起步应用阶段进入融合创新阶段，区域数字资源供给日益丰富，信息系统建设不断提速，国家级新区信息化的机制体制保障工作得以全方位提升，区域领导均加强了对智慧教育建设的重视，相关运行管理机制趋于完善，计划执行渐有保障。鉴于国家级新区地域跨度大、涉及人口多，存在较为明显的城乡差异和区域差距，区域间发展不平衡的问题依然普遍存在，这不仅与资金投入挂钩，更与信息化发展理念直接相关。由于基础服务平台支撑力不够，高质量的课程资源、题库资源、优秀师资与硬件资源需求量大但难以得到充分满足，新区智慧教育建设仍存在诸多难题。如何让信息技术真正服务于"教、学、管、评、测、练"的过程，提升区域教育治理能力、信息技术与教学融合水平、教师数字化教学能力，常态化推动因材施教、减负增效、"五育"并举的育人目标成为区域面临的重大问题和挑战。

国家级新区智慧教育建设历程也是新区数字化赋权增能实践的演进过程。针对上述发展不均衡、教育资源供给不充分的问题，各新区秉持"融合创新"的核心理念，以新区智慧教育整体发展为旨归，完成了对"云"从理念认识到广泛运用的转变。随着互联网、人工智能等技术不断发展与成熟，在与教育深度融合应用的过程中，技术对于教育的颠覆性作用日益显现，不断涌现出基于信息技术的新型教育教学模式。国家级新区从教育实践中遇到的问题与需求出发，不断创新技术和体制机制，推动教育流程再造，突出运用智慧教育技术与互联网思维，推动教育从理念到模式、环境、手段、方法等全流程的改革。例如，上海浦东新区围绕区域教育均衡

优质发展实践探索，天津滨海新区聚焦数字化转型模式及其实践应用，重庆两江新区以数字大脑赋能教育高质量均衡发展，浙江舟山群岛新区以区域数字化阅读为抓手促进教育公平，广州南沙新区利用学习分析技术促进"教、学、评、管"一体化应用，陕西西咸新区聚焦技术赋能教育均衡发展模式，青岛西海岸新区着力于通过创新应用推进区域智慧新生态构建，四川成都天府新区开展技术赋能课后服务改革发展的规模实践，南京江北新区以智能研修平台为抓手推进区域智慧教研活动，云南滇中新区以示范校引导改建行动计划打造智慧教育生态等。

《2023 国家级新区智慧教育发展研究报告》涉及的 10 个国家级新区从管理机制、推进机制、教研机制、评价机制等方面进行改革创新，重视区域协同发展，立足于实现国家级新区的空间均衡性推动、差别化发展，通过建设教育平台或系统通用框架，研发技术迁移策略等措施推动优质策略与技术的快速、广泛普及，让技术适配度获得整体提升，初步形成政府主导、教育主体、企业参与的智慧教育融合工作机制。智慧教育融合工作机制在教育环境上强化智能应用，加快推进新型基础设施建设；在资源建设上突出优质应用，提高优质资源的辐射范围与应用水平；在教学改革中强调创新融合，促进教学结构的根本性转变；在师生素养上突出融合迁移，探索新时期数智素养的培育路径；在教育治理上探索精准干预，提高数据驱动智能化治理效能。面向"十四五"高质量发展新阶段，国家级新区依托所在省市或由区域印发的"智慧教育发展规划"，基于前期经验积累更新教育理念，积极推进线上线下空间融合、能力为重的育人目标，需求驱动的教育服务，在探索创新且主动输出的本土范式、推动区域合作等方面做出了应有的贡献，形成了具有新区特色的发展模式。

二、差异化建设路径促进区域教育改革与创新

国家科技创新合力的形成离不开各区域在创新发展中积极性和主动性的发挥。基于自身基础条件发现并探索出区域创新发展的数字化突破口、解决区域当前存在的发展问题是当前区域智慧教育建设的核心。处于构建智慧教育新发展格局的重要时期，国家级新区依据自身的人才、地理区位等禀赋另辟蹊径，大胆创新，积极探索差异化发展新路径，围绕"一带一路"建设、长江经济带发展、京津冀协同发展等重大规划，尊重科技创新的区域集聚规律，因地制宜地进行创新探索与实践，形成了具有一定区域特色的实践经验或范式。

浦东新区作为国家级信息化教学实验区，探索构建覆盖不同学科、不同课型的大数据驱动的创新教学模式。设置专项资金，多部门联合指导教研，开展指向循证教研与协同发展的教研新生态。借助课堂智能分析录播系统构建课堂教学数字画像，为教师的教学反思提供素材和依据。

天津滨海新区作为国家综合配套改革试验区与国家人工智能创新应用先导区，紧跟京津冀

协同发展、"津城""滨城"双城发展战略，聚焦"国家平台深度应用、区级平台广泛应用、学校平台引导应用"的三级体系，围绕课堂教学、区校教育管理场景和区域教育治理三大场景，变革课堂教学，推动南北两翼教育均衡发展。

重庆两江新区作为国家智能社会治理教育实验基地以及国家 5G+ 智慧教育应用试点区域，以建设信息技术支撑教育教学全过程，推进大数据和 AI 驱动的精准教学应用、个性化学习应用、综合素质评价应用，提升大数据驱动的教育治理能力、校长信息化领导能力，促进优质资源共享更便捷，提升教师整体素质。

浙江舟山群岛新区以中央提出的"倡导全民阅读，建设书香社会"号召为立足点，构建数字化阅读服务场景，通过多跨协同建设"五个场景"，整合全域阅读资源，创造了"线下有书、线上有数，全域图书馆、全岛读书人"的全民阅读新生态。

广州南沙新区作为自由贸易试验区、粤港澳全面合作示范区和广州城市新核心区，秉持"融合创新"的核心理念，以实现数字化教学、数字化学习、数字化评价和数字化管理为战略目标，形成了个性化学情分析与"人机协同"的评价范式转型。

陕西西咸新区作为秦创原创新驱动平台总窗口，坚持"创新城市发展方式"使命，结合新区智慧城市建设整体规划构建数智化教学"132"模式，促进新区教育高质量发展和率先高水平实现教育现代化。

青岛西海岸新区通过构建"教育环境智能化、教育资源优质化、教学应用创新化、信息素养高标化、教育治理精准化"为主要特征的"五化"智慧教育新生态有效提升区域教师信息素养，强化高质量教师队伍建设，促进区域教育优质均衡发展，创设新型教与学模式，帮助教学减负增效。

四川天府新区将"双减"工作与智慧教育结合，通过体教融合、教师共享、劳动实践、国防教育、作业设计、"订单式"课后服务等举措推进教育减负提质，构建育人资源整合平台，利用 AR 技术赋能课堂教学，打造沉浸式、互动式教学情境。

南京江北新区基于教育部"人工智能助推教师队伍建设"行动试点区以及江苏省"十四五"重大规划课题，大力推进教师数字化研修，助推教师管理与评价改革、教育教学创新，促进薄弱学校教师专业发展。通过骨干教师引领推进区域智能研修应用，建设跨校学科教研共同体，为学科教师提供高效、快速的专业成长通道。

云南滇中新区围绕建设"数字云南"战略，根据昆明市智慧城市"一盘棋、一张网"的思路配合推进新区智慧城市建设。采用"示范校引导改建，新建校全面布局"的"两步走"行动计划，以智慧教育生态体系为抓手，创新人才培养方向与人才培养模式，为新区未来稳步发展提供有力的队伍支撑。

坚持个性化发展道路对新区智慧教育建设、区域差异化建设至关重要，国家级新区将进一步推动区域创新组织结构完善，促进区域数字结构调整，加速在创新中突破，在改革中发展。

三、构建育人新场景成为区域智慧教育的核心要素

智慧教育生态的关键特征是以学生为中心的教学、促进学生全面发展的学习评估机制以及泛在的智慧学习环境。国家级新区以人才培养环境的创新构建为抓手，以培育学生核心素养为中心，加快推进面向新时代"五育并举""三全育人"的多类型智慧教学，依托网络学习空间探索智能化教学工具应用，提供适应性学习资源和智能学习服务，并利用信息化手段开展有质量的在线答疑与互动交流服务，满足学生多元化和个性化的学习需求。以线上线下混合式教学、虚拟仿真、精准课堂为代表的信息技术和手段的应用推动着教学模式不断创新、学习环境持续优化、平台服务能力逐渐增强，信息技术与教育教学融合的深度和广度都得到前所未有的加强。技术引领"课堂革命"不断推动区域智慧教育发展，彰显出全面覆盖、重点推进与探索试点相结合的特征。

1. 聚焦信息技术支持的课堂教学本身变革。以云、网、端架构为基础，驱动教学流程重构与教学模式创新，实现数据赋能的课堂教学系统性变革。例如，上海浦东新区以大数据中心为主体建立"一体 N 驱"的智慧课堂体系，天津滨海新区建立"12+11"结构智慧课堂教学模式，青岛西海岸新区提出"3163 大数据分析"课堂切片化诊断指导模型等。通过建设不同技术集成的智能教室深入开展智能技术与课堂教学的创新融合，创设类型多样的智慧教学模式，推进学科层面转型的智慧课堂建设。聚焦面向学科的教学支持服务，以云、台、端架构为基础，探索试点引领区域转型的智慧教学样态，推动区域教育的整体变革。

2. 通过人机协同决策的个性化学习服务，为学生提供跨学科学习支持和灵活多样的学习路径，给予学生充分的自主选择空间，使其在教师引导下结合自身学习需求灵活选择学习内容，自主建构知识结构。例如，重庆两江新区、上海浦东新区、广州南沙新区等区域在人机协同理念指导下聚焦学生的人格品性、行动能力和创新潜能，持续推动智慧课堂建设迭代升级，突破标准化班级教学无法满足个性化教育需求、供给驱动的服务不适应灵活学习的需要等传统人才培养模式短板，初步形成了交叉融合的创新型人才培养模式。

3. 依托"5G+ 教育"的应用创新不断增强"互联网 + 智能 + 课堂"的远程开放应用，借助智慧课堂全域技术支持跨越时空障碍，有效连接起异地教学终端。例如，重庆两江新区全面推进教育数字化战略实施，创建国家智能社会教育治理实验基地，承接国家 5G+ 智慧教育应用试点项目；广东南沙新区利用"5G+CSMS"智慧评价系统进行远程教学与管理，借助远程智慧互动课堂设施探索异地共享教学新形态。通过线上帮扶"专递课堂""名师课堂""名校网络

课堂"、传统课堂与虚拟课堂融合的"双课堂"及以"1+1"模式开展同课异构和网络教研等方式发挥名师名课示范效应，探索网络环境下教研活动的新形态，缩小区域、城乡、校际之间智慧教育发展的不均衡。

4.精心打造"五育"并举特色类智慧课堂。融合全息投影、VR/AR、多点触控、情境感知、3D打印等技术，提供虚实融合的资源、工具和情境，协调认知、人际与自我维度实现全面发展，培育学生的高阶能力。其中，思政类智慧课堂要满足思想品德、道德与法律等课程教学需求。例如，重庆两江新区依托国家中小学智慧教育平台积极推动思政教育与新媒体、新技术有机融合，开设"习近平总书记关于教育的重要论述""开学第一课"等大思政课程，切实加强理想理念和职业规划教育，为学生从小播下梦想的种子，帮助他们努力成为堪当民族复兴重任的时代新人。创客教育类智慧课堂满足 STEAM 教育、机器人教育等课程教学需求，艺体类智慧课堂满足美术、音乐、书法、体育、劳动教育等课程教学需求。例如，陕西西咸新区积极推广创客教育实践室，创建创新示范校，积淀优质教育资源，打造 STEAM 系列课程与劳工课程、科技课程等校本资源，形成 STEAM 创新发展新样态；广州南沙新区推广数据赋能初中体育课堂学习评价的新模式。

四、"数据联通"有效提升教育公共服务供给水平

公共服务属性是区域智慧教育的重要内涵，提升教育公共服务供给水平主要体现在以新公共服务理论为支撑，以平台为杠杆撬动其数字化转型，推动各级各类教学、管理与服务平台互联互通，利用网络学习空间承载常态化教育应用场景。[①] 加快国家智慧教育平台与区域教育数字化融合发展是构建贯通国家、省、市、县、校数字教育体系的有效路径，是推动区域教育数字化转型的关键举措。国家智慧教育平台具有良好的资源汇聚、数据生成、用户连接、智能服务等能力，在区域教育数字化转型过程中发挥了至关重要的作用。国家级新区通过国家智慧教育平台的"联通资源"赋能区域资源定制、区域特色资源节点创建。一方面，区域可以依托国家智慧教育平台实现区域资源的个性化定制，在国家平台上重构符合本地教学实际的资源链接，为教师课堂教学、学生自主学习、"五育"并举育人、学校课后服务、家校协同育人等场景提供支持。另一方面，区域也尝试依托国家智慧教育平台提供的存储空间构建区域信息节点及节点集群，通过开设名师工作室、教研共同体等方式打造具有区域特色的优质数字资源，补齐区域个性化高质量资源缺失的短板。

① 曾海军，王静漪，张卓，沈阳.区域智慧教育建设特色与发展思考［J］.电化教育研究，2023，44（09）：50-56.

从"三通两平台"到"国家中小学智慧教育平台",数字教育资源公共服务体系助力教育数字化转型升级。在充分发挥国家智慧教育平台的"数字底座"基础上,各新区尝试将各级平台通过"数字底座"实现数据的汇聚与共享,完善物联网络,联通教育大数据和政务大数据,以打造复合多元、互联互通的教育空间。部分地区规模化配备移动智能终端,促进教、学、管、评、测、研等泛在智能化应用,构建绿色、安全、自主、可控的"云、网、边、端"一体化基础环境。例如,建立建设"互联互通、直录直播、资源共享"的一体化平台,并通过建设全向交互、全面感知、高效协同、个性便捷的智慧校园着力构建纵向贯通、横向联通的智慧校园生态。通过一体化平台融合化建设与应用推进智慧教学环境建设,构建包括智慧教室、虚拟仿真实验中心、泛在移动教室等在内的智慧教学空间,推进资源共享、过程管控、决策分析和精准管理。

国家级新区持续提升教育资源的智能化水平,适度超前部署智能化软硬件设施,将适配应用与探索创新有机结合,形成教育资源高效流转、有序更迭的生态体系;初步形成"政府主管、企业主建、学校主用"的智慧平台发展模式,提高平台服务教育教学、学校管理和公共服务的能力,增强平台的兼容能力。新区教育资源公共服务水平不断提升,逐渐由集中被动供给服务转向泛在主动推送服务,教育资源的普惠性与优质性相融合并得以进一步提升。

五、数据要素在评价与管理中的作用日益彰显

从新一轮科技革命和产业变革的大趋势来看,第四次工业革命以数字化、智能化、网络化为核心,数据日益成为智慧社会新的生产要素,智慧教育发展不仅积聚优质资源,也沉淀海量数据宝藏,用数据反哺教学与决策是教育数字化转型的基本思维方式。国家级新区对于数据开展的应用和分析主要体现在教学质量和学习评价等方面,即以数字画像和增值评价为依据,对学生、教师和学校进行全方位分析,为新区综合素质评价的客观性和全面性奠定基础,为有效评估学生全面发展、教师工作成效和学校办学绩效提供科学化评价手段。例如,上海浦东新区以数据要素为核心,基于大数据中心构建智能治理数字化赋能精准决策管理,利用教师数字画像赋能教师教育,提升队伍建设水平;天津滨海新区利用数据驱动评价实践工程和"幼苗呵护、青苗关爱"工程提升学生的综合素养;浙江舟山群岛新区利用阅读大数据系统提升全民数字阅读水平;广州南沙新区基于"人机协同"视角从数据统整视角对课堂进行观察与诊断;陕西西咸新区通过数据采集建立长周期的数字档案,实现不同学段全过程纵向评价。

数字时代需要大批创新人才,培养创新人才需要在个性评价的基础上因材施教,需要从工业时代"流水化""程式化"的教学转向以个性化、数字化、联通化为特征的技术驱动与思维整合的教学。通过多维数据记录学习者成长历程、建立数字综合画像可以帮助师生从重复的工

作中解放出来，使教学更具有效性和创造力。国家级新区不断完善全域智慧教育数据中心建设，聚焦学生个性化发展、成长，关注学生的起点和成长过程，阶段性采集学生知识、能力与素养等方面数据并且将这些数据进行纵向比较，将教育全过程的数据回流、汇聚，实现智能分析、动态监测，以获得每名学生真实的成长进步水平，提升教学的精准性与高效性。

从学校层面看，智慧教育将以数据治理为核心，创建支撑实时感知诊断、动态分析预测、即时判断决策的新型基础建设环境。基于数据驱动使教育治理过程可视化、颗粒化与透明化，从而增强教育预测、诊断与决策能力。例如，重庆两江新区利用教育数据中心（"教育大脑"）实现智慧校园建设覆盖全部学校、智慧教育服务覆盖全部教育主体；陕西西咸新区将智慧教育作为教育数字化转型的重要手段，以构建多元主体协同参与的教育信息化供给新模式、重塑教育评价和教育治理方式为目标，将传统的人为手段与新兴的数字技术相结合，协力推动区域基础教育高质量发展；南京江北新区开展全区教师发展大数据系统建设，为教师培训、应用指导、课堂教学诊断研究与服务、教师画像研究与服务等提供平台支撑。

在数字化转型推进新区治理现代化的具体实践中，数字化转型的基本思路从技术角度看是依托人工智能、大数据、云计算、区块链等数字技术，通过深入分析挖掘教育教学大数据实现治理主体多元化、治理方式科学化、教育流程可视化、治理决策精准化；从模式创变角度看，是运用技术将区域治理过程中的新型基础设施、管理方式、评价形式、育人模式等主要元素进行系统性重构、重组，初步形成开放性、适应性、可持续性的教育治理新生态。总体来看，国家级新区数据治理工作整体处于起步阶段，区域数据治理模式、体系尚未清晰，用信息化手段提升治理水平将是未来新区智慧教育的重点工作。

在从"互联网"走向"物联网"、"二维空间"转向"三维空间"的虚实融合复杂环境下，传统教育治理环境的动态性和不确定性日益加剧，数据善治、技术善用等要求更加凸显了教育治理的紧迫性与复杂性。从整体上看，对国家级新区学校进行精准化全面发展把控不仅为完善教育治理结构提供技术支撑，也为治理主体协同共治提供可能。数据要素在教育评价与管理中的作用日益彰显，是建构现代教育制度、推进区域现代化的根本要求，也是数字技术赋能国家级新区高质量发展的内生需求。

第二节　国家级新区智慧教育发展策略

直面国家级新区智慧教育赋权增能的实践经验，推动智慧教育的本土化机制体系建构，进而构建具有中国特色的赋权增能式发展道路是教育数字化转型的应有进路和重要使命。从这一意义上来看，国家层面对于治理现代化的追求并未止步于特定形式和部分载体的建设，体系架构和治理能力等方面的革新仍在继续。随着教育数字化转型与建设教育强国进程不断向纵深推进，国家级新区的建设仍需要在空间、制度、成效等方面加以完善，因而在持续变迁的制度环境下，需要更为深入地思考国家级新区在教育深刻变革中的应然角色和实际功能及其在深化改革中的发展趋向，使之成为我国现代化进程中的时代标尺。

一、加强整体规划布局与跨域协同

全球新一轮科技革命和产业变革正在孕育兴起，产业不断深度跨界融合，对教育导向和人才培养提出了新要求。国家级新区肩负着国家赋予的特殊战略使命，面对较大的城乡差异、校际差距，以及教育资源分配不均等风险挑战，必须创新举措、积极应对，坚持"科学规划、整体设计、分步实施、注重实效"原则，坚持用系统的思维和方法谋划智慧教育建设工作，实施辩证施治、整体智治。需要主动寻求新时代技术背景和社会背景下的教育变革，开展对国家教育政策、区域发展战略、一线教学需求，以及前沿智能技术的研判分析，阶段性审视更新。需要基于可持续发展愿景充分认识数字技术在适应学生发展、教育公平、社会经济发展等方面的积极作用，与高等学校、科研机构、企业等协同制定可持续的智慧教育改革计划，利用智能技术支撑教育全领域、全要素、全业务、全流程的数字转型与智能升级，优化教育科技创新项目的规划布局、阶段目标和建设重点，积极打造"样板工程"与"精品工程"，对取得显著成效的区域、学校和平台予以重点支持，引进或采纳已有的前沿成果、模式、装备或系统，在区域内开展示范推广应用。

智慧教育建设是一项复杂、系统的工程，需要明确国家级新区智慧教育管理体制与地方行政体制的职能，在进一步完善顶层规划的同时建构起更为明确的纵向协调机制，形成政府、区县、科研所、教师发展中心、进修学校、企业等畅通路径、一体推进的协作格局，系统建构深化区域智慧教育发展的机制创新。国家级新区可以根据不同的智慧教育治理维度进一步划分其职能结构，并通过出台新区条例等方式实现智慧教育制度化，通过设立首席执行官、联席会议等方式强化纵向层面的协调机制，进一步增强新区体制资源调动的效能。

深化区域联动与协同交流是提升国家级新区智慧教学效能的重要方式。跨域协同兼顾合作各方的特点和利益，体现了多空间、多元化、多路径的探索实践。加强智慧教育建设与跨域协同，需要推动组建国际数字教育联盟，切实加强区域、一线教师、高校专家与企业的交流协作，从互联网学习、智慧教学、精准教学、提升教师数字素养、数字化赋能减负增效、数字校园建设与治理、虚拟现实应用等方向培育实践共同体，联合开展数字教育相关研究。需要大力倡导智慧教育开放合作，建立区域互助机制，有效促进发达地区带动弱势地区共同发展。需要鼓励企业开展技术创新、服务创新，鼓励高校、智库发挥高端引领作用，开展智慧教育的理论构建、模式创新、年度指南和路径规划工作，为提升智慧教育改革的系统性、整体性、协同性做出贡献。

二、提升教育数据治理效能

教育数据治理体系是对教育数据治理活动的基本要素及要素之间的结构和关系的逻辑表达。智慧教育不仅涉及资源、设备、资源、环境等要件，也涉及利益相关者、文化、经济、伦理、安全等要素。国家级新区教育数据治理依托一体化智能平台，以建设公平而有效的教育为宗旨，促使区域内教育、民政、卫生等多主体围绕教育治理需求实施"信息化领导力—教育治理—区域范式—课堂教学"递进的区域数字化赋能智慧教育实践路径，促进教育数据跨系统、跨部门和跨层级流动，激发教育部门、师生群体、社会教育力量的活力，促进教育治理形态集约化。提升教育数据治理效能需要努力提升"教育牵引力"，强化数字化高素养人才供给，建立符合社会现代化需求的高质量人才链，关注教育要素、技术要素和社会各要素的有机融合，基于数据流转促进多元主体跨部门协作，明晰基于数据赋能为牵引教育发展、提升治理成效提供"去中心化"决策场域的技术路径，使数字教育体系的规划、建设和运用有机衔接、浑然一体，成为牵引社会发展的关键动能。

信息空间日益成为重塑物理空间与社会空间的新载体。治理目标的拓展与升级需要数据流动贯通带动数字资源的重新配置，使教育的运转以及治理建立在开放、集约、智能的基础上。区域层面通过大数据分析建立对学校的考核与评价体系，对教育业务数据进行统计、分析，形成数据趋势；聚焦边远地区、乡村学校和薄弱学校的现实需求，研判新区智慧教育区域推进情况；结合对教育人事数据管理系统的可视化分析全方位了解师资配置状况，关注基础教育与职业教育、高等教育协同发展，提高资源供给对资源需求变化的适应性和精准性；形成政务服务智能化、校园服务数字化和社会服务一体化发展，引领区域教育形成价值共创的数据利他生态。

国家级新区的现状决定了智慧教育是面向海量规模人口的教育，面临着庞大、复杂的教育系统，需要从宏观视角考虑区域的地域、人文、历史等客观差异，积极推进产业数字化与效能化、绿色化，推动新兴产业能级提升，结合地区相对优势与比较优势，聚焦前沿技术，促进教育产业结构升级，推进智慧教育产业集群向深层次可持续健康发展，尽可能实现当地特有的区位优势和经济情况与国家级新区所鼓励产业之间的完美融合，形成尊重地区发展特色的智慧教育范式内涵与实践样态。

三、以特色发展擦亮新区智慧教育品牌

智慧教育示范区的"六大任务"设计之初，强调凸显区域本位和定位、区域优势和特色，

因地制宜发挥示范引领作用。国家级新区智慧教育变革需从构建全社会参与的良好生态出发，关注技术创新实践活动中的新问题，通过创新引领解决真实教育问题，秉承拔尖创新人才培养的初心，注重实效。在空间功能维度上，需要有序放宽新区在经济结构调整上的自主权，以更长周期的绩效考核取代短期内固定投资额等指标的比拼，深入一线进行循证研究，面向课堂教学改革和区域教育系统变革需求，充分发挥新区在经济功能方面的引领作用。聚焦技术同教育融合发展存在的深层次问题，让智慧教育统筹发展与社会经济发展同频共振，充分挖掘可复制、可借鉴、可推广的经验，在纵向维度上形成可操作的经验反哺机制、新区体制机制创新成果和建设经验，并在"省—市—区"等纵向维度上进行推广。在具体实践过程中，应立足自身资源禀赋、找准自身区位特色与优势，紧扣国家赋予的战略定位，积极探索区域差别化支持模式，主动与科研机构和智库合作，制定适合区域实际的智慧教育发展路线图，通过特色内涵发展争取中央及地方的优先支持，进而深度融入国家整体发展战略中。

国家级新区的品牌提升需要针对区域智慧教育的问题与短板设立区域特色项目，采取首席执行官形式，确定具有优势的研究、实践、技术主体单位，开展有组织的科研。调研显示，科技力量在区域智慧教育发展中的作用还不明显，智能教育装备、系统平台和工具软件的应用场景还不清晰。提升国家级新区智慧教育品牌需要夯实智慧教育领域创新网络和支撑体系，率先在区域示范应用国家重大重点项目研发的理论，建设一批以问题为导向，以项目为牵引，以制度为保障的跨学科交叉研究平台，开展基础性、前瞻性、多学科交叉融合的创新研究，着力解决智慧教育领域中的共性关键问题。针对信息技术与教学融合深度不够、创新力不足，个性化学习实现困难的问题，在区域部署典型场景示范应用，指导区域各校充分应用"国家中小学智慧教育平台"资源作为深化教育教学改革、提高教育教学质量的重要途径和有力抓手，健全应用激励机制，及时评估应用成效，探索教育教学减负增效的新路径。成立区域智慧教育发展合作联盟，打造区域智慧教育发展生态圈与共同体，加强对智慧教育发展新模式与新途径的提炼总结和宣传推广，尝试建立并公布相应的质量评价标准，定期对外发布区域智慧教育进展与成效，用数据和成效讲好"区域故事"。国家级新区"以点带面、从线到片"的辐射经验总结不仅关乎国家智慧教育发展的整体进程，对于发挥新区这一体制机制创新平台的先发优势更具有重要意义。

四、利用数字化赋能高质量教师队伍建设

教师是教育数字化转型的关键力量，区域教师队伍质量关系到教育数字化转型成败。[①] 以

---

① 吴砥，桂徐君，周驰，陈敏.教师数字素养：内涵、标准与评价［J］.电化教育研究，2023，44（08）：108-114，128.

数字化赋能教师队伍建设，着力提升教师数字素养是适应教育数字化战略背景下教育教学创新变革的关键。作为基础教育工作母机的教师教育，应该适应这一变化，探索信息化、人工智能等新技术与教师教育的深度融合，培养具有数字化特征的、适应未来需要的卓越教师。教育部正式发布的《教师数字素养》标准为教师数字素养发展提供了方向，有必要基于此深入思考教师数字素养的提升策略。一方面，要持续建设教师教育资源公共服务平台，持续开发并整合在线教师教育资源，深化数字技术教学应用，支持并鼓励教师通过数字技术开展教学模式创新与常态化应用，促进多种途径的数字资源开放共享。"体验"和"示范"是影响教师教学观念和成人实践最有效的两个策略。从各区域的教师数字素养提升策略实施情况看，体验导向、面向真实问题、依托教学场景的培训研修往往能产生更好的效果。数字时代，提升教师数字素养需要建立新的政策机制，大力推动教师数字素养提升项目，通过新的教师教育与研修模式为教师提供数字化教学的示范和体验，在教师教育课程和研修活动中以技术与教学的融合、以学员为中心的教学或研修方式培养教师，在教师教育课程和研修项目中适当采用人机融合的教学手段，通过教师数字素养提升推动区域和学校教学模式创新变革，促进教师的理论学习与教学实践之间的转化。

提升教师数字化教学能力是一项复杂的系统工程，仅依靠教师自律或专家报告是无法完成的，必须建立多元协同的培育机制。区域和学校应提升对数字素养价值的认知，根据《义务教育信息科技课程标准（2022 年版）》的总体规划落实信息科技国家课程，结合实际办学情况和特色探索开发种类丰富的数字素养校本课程，将数字素养培育融合到学科课程中。在建设校园数字化学习环境的基础上以应用驱动为导向，以大数据中心建设为依托，用大数据平台伴随的方式采集课堂教与学行为数据，以优秀融合案例为引领，培养数字化教学卓越教师。利用信息技术变革教师教育教学培养模式，创建数字环境，利用数据分析支持变革教学方式与方法，推进学科交叉融合，建立培训者团队机制，由学科专家、教研员与教育技术专家共同组成专家团队，开展多层次、多样态的教师研训活动。通过混合研修、虚拟教研室、在线名师工作室、名师课堂等形式，针对教师、骨干、教研员、校级管理者等不同角色探索不同学科、学段技术与教学融合策略，为教师创设数字化专业实践共同体，以优秀教师带动薄弱校教师提升数字素养。充分发挥学科优秀教师带头示范作用及区域名师工作室骨干教师的引领作用，遴选典型的案例，表彰优秀的教师，让所有教师享受数字化教育教学的果实和成就。

五、构建"五育融合"的弹性教育生态

推动现代教育制度建立是时代赋予智慧教育的历史使命。智慧教育必须以人的全面发展为根本目的，要通过数字技术内含的价值意蕴和技术方法引领学习者的主体性发展、人性与个性

的向善发展。面向信息化发展的新时期，国家级新区教育数字化转型应坚持以人为本、以问题为导向，紧紧围绕"教育高质量发展"需求，为学习者创设更加开放、多元、灵活的教育环境。一方面需要发挥数字技术易于创设情景、交流协作的优势，创新课后服务方式，利用信息化手段开展有质量的在线答疑与互动交流服务，依托跨学科、主题化、项目式等综合学习活动以及特色课程，使得素养类教学目标在课程开发、资源设计、教学设计、学习环境构建、评价实施等各方面得以贯穿联通，让学生在德、智、体、美、劳五个方面的发展相辅相成。另一方面，需要深化基于教育大数据分析应用的教育服务，重在依托网络学习空间推广数据驱动的差异化教学与个性化学习，以综合素质教育评价为抓手，推动德、智、体、美、劳全要素、立体化评价，提供更加丰富、创新的教育资源和工具，通过融合的方式做到一举多得、触类旁通，推进教育模式、教育方法、教育评价、教育机制等的全面转型升级，推进高质量育人。

智慧教育的新常态体现出弹性教学与主动学习互利共生的特征。推动智慧教育常态化，需要以服务人群与教育场景为抓手，用终端需求拉动有组织的优质高效教育供给，从多个学习维度为学习者提供丰富的学习选择，在教育环境中为学习者提供可供选择或定制的课程，以满足个性化需求。帮助学习者应对复杂、不确定的世界是教育发展的原动力。从发展理念来看，需要谋划教育可持续发展的愿景，充分利用数字技术提高学习者的学习效率和质量，将培养学生的数字时代胜任力与终身学习能力作为基本目标，使学习者能在复杂多变的社会情境中自发主动地运用自主学习行为、复杂的认知、合作及目标管理等策略等解决复杂问题，以达成各种个体及社会性的发展目标，以全场景数字媒体平台贯穿各级各类教育的教育教学和管理服务环节，构建连续培养、灵活弹性的拔尖创新人才培养体系。

国以才立，政以才治，业以才兴。国家级新区要紧密围绕立德树人根本任务，集纳高校、校外教育、科技场馆、科研院所等的优质资源，主动打造一流的数字化育人体系和环境，形成课堂教学、社会实践、校园文化、网络教育多位一体的人才培养模式，同时为某些方面有特殊潜力的学生提供成长新赛道，自觉承担起为党和国家培养创新型人才的历史使命。新时代新征程上，不论对于国家、区域还是学校而言，智慧教育生态的构建都是持续生成和变革的过程。面对世界百年未有之大变局，国家级新区智慧教育的发展更要依赖坚定不移加快高质量内涵式发展，使决策部署付之于行动、见之于成效，形成育人为本、数据驱动、富有弹性的未来教育格局，进而推进中国数字化教育范式在神州大地上开枝散叶。